# Teoria do jornalismo

## COLEÇÃO COMUNICAÇÃO

### Coordenação
Luciana Pinsky

**A arte de entrevistar bem** Thaís Oyama
**A arte de escrever bem** Dad Saquarisi e Arlete Salvador
**A arte de fazer um jornal diário** Ricardo Noblat
**A mídia e seus truques** Nilton Hernandes
**Assessoria de imprensa** Maristela Mafei
**Escrever melhor** Dad Squarisi e Arlete Salvador
**Hipertexto, hipermídia** Pollyana Ferrari (org.)
**Jornalismo científico** Fabíola de Oliveira
**Jornalismo cultural** Daniel Piza
**Jornalismo de rádio** Milton Jung
**Jornalismo de revista** Marília Scalzo
**Jornalismo de TV** Luciana Bistane e Luciane Bacellar
**Jornalismo digital** Pollyana Ferrari
**Jornalismo econômico** Suely Caldas
**Jornalismo esportivo** Paulo Vinicius Coelho
**Jornalismo internacional** João Batista Natali
**Jornalismo investigativo** Leandro Fortes
**Jornalismo literário** Felipe Pena
**Jornalismo político** Franklin Martins
**Jornalismo popular** Márcia Franz Amaral
**Livro-reportagem** Eduardo Belo
**Manual do foca** Thaïs de Mendonça Jorge
**Manual do jornalismo esportivo** Heródoto Barbeiro e Patrícia Rangel
**Os jornais podem desaparecer?** Philip Meyer
**Os segredos das redações** Leandro Fortes
**Perfis & entrevistas** Daniel Piza
**Teoria do jornalismo** Felipe Pena

Felipe Pena

# Teoria do jornalismo

*Copyright*© 2005 Felipe Pena
Todos os direitos desta edição reservados à
Editora Contexto (Editora Pinsky Ltda.)

*Capa*
Gustavo S. Vilas Boas

*Diagramação*
Camila Salles de Faria

*Revisão*
Lilian Aquino
Luciana Salgado

Dados Internacionais de Catalogação na Publicação (CIP)
(Câmara Brasileira do Livro, SP, Brasil)

Pena, Felipe
 Teoria do jornalismo / Felipe Pena. – 3. ed., 6ª reimpressão. –
São Paulo : Contexto, 2021.

Bibliografia
ISBN 978-85-7244-284-8

1. Jornalismo – Teoria I. Título.

05-0300                                             CDD-070.01

Índice para catálogo sistemático:
1. Jornalismo : Teoria   070.01

2021

EDITORA CONTEXTO
Diretor editorial: *Jaime Pinsky*

Rua Dr. José Elias, 520 – Alto da Lapa
05083-030 – São Paulo – SP
PABX: (11) 3832 5838
contexto@editoracontexto.com.br
www.editoracontexto.com.br

Proibida a reprodução total ou parcial.
Os infratores serão processados na forma da lei.

*Sei o pulso das palavras, a sirene das palavras. Não as que se aplaudem do alto dos teatros, mas as que arrancam os caixões da treva e põem os poemas a caminhar, quadrúpedes de cedro. Às vezes, as relegam inauditas, inéditas, mas as palavras galopam com a cilha tensa. Ressoam os séculos e os trens rastejam para lamber as mãos calosas da poesia. Sei o pulso das palavras. Parecem fumaça, pétalas caídas sobre o calcanhar da dança. Mas o homem, com os lábios da alma, é apenas carcaça.*

Maiakóvski

Para meus filhos,
quando os tiver.

# SUMÁRIO

Introdução: a teoria na prática ............................................................. 9
Conceitos e histórias ............................................................................ 21
    A natureza do jornalismo .............................................................. 21
    A invenção da escrita e da impressão ........................................ 26
    A mudança estrutural na esfera pública ................................... 28
    Das gazetas aos jornais ................................................................. 33
    Periodicidade .................................................................................. 36
    Atualidade e novidade .................................................................. 39
    *Lead* e pirâmide invertida ............................................................ 41
    O verdadeiro significado da objetividade ................................. 49
    Números e pesquisas .................................................................... 53
    Fonte ................................................................................................ 57
    Gêneros jornalísticos ..................................................................... 65
    A notícia .......................................................................................... 70
    A reportagem ................................................................................. 74
    Redundâncias, imagens e velocidade ........................................ 80
    Entretenimento e espetáculo ...................................................... 87
    Estereótipos produzem estereótipos ......................................... 91
    Empresas jornalísticas
    e controle de informação ............................................................. 96
    A liberdade de imprensa
    e o Conselho Federal de Jornalismo ......................................... 103
    Ética e responsabilidade .............................................................. 113

Teorias e críticas .................................................................. 125
    Teoria do espelho ......................................................... 125
    Teoria do *newsmaking* ................................................. 128
    Teoria do *gatekeeper* .................................................. 133
    Teoria organizacional .................................................. 135
    Teoria gnóstica ............................................................ 138
    Teoria do agendamento ............................................... 142
    Teoria instrumentalista ................................................ 146
    Teoria etnográfica ....................................................... 150
    Teoria dos definidores
    primários e a espiral do silêncio ................................ 153
    Teoria da Nova História .............................................. 157
    Teoria dos fractais
    biográficos ou a biografia sem-fim ............................. 161

Tendências e alternativas ...................................................... 167
    Jornalismo de resistência ............................................ 167
    Reportagem Assistida por Computador (RAC) ............ 174
    Jornalismo digital ....................................................... 176
    Jornalismo comunitário .............................................. 184
    Correspondentes em guerra ....................................... 188
    Jornalismo investigativo ............................................. 201
    Imprensa universitária
    e jornalismo científico ................................................ 205

A construção do jornalismo
como uma área do conhecimento humano ........................ 213

Anexos .................................................................................... 219

Bibliografia comentada .......................................................... 233

Agradecimentos ..................................................................... 237

# INTRODUÇÃO:
# A TEORIA NA PRÁTICA

*A obra convence pelos fragmentos, ninguém a lê por inteira.*
*Vou começar e concluir a leitura em ti, minha mulher. És a página que dobrei para retornar; o manuscrito que nunca acordei de completo.*
*As palavras, como peras, perecem ao toque. E é tarde para não mastigá-las.*
*Palavras e palavras, destruíram as que me dariam significado.*
*Mudei de endereço e nenhum sinônimo me localiza.*

Fabrício Carpinejar

Qualquer teoria não passa de um reducionismo. Está na sua natureza. Se vou teorizar sobre determinado assunto, significa que quero enquadrá-lo sob um ponto de vista determinado. Mesmo que para isso utilize os mais diversos conceitos e as mais diversas metodologias. Ao final, meu trabalho acaba sendo reduzir os tais conceitos e as tais metodologias aos limites do próprio quadro teórico que proponho. Não adianta, é impossível escapar dessa sina. Teorizar é uma tentativa desesperada de enquadrar interpretações críticas que, vistas sob qualquer outro ângulo, mostrariam-se muito mais complexas.

Então, para que escrever uma teoria do jornalismo? Pelo mesmo motivo que se fazem teorias nas mais diversas áreas: para aprofundar o conhecimento sobre elas. Por mais paradoxal que pareça, reduzir também é ampliar. Quando faço um recorte sobre um tema, meus métodos de análise promovem questões que podem servir para incentivar a criação de outros métodos, que vão produzir novas questões e assim por diante. A pertinência de qualquer pesquisa está nas perguntas, não nas respostas. Desde que o pesquisador tenha consciência do relativismo teórico e não se feche nos próprios hermetismos, a teorização pode ser muito útil. E não falo só dos círculos acadêmicos. Aliás, talvez sejam os profissionais do jornalismo os maiores beneficiários da reflexão crítica sobre sua atividade.

Sei que nós, jornalistas, detestamos os academicismos. Mas será que podemos prescindir de estudos críticos sobre a nossa profissão? Nosso saber é autônomo e somos autossuficientes? Será que a imprensa tem tanta credibilidade assim para requerer autonomia? Essas perguntas estão no centro dos debates sobre a importância do campo jornalístico na sociedade contemporânea.

O século XXI foi inaugurado pelo jornalismo. Com data e local bem definidos: Nova York, 11 de setembro de 2001. Nas análises sobre os atentados, veículos de comunicação da mais variada procedência foram unânimes em apontar o fato como marco oficial de um triste começo de século. Fizeram o que fazem habitualmente: por suas lentes midiáticas, reconstruíram os acontecimentos diversas vezes, mas ofereceram ao mundo a ideia de que o que estavam vendo era o espelho da realidade. E, como historiadores da atualidade, batizaram a época que começava. Afinal, como duvidar das imagens da CNN?

A mesma pergunta deve ter sido feita pelos autores do ataque às torres gêmeas, quando o estavam planejando. Não bastava atingir o símbolo do império capitalista, era preciso que o mundo fosse testemunha desse ato. E, assim, ele foi meticulosamente programado para que o segundo avião atingisse o alvo em um espaço de tempo suficiente para as câmeras de TV transmitirem ao vivo. O espetáculo do terror encontrou seu palco. E os roteiristas e diretores fomos nós, jornalistas, do alto de nossa perene pretensão de testemunhar a história e oferecer aos outros mortais a verdade sobre os acontecimentos.

Mas não foram só os terroristas que usaram a imprensa. Dois anos depois, a vergonhosa cobertura da mídia americana na Guerra do Iraque mostrou a que nível pode chegar a manipulação da informação pelos governos constituídos. Escaldada pela Guerra do Vietnã, quando corajosas reportagens e imagens aterrorizantes mudaram a opinião pública do país e forçaram a retirada das tropas do Tio Sam, a administração Bush inventou a mais ultrajante forma de cobertura jornalística da história da imprensa: os famosos repórteres *embedded*. Ou seja, jornalistas que viajavam nos tanques do exército americano e, obviamente, só reportavam o que interessava aos comandantes/guarda-costas.

Tente se colocar no lugar desses repórteres. Seu país está em guerra, seus chefes dão suporte ao governo, a maioria da população, cega pelo medo, apoia o presidente e, ainda por cima, você está no meio de tiros e explosões, em um país estranho, sendo protegido por "Rambos" que falam a sua língua e também comem bacon no café da manhã. Mesmo para um profissional sério e bem intencionado, é muita pressão e muito constrangimento.

Um dos poucos repórteres americanos que não se submeteu aos ditames do Pentágono foi execrado durante a guerra. Veterano da cobertura do Vietnã, com cinquenta anos de profissão, sendo 45 como correspondente de guerra, o experiente Peter Arnett foi demitido da emissora após conceder entrevista à rede iraquiana de televisão criticando a imprensa americana. A pressão, portanto, atingiu até mesmo os jornalistas que evitaram o passeio no deserto a bordo das carruagens blindadas de George W. Bush.

Peter Arnett esteve duas vezes no Brasil, a meu convite, para proferir palestras sobre jornalismo. No item sobre correspondente de guerra, vou relatar algumas das histórias que ele deixou registradas. Agora, no entanto, vale utilizar o exemplo da pressão que ele sofreu durante a Guerra do Iraque e também o planejamento midiático dos atentados em Nova York para ilustrar a importância que o jornalismo assume neste começo de século. A batalha por corações e mentes, travada na seara da comunicação, é tão ou mais importante do que os fuzis e canhões.

Na sociedade pós-industrial, não há bem mais valioso que a informação. Mercados financeiros estão conectados em tempo real, fluxos de capital mudam de pátria em frações de segundo e mesmo um simples acesso à internet já nos coloca como ativos integrantes do estratégico banco de dados do mercado global. Não é exagero, é fato. Seu perfil de consumidor (que há muito já substituiu a palavra cidadão) é mapeado diariamente por meio das indicações de seus gostos e preferências registrados pelo clique do seu *mouse* na *web*. O Big Brother já existe, amigo. E você está nele.

A questão é: se, no capitalismo tardio, a informação é tão estratégica, quem serão seus mediadores? Nesse ponto é que o jornalismo assume função vital. E é por isso que estou interessado em discutir seus conceitos e teorias neste livro. Com a convergência tecnológica, que traz a hibridação de contextos midiáticos e culturais em fluxos de informação com velocidade cada vez mais acelerada, o profissional da imprensa precisa ter uma formação sólida e específica para assumir o papel de mediador. Em outras palavras, ele precisa ser um especialista. Ninguém gostaria de entrar em um hospital e ser atendido por um contador. Ou ser defendido no tribunal por um veterinário. Então, por que seria diferente com o jornalismo?

Na verdade, arrisco-me a dizer que, na sociedade atual, o jornalista deve ser ainda mais especializado que um médico ou um advogado. Da mesma forma, acredito que os defensores da desregulamentação da profissão são os mesmos que lutam pelo controle do fluxo de informação nos megaconglomerados de mídia e, por isso, não têm interesse que o espaço público seja mediado por profissionais coerentes e bem formados.

Em suma, para ser jornalista é preciso estudar jornalismo. E isso se faz na universidade. Mas qual é a formação ideal para os cursos de jornalismo? Disciplinas "técnicas" como redação jornalística e telejornalismo devem ser privilegiadas ou o curso deve ter um caráter reflexivo, com ênfase nas chamadas disciplinas teóricas? E qual deve ser a formação dos professores: profissionais com experiência no mercado ou doutores com grande cabedal acadêmico? Equipamentos e instalações são fundamentais? Como deve ser a estrutura pedagógica? Essas e outras perguntas estavam na pauta da comissão de especialistas do Ministério da Educação, no Brasil, já em 1999, quando uma avaliação das condições de ensino dos cursos de jornalismo teve conclusão decepcionante. Mais de dois terços dos cursos receberam pelo menos um conceito insuficiente entre os três itens analisados: corpo docente, instalações e estrutura pedagógica.

Na época, eu era diretor da Faculdade de Comunicação Social da Universidade Estácio de Sá, no Rio de Janeiro, onde a avaliação foi comparativamente muito boa. Ficamos entre os três melhores cursos de jornalismo do Rio, junto com a UERJ e a PUC. Mesmo assim, escrevi dois artigos para o *Jornal do Brasil*, questionando os critérios da avaliação.

Minha principal crítica era com relação às próprias perguntas que permearam o debate sobre o ensino de jornalismo, pois não acredito na dicotomia proposta.

Os currículos dos cursos devem articular teoria e prática e não separá-las em blocos monolíticos, sem intercâmbio. O aluno não pode ser um mero reprodutor de técnicas, mas também não pode desconhecer as ferramentas que irá utilizar na profissão. A reflexão acadêmica é fundamental para o desenvolvimento do pensamento crítico, mas deve estar associada à própria produção discente, antenada com a realidade. O ideal é juntar experiência profissional e reflexão acadêmica. Um exemplo paradigmático disso é o projeto dirigido pelos professores Fernando Ferreira e Miguel Pereira na PUC-Rio, o *Comunicar*, que seleciona alunos de comunicação para atividades práticas nas áreas de TV, jornal, rádio e publicidade. Aliás, os métodos de trabalho de Fernando e Miguel serviram de norte para boa parte das ações que empreendi no sentido de unir teoria e prática.

O corpo docente deve seguir o mesmo caminho. Assim, professores oriundos do mercado com título de mestre ou doutor possuem o perfil ideal. E mesmo nas disciplinas "teóricas" os docentes devem dialogar com a realidade que cerca os alunos. No curso de jornalismo que dirigi, mais da metade dos professores eram mestres ou doutores, mas muitos deles vieram do mercado. Por isso, tínhamos facilidade para implementar uma série de projetos práticos em jornalismo. Hoje, como professor do Departamento de Comunicação Social da Universidade Federal Fluminense, escola pública e de notória excelência, encontro os mesmos desafios. Há professores competentes e dedicados, cuja principal preocupação é "antenar" a produção prática com a reflexão crítica. No meu caso específico, leciono telejornalismo e jornalismo político, mas procuro sempre viabilizar a interação entre teoria e prática seguindo os preceitos que nortearam minha gestão como diretor e sub-reitor, funções que exerci durante cinco anos, construindo e reconstruindo currículos de jornalismo.

Na época, montei um núcleo de pesquisa acadêmica, cujo comando entreguei ao doutor Erick Felinto, e iniciamos uma série de atividades práticas. Os alunos produziam um telejornal universitário diário e ao vivo, de segunda a sexta-feira, às 19 horas, no canal comunitário da NET-Rio. Eles eram responsáveis por todas as etapas de produção, desde a pauta até a apresentação do jornal, reproduzindo fielmente o ambiente de uma redação de TV. A diferença é que os professores responsáveis pela orientação dos estudantes procuravam avançar no formato e no conteúdo, evitando as fórmulas dos telejornais tradicionais. Além disso, o curso tinha uma revista mensal, uma rádio interna, uma revista *on-line*, cinco programas de TV no Canal Universitário e cinco jornais-laboratório veiculados na grande imprensa, em periódicos como o *Jornal do Brasil* e *O Dia*, com tiragem semanal de cerca de quatrocentos mil exemplares.

Todos os projetos foram supervisionados por professores com experiência acadêmica e de mercado. Para o telejornal, nomeei o professor Fábio Watson, editor-executivo da Globonews, que fez mestrado em Nova York enquanto era diretor do escritório da Rede Globo. Para a TV Universitária, a professora Regina Varella, ex-coordenadora de programação da Rede Globo. Para as publicações, o ex-editor de *O Dia*, José Laranjo. Para a revista *on-line*, Adilson Cabral, doutorando em comunicação e *webdesigner*. Para a rádio, o famoso repórter aéreo Genilson Araújo. Para a agência de publicidade, o professor Hugo Santos, eleito profissional do ano em 1984. E assim por diante.

Vale lembrar que, logo na primeira Expocom, concurso brasileiro de produtos estudantis de comunicação social, da qual participamos em 1999, a Estácio recebeu o maior número de prêmios entre todas as faculdades de comunicação do país: melhor telejornal, melhor revista, melhor revista *on-line*, melhor fotografia jornalística e melhor vídeo publicitário, além do *grand prix* de fotografia. O sucesso valeu uma matéria na revista *Imprensa*, com o título "Jornalismo se aprende na prática". Nos anos seguintes, as premiações continuaram, não só no Brasil, mas no exterior. Ou seja, na prática, minha teoria baseia-se na produção crítica e na reflexão permanente. Na teoria, a prática fala por si mesma. Uma não tem sentido sem a outra.

Na verdade, a tal dicotomia não deve nem ser abordada. É uma pergunta superada. Teoria e prática devem estar juntas. Ponto final. A questão é: como articulá-las? Nos Estados Unidos, por exemplo, onde o diploma de jornalismo não é obrigatório para o exercício da profissão, a articulação é feita *a posteriori*. O aluno passa pelo menos quatro anos em qualquer curso superior teórico (chamados de *undergraduate studies*) e, depois, ingressa em um curso de perfil prático com um ou dois anos de duração, uma espécie de pós-graduação *lato sensu* (*graduate studies*). Na Universidade de Columbia, em Nova York, onde fui muito bem recebido pelos professores Josh Friedman e David Klatell, a *Graduate School of Jornalism* oferece disciplinas práticas em todas as mídias e especialidades. O aluno monta o currículo de acordo com o perfil que deseja para a sua atividade profissional.[1]

O ensino de jornalismo em Columbia tem caráter eminentemente prático, embora, nos últimos anos, o diretor Nicholas Lemann tenha proposto um sistema híbrido,[2] também voltado para a teoria, com ênfase em disciplinas como Estatística e Ciência Política, deixando a prática (específica e aplicada) para os últimos três meses de um curso de dois anos. Na verdade, a proposta só confirma a opção de não estabelecer uma dicotomia inconciliável entre teoria e prática, mas sim de pensar em como articulá-las.

No *The New York Times* de 14 de maio de 2003 está registrado que

> uma das propostas específicas de Lemann é um curso que examine as diferentes maneiras de "busca da verdade", além de abordar os tipos de indícios exigidos em áreas como Direito, Economia, Psicologia, Estatística e Filosofia. Ele também sugeriu que os alunos do primeiro ano façam cursos sobre Literatura Clássica e grandes pensadores. No segundo ano, os alunos se especializariam em uma disciplina concreta como Ciência, Religião ou Economia e produziriam uma publicação semelhante às feitas por alunos de faculdades de Direito americanas.

O modelo deve ser adotado na maioria das escolas americanas. Principalmente, na Ivy League, associação de oito universidades e faculdades de boa reputação do nordeste dos EUA, entre elas Colúmbia, Brown, Harvard, Princeton e Yale. Isso significaria a substituição do curso de dez meses por outro de dois anos no nível *graduate studies*. Entretanto, existem também os *undergraduate courses* em Comunicação Social, cuja carga teórica é muito próxima a dos currículos brasileiros e europeus.

E por falar em Europa, na maioria dos países o diploma não é obrigatório, mas a exigência acadêmica é grande. Na França, por exemplo, o jornalismo costuma ser frequentado por intelectuais de alta patente e tem forte tradição cultural e política. Boa parte das publicações tem identidade e posicionamento bem definidos. Na Inglaterra, também há jornais de estirpe, embora os tabloides de fofocas tenham forte presença no cenário local. A ilha de Sua Majestade é o paraíso dos *paparazzi*.

A história de cada país teve influência direta na forma de fazer jornalismo. A primeira tese de doutorado sobre a estrutura de um jornal foi defendida na Universidade de Leipzig, na Alemanha, em 1690, mas só em 1806 a Universidade de Breslau, também na Alemanha, ofereceu o primeiro curso sobre a imprensa. O ano de fundação da Escola Superior de Jornalismo de Paris é ainda mais recente: 1899.

A Espanha tem uma das mais famosas escolas de jornalismo do mundo, localizada na Universidade de Navarra, em Pamplona, coração do País Basco. Há cursos de graduação e pós-graduação em jornalismo por todas as regiões espanholas, mas a maioria ainda carrega o título de Comunicação Social, como, por exemplo, o curso da Universidade de Santiago de Compostela, umas das mais tradicionais do país. O mesmo acontece em Portugal, onde o ensino de jornalismo é recente, embora tenha um dos mais competentes teóricos do mundo, o professor Nelson Traquina, da Universidade Nova de Lisboa.

Em Coimbra, a mais antiga e tradicional universidade portuguesa, o Instituto de Estudos Jornalísticos só foi fundado na década de 1990 e ainda é ligado à Faculdade de Letras. Mesmo assim, já é academicamente respeitado, pois mescla a experiência universitária de catedráticos, como a professora Isabel Vargues, e o traquejo profissional de jornalistas como José Manuel Portugal, diretor da RDP Centro. As Universidades da Beira Interior e do Minho seguem o mesmo caminho, contando com professores como Antonio Fidalgo, João Canavilhas, Paulo Serra, Helena Souza e Felisbela Lopes, entre outros.

O ambiente para o ensino do jornalismo em todo o mundo ainda procura superar a obsoleta dicotomia entre teoria e prática, o que acaba se reproduzindo em outra dicotomia, conforme o caro leitor já deve ter percebido: comunicação ou jornalismo. E, mesmo não concordando com ela, para atingir os objetivos deste livro, é impossível não abordá-la.

No livro *História das teorias da comunicação*, Armand e Michele Mattelart[3] dão o tom sobre as dificuldades desta área de estudo:

> A história das teorias da comunicação é a história das separações e das diversas tentativas de articular ou não os termos do que frequentemente surgiu sob a forma de dicotomias e oposições binárias, mais do que de níveis de análise.

Uma percepção que encontra eco em outro famoso teórico, Mauro Wolf:[4]

> Daí resultou um conjunto de conhecimentos, métodos e pontos de vista tão heterogêneos e discordantes que tornam não só difícil, mas também insensata qualquer tentativa para se conseguir uma síntese satisfatória e exaustiva.

Wolf, então, opta por renunciar às correntes de pesquisa e expor apenas o que ele chama de tendências mais difundidas e consolidadas. E, embora o título de seu livro seja *Teorias da comunicação*, muitos dos conceitos estudados estão incluídos nas abordagens da *teoria do jornalismo*, como é o caso, por exemplo, do agendamento, do *gatekeeper*, e do *newsmaking*, que está inserido em uma perspectiva de construção da realidade.

Na verdade, as dificuldades e discordâncias estão no cerne do embate político sobre o tema. Não só na luta sobre definições e conceituações, mas na própria divisão entre os pesquisadores. Os teóricos da comunicação perguntam: "Afinal, jornalismo não é comunicação?" Então, é preciso estudar a teoria da comunicação. Mas, para algumas correntes de professores de jornalismo, esses estudos estão ultrapassados e são irrelevantes para a formação dos jornalistas.

De minha parte, acredito que algumas abordagens da teoria da comunicação devam ser estudadas nos cursos de graduação. Entretanto, um recorte específico nas teorias do jornalismo, conforme as sistematizações propostas por professores como Nelson Traquina, Jorge Pedro Souza, Michael Kunczik, José Marques de Melo e Nilson Lage (que serão abordadas ao longo deste livro) são imprescindíveis para a formação dos futuros profissionais. E essa é mais uma razão para escrever o presente texto, além, é claro, da conhecida carência de publicações sobre o tema. O que não acontece com as teorias da comunicação, cuja bibliografia é bastante ampla e conta com autores brilhantes, como Muniz Sodré, Antonio Hohlfeldt e Daniel Bougnoux, entre outros.

De forma sintética, a teoria do jornalismo ocupa-se de duas questões básicas: 1) Por que as notícias são como são? 2) Quais são os efeitos que essas notícias geram? A primeira parte preocupa-se fundamentalmente com a produção jornalística, mas também enverada pelo estudo da circulação do produto, a notícia. Esta, por sua vez, é resultado da interação histórica e da combinação de uma série de vetores: pessoal, cultural, ideológico, social, tecnológico e midiático.

Já os efeitos podem ser divididos em afetivos, cognitivos e comportamentais, incidindo sobre pessoas, sociedades, culturas e civilizações. Mas também influenciam a própria produção da notícia, em um movimento retroativo de repercussão. Em suma, os diversos modelos de análise ocupam-se da produção e/ou da recepção da informação jornalística.

Neste livro, procuro sistematizar as principais questões desses modelos. Mas também quero incluir outros assuntos que considero pertinentes, como, por exemplo, as próprias técnicas de narração da notícia e os aspectos semiológicos do discurso jornalístico. Além disso, vou enveredar, de forma tangencial, por uma abordagem histórica, ética e epistemológica do jornalismo, bem como por discussões estilísticas, instrumentais e de gênero. Minha proposta é fazer uma introdução pequena e simples, que conduza a leituras mais aprofundadas. Nada mais, nada menos. Não pretendo esgotar assuntos ou ter a palavra definitiva sobre nada. Tanto que, ao final de cada item, há indicações bibliográficas para recortes específicos das questões.

A linguagem também é um pouco diferente daquela utilizada em meus livros anteriores. Para começar, escrevo na primeira pessoa do singular, o que não é comum em um livro considerado acadêmico. Geralmente as obras universitárias seguem um rigor estilístico que as torna muito pouco atraentes para o leitor. E isso inclui, além da fatídica utilização da primeira pessoa do plural e da narrativa hermética, uma infinidade de notas de rodapé e referências que desviam a leitura e interrompem o raciocínio. Para ser sincero, os textos acadêmicos são chatos. Muito chatos. Então, por que não tentar simplificá-los? No meu caso, como escrevo sobre teorias, cuja natureza é reducionista e complexa, a missão é muito difícil. Há também o receio de passar por cima de algum procedimento científico ou de não citar corretamente algum autor. Mesmo assim, vou correr o risco e procurar ser um pouco mais simples.

Todo livro é uma obra coletiva, pois dialoga com vários outros autores. Mesmo assim, escrever é e sempre será um ato solitário. Não há companhia para a angústia da página em branco. Isso já é um clichê para os escritores. Então, não entendo por que os círculos acadêmicos gostam do sujeito "nós" em suas escrituras, mesmo compreendendo conceitos como intertextualidade e obra aberta, por exemplo. A primeira pessoa do plural não me soa bem nos artigos teóricos. Parece artificial, fabricada e, principalmente, confusa. Neste livro, o sujeito "nós" só aparece quando se refere à classe dos jornalistas ou ao público em geral.

Minha opção pela primeira pessoa do singular também tem outra consequência: o uso de alguns exemplos baseados em experiências pessoais. Não pretendo ser autorreferente. Essa é apenas mais uma tentativa de simplificação, além de ter como objetivo explicitar minhas motivações ideológicas[5] e métodos de trabalho, o que considero imprescindível para ser honesto com o leitor.

Da mesma forma, serão utilizadas muitas histórias extraídas de jornais e revistas, além de quadros explicativos e metáforas. Ao longo do texto, o leitor vai encontrar **frases em negrito** que resumem alguns conceitos. Como já disse, ao final de cada item há indicações de leituras para o aprofundamento no referido tema. Mesmo assim, deixei uma bibliografia comentada nas últimas páginas do livro. Ali estão relacionados os autores que mais me influenciaram.

A divisão dos capítulos segue uma ordem metodológica própria. Primeiro, enveredo pelos conceitos e histórias do jornalismo, abordando temas como a invenção da imprensa, a notícia, a reportagem, as fontes e a ética, entre outros. Em seguida, meu assunto são as próprias teorias e críticas, organizadas segundo minhas interpretações sobre os autores que li e também direcionadas a algumas novas abordagens, como, por exemplo, a teoria dos fractais biográficos, que foi o tema de minha tese de doutorado. Por último, relaciono algumas tendências e alternativas que me parecem pertinentes para o bom exercício da profissão. Entre elas, a reportagem assistida por computador, um instrumento tecnológico imprescindível para o jornalismo contemporâneo.

Para terminar esta introdução, um alerta: apesar de escrever na primeira pessoa do singular, acredito piamente na ideia de construção coletiva do conhecimento. As teorias não pertencem a ninguém. São, no máximo, sistematizadas por algum pesquisador. Ele pode até ter o direito de reivindicar a autoria, desde que tenha consciência do percurso coletivo que o levou a ela. A grande armadilha para qualquer escritor que tenta enveredar por uma abordagem teórica é a convicção de ser o dono da narrativa. Essa visão transforma-o em um corpo estranho ao texto, um olhar externo, inverossímil, que o distancia do leitor.

A posse do discurso, como denuncia a própria etimologia, vem acompanhada de um sentimento de poder cuja principal característica é limitar a obra, deixando-a presa a dogmas e conceitos absolutamente questionáveis. Ajude-me a evitar essa armadilha, caro leitor. A narrativa em primeira pessoa é apenas uma tentativa de simplificação, não um sentimento de posse. Este livro é seu e de todos os outros autores que o influenciaram. Construa-o e reconstrua-o da maneira que achar melhor. Corte, recorte. Invente, reinvente. Nesse ponto, o sujeito "nós" faz todo o sentido.

## NOTAS

[1] Para informações completas da Universidade de Columbia sobre as opções de tópicos de disciplinas, com os respectivos professores, acesse: <http://www.jrn.columbia.edu/admissions/programs/courses/>.
[2] As discussões continuam. Aliás, o ideal é que nunca terminem, pois os currículos devem ser constantemente reavaliados.
[3] Armand e Michele Mattelard, História das teorias da comunicação, São Paulo, Loyola, 2000, p. 10.
[4] Mauro Wolf, Teorias da comunicação, Lisboa, Presença, 2002, p. 13.
[5] Entendo ideologia como um dispositivo simbólico que integra um sistema de ideias e influencia consciente ou inconscientemente as interpretações e análises.

# CONCEITOS E HISTÓRIAS

*Minha aldeia é todo o mundo.*
*Todo o mundo me pertence.*

*Inútil seguir vizinhos,*
*Querer ser depois ou ser antes.*
*Cada um é seus caminhos.*
*Onde Sancho vê moinhos*
*D. Quixote vê gigantes.*

Antonio Gedeão

## A NATUREZA DO JORNALISMO

Você não gostaria de ter o dom da ubiquidade? Imagine poder estar presente em vários lugares ao mesmo tempo e saber de tudo que se passa nos mais diversos contextos. Como no poema de e.e.cumings (a grafia é minúscula mesmo), você poderia estar instantaneamente em "algum lugar onde nunca esteve e ver coisas que não pode tocar com muita proximidade". Ou, nas palavras do poeta Robert Frost, "não ver profundezas nem distâncias, muito menos aceitar os limites do olhar". O que acha?

A resposta parece óbvia, mas desnuda o mais perene dos desejos humanos. A busca da onipresença triunfante só tem um objetivo: a onisciência. O homem tem medo do desconhecido e luta desesperadamente contra ele. Um medo tão antigo que, na *Bíblia*, está registrado na primeira frase do primeiro livro, o Gênesis: "No princípio, era o caos. Havia trevas sobre a face do abismo". As palavras caos e abismo transitam pelo mesmo campo semântico. Caos vem do grego *khínein*, que significa exatamente abismo. Os próprios gregos tratavam de relacionar a palavra com desordem e confusão, opondo-a radicalmente à ideia de organização e estabilidade. O abismo representava o desconhecimento, a incapacidade de ordenar o mundo e domar os fenômenos naturais.

Na verdade, a obsessão por dominar a natureza esconde a verdadeira obsessão do homem: dominar o caos ou, em outras palavras, ter previsões seguras que evitem a queda no abismo, ou seja, no desconhecido. Para isso, ele inventou a ciência e tratou logo de criar leis deterministas que dessem estabilidade aos tais fenômenos naturais. A física de Aristóteles, a mecânica de Newton ou a abóbada de Ptolomeu tinham a função primordial de ordenar os acontecimentos da natureza, explicando suas origens e tentando prever seus movimentos.

O medo do desconhecido não vem só da natureza, mas também da geografia. Longas e intransponíveis distâncias potencializam o desconhecimento e, consequentemente, o medo e a imaginação. Se, até hoje, indagamos se estamos sozinhos ou não no Universo, por que seria diferente com os habitantes deste planeta, por exemplo, durante a Era dos descobrimentos? Essa mesma Era só foi possível porque o homem quis conhecer o que estava além dos seus limites físicos e, por isso, construiu caravelas e encorajou as navegações. Mas não custa perguntar: o que leva algumas dezenas de navegantes a abandonar suas famílias e se meter durante meses em um barquinho de madeira vagabunda com alguns metros de comprimento em um oceano revolto? A resposta me parece clara: o medo de não conhecer o que está além-mar é muito maior do que o medo do próprio mar.

É o mesmo motivo que ainda nos faz mandar foguetes a Marte, Saturno e outros planetas. **Tentamos ter o dom da ubiquidade através da alteridade, pois a ilusão da onipresença é construída pelas informações produzidas pelo outro.** Já que não podemos estar em vários lugares ao mesmo tempo, queremos, pelo menos, acreditar que sabemos o que acontece nos mais longínquos rincões do universo, e, para isso, mandamos correspondentes, relatores ou alguma tecnologia que possa substituir o relato do homem. Pois a simples perspectiva de não ter a menor ideia do se passa ao nosso redor, seja qual for o perímetro, nos dá um frio na barriga e aterroriza nosso imaginário. O sucesso dos filmes de ficção científica está aí para comprovar essa tese. Temos pesadelos com invasões de marcianos e discos voadores com raios laser coloridos.

Em suma, respondendo ao título deste item, afirmo que a natureza do jornalismo está no medo. O medo do desconhecido, que leva o homem a querer exatamente o contrário, ou seja, conhecer. E assim, ele acredita que pode administrar a vida de forma mais estável e coerente, sentindo-se um pouco mais seguro para enfrentar o cotidiano aterrorizante do meio ambiente. Mas, para isso, é preciso transpor limites, superar barreiras, ousar. Entretanto, não basta produzir cientistas e filósofos ou incentivar navegadores, astronautas e outros viajantes. Também é preciso que eles façam os tais relatos e reportem informações a outros membros da comunidade que buscam a segurança e a estabilidade do "conhecimento". A isso, sob certas circunstâncias éticas e estéticas, posso denominar jornalismo.

Só que uma história do jornalismo dificilmente poderia estar excluída de uma história da comunicação. Na verdade, como nos conta César Aguillera Castilho, ela é até menos inteligível fora desse contexto. Castilho escreveu o primeiro capítulo do livro *História da imprensa*, um compêndio de setecentas páginas organizado pelo professor espanhol Alejandro Pizarroso Quintero. O título do capítulo é "Comunicação e informação antes da impressão".

Em seu texto, Castilho faz a seguinte ponderação: "Se a primeira grande aquisição comunicativa do *Homo sapiens* é a fala, isso não exclui que tenha havido comunicação antes de sua aquisição".[1] Ele se baseia em estudos do pesquisador Carleton S. Coon para traçar um panorama darwinista do homem, em que relaciona a origem da fala humana à própria evolução física e mental. Assim, o ser humano, muito lentamente, passaria de uma fase pré-lógica para um pensamento lógico e libertador. Entretanto, essa passagem não significa a perda do mundo de significações primordiais expressas na diversidade gestual do homem primitivo.

A linguagem não verbal é essencial para o advento da verbalização, que, segundo Castilho, tem lugar durante a revolução neolítica, quando verifica-se um aumento de novas tarefas e o surgimento de novos utensílios. "Por essa altura, parece que o homem conseguiu um idioma verbal, se bem que este, só por si, nunca tenha existido: fala-se com os olhos, com os gestos, com o corpo, com as posturas e, principalmente, com o tom e a emoção."[2]

Quando o homem fala, há um componente sinestésico tanto na emissão quanto na recepção. Ao ouvir alguém em uma praça pública, por exemplo, não utilizamos apenas a audição. Vemos os gestos, empregamos o tato para nos apoiar em algum banco ou ficar em pé, sentimos o cheiro no ar e o paladar de nossa última refeição ou da fome que se aproxima. Todos esses componentes influenciam a mensagem. São parte dela.

Segundo Bill Kovach e Tom Rosenstiel, autores do livro *Os elementos do jornalismo*, relatos orais podem ser considerados uma espécie de pré-jornalismo. Para eles, quanto mais democrática uma sociedade, maior é a tendência para dispor de mais notícias e informações. O que pode ser comprovado pela democracia ateniense, que se apoiava em um jornalismo oral, no mercado de Atenas, onde tudo o que era importante para o interesse público ficava ao ar livre, como concluem Kovach e Rosentiel, citando o professor de jornalismo John Hohenberg.[3]

As conclusões da dupla americana vêm ao encontro dos fundamentos da democracia grega, baseada em preceitos como isagoria, isonomia e isotimia, que serão abordados no item sobre jornalismo de resistência. Mas os próprios gregos perceberam as possibilidades de manipulação do conteúdo oral através da habilidade do orador. Os sofistas, cuja marca principal era a competência no discurso, foram criticados por Platão, para quem a cidade perfeita deveria ser governada pela classe dos filósofos, os únicos com sabedoria e conhecimento suficientes para exercer o comando. Segundo ele, não haveria democracia enquanto os requintes do discurso oral continuassem valorizados. "Ou o povo se submetia à reta filosofia, ou decidia pela injustiça do bom prazer."

O fato é que os relatos orais são a primeira grande mídia da humanidade. O historiador Peter Burke classifica-os como um meio de comunicação específico e importante, mas que tem recebido pouca atenção da historiografia oficial, apesar da vasta literatura sobre a oralidade. Mesmo muito tempo após a invenção da escrita, a comunicação oral continuou (e continua) poderosa. Segundo Burke, no livro *Uma história social da mídia*, "as possibilidades do meio oral eram conscientemente exploradas pelos mestres do que era conhecido no século XVI como a retórica eclesiástica".[4]

Os púlpitos da Igreja Católica e Protestante influenciavam reis e rainhas. Para Burke, os governos tinham plena consciência do poder que a tal retórica tinha sobre a população, principalmente nas áreas rurais, onde havia obediência cega aos seus ensinamentos.

> A rainha Elizabeth I falou da necessidade de "sintonizar os púlpitos", e Carlos I concordou declarando que "em tempos de paz as pessoas são mais governadas pelo púlpito do que pela espada", uma clássica e primeira declaração da ideia de hegemonia cultural.[5]

Burke ainda destaca outros importantes tipos de comunicação oral, como a acadêmica, o canto, o boato e a informação de tabernas, banhos públicos, clubes, bares e cafés.

E é exatamente nos cafés de Londres, no começo do século XVII, que Bill Kovach e Tom Rosenstiel situam um possível início do que eles chamam de moderno jornalismo. Lá, os donos dos *pubs* (casas públicas) estimulavam as conversas com viajantes, pedindo que contassem o que tinham visto pelo caminho.

> Na Inglaterra, havia cafés especializados em informações específicas. Os primeiros jornais saíram desses cafés por volta de 1609, quando tipógrafos mais atrevidos começaram a recolher informações, fofocas e discussões políticas nos próprios cafés, depois imprimindo tudo.[6]

Ou seja, além da passagem de uma cultura oral para a escrita, é a invenção dos tipos impressos que vai possibilitar o advento do jornalismo moderno. Entretanto, a oralidade continuará sendo protagonista do processo jornalístico, não só na relação com as fontes como na configuração de novas tecnologias midiáticas, como o rádio e a televisão, conforme veremos mais adiante.

> **Para ler mais**
>
> BURKE, Peter; BRIGGS, Asa; PÁDUA, Maria Carmelita. *Uma história social da mídia*. Rio de Janeiro: Zahar, 2004.
> BELAU, Angel Faus. *La ciência periodística de Otto Groth*. Pamplona: Universidad de Navarra, 1966.
> MELLO, José Marques de. *História social da imprensa*. Porto Alegre: EDIPUCRS, 2003.

## A INVENÇÃO DA ESCRITA E DA IMPRESSÃO

A escrita mudou radicalmente nossa forma de pensar. É uma revolução no processo cognitivo humano. Há uma grande diferença entre ouvir alguém falar e ler o que essa pessoa escreve. A distância do emissor da mensagem inibe nossa percepção sinestésica sobre a emissão. Como expliquei no item anterior, ao assistirmos a um discurso em praça pública, não usamos só a audição, mas os cinco sentidos. O mesmo acontece durante a leitura, só que a recepção não se dá no mesmo tempo da emissão. Portanto, o que os sentidos percebem é outro momento.

A invenção da escrita data de aproximadamente cinco mil anos antes de Cristo. É atribuída ao povo de Uruk, ao sul da Mesopotâmia (Iraque, nos dias de hoje). Mas os monumentos escritos mais antigos estão no idioma sumério. Naquela época ainda não havia o alfabeto, que só seria inventado três mil anos depois. Os sumérios utilizavam uma escrita cuneiforme, baseada em ideogramas. Os fenícios foram os primeiros a sistematizar o uso de um alfabeto, mas há registros arqueológicos de tentativas anteriores nas cidades de Canaã, Ugarit e Biblos.

Entretanto, não pensem que o advento da escrita foi recebido como unânime evolução do pensamento humano. Sócrates, por exemplo, acreditava que o livro diminuiria os níveis de sabedoria. Já Platão considerava o alfabeto fonético responsável pela perda inexorável da memória dos indivíduos. Para a linguista Lúcia Santaella, autora do livro *Cultura das mídias*, de fato tal perda se dá em nível individual. Mas pode ser compensada por outra transformação, que, segundo ela, ocorre no nível da espécie: "O armazenamento do acervo humano não depende mais de um ou mais cérebros que desaparecerão com a morte dos indivíduos. Armazena-se fora do cérebro para transcender a morte".[7]

Imagine o que Platão e Sócrates diriam se conhecessem a capacidade de armazenamento da internet! Na verdade, não é só a escrita, mas toda nova forma de linguagem/tecnologia provoca reações contrárias. Para Santaella, a humanidade reage assim porque somos vítimas de uma esperança nostálgica de retorno à plenitude de um corpo uno-primordial.

> As linguagens são molduras que configuram, conferem uma imagem ao mundo e a nós mesmos. Com o aparecimento de cada nova técnica [...] é uma habilidade ou poder humano em nível individual que se desloca [...]. Nesse deslocamento, o homem transitoriamente perde uma parte de si, a imagem que tem de si e do mundo. [8]

Mesmo com a perene desconfiança em torno da inovação tecnológica, a escrita se propaga pelo mundo. Mas o alfabeto não modifica apenas a forma de pensar. Muda também a transmissão do pensamento. As informações passam a vir em suporte físico e não mais biológico. Mas substituir o aparelho fonoaudiológico humano não foi tão simples. Os primeiros suportes da escrita foram as tábuas de ferro sumérias, o que quase inviabilizava o fluxo da informação.

Depois vieram as tabuletas de madeira, marfim, bambu fundido e até pétalas de flor, que logo pereciam. Foram os egípcios que revolucionaram o meio com a utilização do papiro. Homero já o havia utilizado, mas apenas para fazer cordas para barcos, nunca para escrever. Aliás, as histórias de Homero foram imortalizadas pela comunicação oral, na figura dos *aedos*, os famosos poetas gregos.

Para escrever, também foram usados suportes como peles, tiras de chumbo, estanho etc. Mas até o advento do papel, por volta do século x, o papiro foi a grande vedete, principalmente na Antiguidade Clássica. Era nesse suporte, por exemplo, que os romanos escreviam a *Acta Diurna*, relato diário do que acontecia no Senado e na vida social e política do Império. Sob certa perspectiva, poderíamos até considerar esses relatos como uma forma de jornalismo, pois têm periodicidade e identidade.

Junto com o papiro e o papel, a grande revolução na propagação da cultura escrita foi a invenção da imprensa. E apesar da fama de Gutemberg, seus verdadeiros criadores foram os chineses. O primeiro livro impresso conhecido é do ano 868 e a invenção do tipo móvel foi aproximadamente em 1040. Ambos em território chinês. Isso sem falar no processo de impressão em xilogravura, cujo exemplar conhecido mais antigo é japonês e tem data de 764 antes de Cristo.

Gutemberg ficou conhecido no mundo ocidental como o grande revolucionário da impressão porque uma de suas primeiras obras impressas foi a *Bíblia,* no ano de 1456. Entretanto, é inegável a sua vital importância na história da sociedade que ele influenciou. Através da rápida difusão do prelo de Gutemberg pela Europa, foram consolidadas as línguas nacionais, difundiu-se a Reforma Protestante e também a Contrarreforma. Além disso, constituiu a indústria do livro e da imprensa periódica.

Mas mesmo antes de Gutemberg as notícias já circulavam. De forma esporádica na Idade Média, mas consolidada nos séculos xiv e xv. Eram as informações manuscritas, que cresceram durante o desenvolvimento do comércio e da vida urbana. Como veremos nos próximos itens, Veneza foi o centro informativo mais importante da Europa na época. Lá os comerciantes recebiam as *letteri d'avisi,* que, ao ganhar periodicidade, transformam-se nas gazetas, o embrião dos jornais conforme os conhecemos.

Entretanto, apesar da razoável difusão quantitativa das notícias manuscritas, a impressão é realmente a verdadeira revolução da história do jornalismo. Na onda da emergente indústria do livro, surge uma nova, que cresce entre os restos de papel e as folhas soltas que dão origem a pequenas publicações periódicas. Nasce a imprensa, mas não basta que ela seja constituída pelo calor industrial dos tipos móveis. É preciso saber que espaço ela vai ocupar.

Esse espaço é o público, que também vai passar por uma série de transformações.

### Para ler mais

SANTAELLA, Lúcia. *Cultura das mídias.* São Paulo: Experimento, 1996.

QUINTERO, Alejandro. *História da imprensa.* Lisboa: Planeta, 1996.

## A MUDANÇA ESTRUTURAL NA ESFERA PÚBLICA

De Gutemberg à internet há uma radical mudança na esfera pública. No dicionário Aurélio, o verbete *público* tem o seguinte significado:

"Do, ou relativo, ou pertencente ou destinado ao povo, à coletividade". Entretanto, a famosa opinião da coletividade também depende da ideia que ela faz do espaço em que seus pressupostos são construídos. Na Grécia, por exemplo, era a praça ateniense, onde os debates eram destinados a questões ligadas à cidadania. Mas com o fim da Cidade-Estado, a esfera de discussão da coletividade foi sendo transferida para outros níveis. E os assuntos também. As características inerentes à burguesia ascendente ocuparam o espaço público e viabilizaram a consolidação da imprensa moderna. Estratégias de mercado aos poucos substituem o espaço das causas públicas e dos valores éticos. E consolidam suas representações da realidade conforme a imprensa vai se constituindo em um produto industrial.

O filósofo Jürgen Habermas, autor do livro *Mudança estrutural na esfera pública*, traça um perfil das transformações que o conceito sofre no decorrer do tempo. Da ideia de cidadania presente nas praças atenienses à noção de publicidade dos tempos atuais, que está condicionada pelas famigeradas leis do mercado. "No âmbito das mídias, a publicidade certamente mudou de significado. De uma função de opinião pública tornou-se um atributo de quem desperta a opinião pública."[9]

A mídia (a imprensa como parte dela) assumiu a privilegiada condição de palco contemporâneo do debate público. E a palavra palco não foi escolhida aleatoriamente. Na contemporaneidade, as representações substituem a própria realidade. Um assunto exposto na esfera pública não é necessariamente de interesse público. Ele pode ser forjado nos esquemas de *marketing* que visam moldar o gosto do público e agendar seus debates. É o caso, por exemplo, das celebridades instantâneas. No Brasil, talvez a mais famosa seja a apresentadora Adriane Galisteu, que apareceu para o mundo após namorar o piloto de Fórmula 1 Ayrton Senna.

O tricampeão morreu há mais de dez anos, mas Adriane continua com espaço na mídia. Isso acontece porque ela aprendeu a usar os mecanismos de representação do espaço público, inclusive na chamada imprensa séria, que não se dedica a fofocas e coisas do gênero. Umas de suas principais habilidades é transformar qualquer acontecimento em notícia. Quando sua casa foi assaltada, por exemplo, primeiro ela chamou a revista *Caras*, depois chamou a polícia. E o assunto reverberou nos principais veículos da imprensa nacional.

A atitude de Adriane não é gratuita. A exposição da intimidade é uma das principais estratégias de sobrevivência das celebridades. Despertar com a buzina do *Programa do Gugu*, enquanto o Brasil conhece seu quarto e sua camisola (ou a falta dela), mantém a celebridade no espelho. Mais do que se identificar, o espectador se reconhece na figura da estrela instantânea. Aquela poderia ser a cama dele, tamanha é a intimidade que os une. A mídia cria um sentido de autossemelhança.

Mas por que existe expectador para esse tipo de notícia? Para Habermas, o motivo está na separação do espaço social entre a esfera pública e a esfera privada, que é uma criação da burguesia. De novo voltamos à democracia grega, quando não havia separação entre o indivíduo e o Estado. Assuntos públicos e privados estavam misturados. E na Idade Média, se não havia a discussão pública, já que o sistema era absolutista, também não havia uma esfera privada. O mesmo aposento poderia servir para comer, dormir a até receber visitas. Na ausência de corredores, passava-se pelo interior dos cômodos para circular pela casa.

Mas esse raciocínio é inverso na burguesia, que passa a valorizar o isolamento, a intimidade e os valores ligados à família, numa tentativa de se diferenciar das classes populares. A vida profissional deve ser separada da vida familiar. A casa, como diz N. Benjamin, é a expressão da personalidade do burguês. E ela vai ser individualizada, com cômodos específicos e isolados, valorizando a intimidade. O amor romântico, difundido pelo romance burguês, e a moral puritana também serão determinantes para a valorização da esfera íntima no imaginário da burguesia. A vida sexual, por exemplo, pertence à intimidade e ficará carregada de mitificações.

Toda essa reconstrução histórica serve, para a pesquisadora Maria Celeste Mira, autora do artigo "Invasão de privacidade: reflexões sobre a intimidade na mídia", justificar a maior penetração que as revistas de fofocas e os programas invasores de privacidade na TV têm nas classes populares. Segundo a pesquisadora, as condições de vida das classes populares continuam precárias e elas ainda recorrem aos círculos de sociabilidade como estratégia de sobrevivência, identificando seus pares em locais de encontro como bares, templos ou clubes, e socializando o acesso ao espaço da casa, sem se importar com a diluição da privacidade.

Da mesma forma, o modo de apropriação do conteúdo midiático também é socializado. A audiência da TV é coletiva. O aparelho é colocado na sala, de frente para a porta, e os vizinhos têm livre aceso ao sofá. "Há boas razões para acreditar que a propagação do modo de vida burguês não destruiu totalmente o que as classes populares cultivaram durante séculos em todo o Ocidente."[10] A partir desse raciocínio, Mira conclui que, lendo sobre a vida das celebridades, as pessoas tornam-se cada vez mais íntimas delas, recriando o contexto do bairro ou da pequena comunidade, onde a vida privada do indivíduo interessa a todos e a intimidade é socializada. "Através da mídia e das novas tecnologias podem ser criados novos sentidos de comunidade: uma comunidade 'sem lugar' ou, como propõe Meyerowitz, uma comunidade que independe do local."[11]

A mudança estrutural da esfera pública é, ao mesmo tempo, causa e consequência da evolução da imprensa. **Claro que é preciso separar os conceitos de mídia e imprensa.** No primeiro estão incluídos todo o tipo de manifestação cultural presente no espaço público, como novelas e filmes, por exemplo, enquanto o segundo refere-se à produção de notícias conforme as definições propostas neste livro. Mas como a imprensa está no interior da mídia, sendo também uma de suas manifestações, as influências são mútuas. Representações, leis do mercado, celebridades. O jornalista não pode ignorar esses conceitos. O homem comum não se informa mais pelos relatos da praça, mas sim pelo que os mediadores do novo espaço público trazem até ele. Daí a nossa responsabilidade.

O espaço dos heróis (mesmo dos pré-fabricados) foi ocupado pelas celebridades. A superexposição substitui a virtude (*areté*) como valor supremo. As imagens são preconcebidas. As histórias já foram contadas. E a encenação continua até mesmo após a morte (Elvis Presley ainda não morreu). Não só os jornalistas, mas também os escritores, produtores, dramaturgos, cineastas, diretores e todos os outros responsáveis pelo discurso midiático estão em xeque. Se a vida é um show e a mídia é um palco, os roteiristas do espetáculo correm o risco de tornarem-se os bobos da corte.

Críticas à parte, o fato é que, aos poucos, um outro conceito foi se firmando a partir da mudança estrutural da esfera pública. E é ele que vai dar o verdadeiro sentido de existência para os jornais.

Refiro-me à chamada opinião pública. Segundo Kovach e Rosenstiel, com a evolução dos primeiros jornais londrinos, os políticos ingleses começaram a falar sobre o conceito em plenário. "No início do século XVIII, os jornalistas/tipógrafos passaram a formular a teoria da livre expressão e da imprensa livre."[12] Essa imprensa livre deveria ter compromisso com a verdade para ajudar o povo a se autogovernar. Nos Estados Unidos, o termo se consolida também no século XVIII e influencia a redação da primeira emenda à constituição americana, que garante a liberdade de imprensa. Mas é a partir do livro *Public opinion*, lançado por Walter Lippmann na década de 1920, que as discussões teóricas enveredam pelo caminha crítico. Desde então, a grande questão passou a ser a seguinte: como essa opinião pública é formada? As diversas teorias do jornalismo têm diferentes interpretações sobre a influência da imprensa nesse processo, como veremos no terceiro capítulo deste livro. Mas as transformações da esfera pública deixam claro que houve a substituição de um espaço destinado para a discussão de causas públicas e valores éticos por outro, muito mais prosaico, em que as representações da realidade interagem com o espetáculo, a simulação e a imagem virtual, formando o que o teórico Muniz Sodré chama de sociedade telerreal.

Na história da imprensa, os críticos costumam fazer uma divisão cronológica em modelos explicativos, que refletem as transformações do espaço público. Para Bernard Miége, por exemplo, eles são quatro: imprensa de opinião (artesanal, tiragem reduzida e texto opinativo), imprensa comercial (industrial, mercantil e texto noticioso), mídia de massa (tecnologia, marketing e espetáculo) e comunicação generalizada (megaconglomerados de mídia, informação como base das estruturas socioculturais e realidade virtual). Já Ciro Marcondes Filho, no livro *Comunicação e jornalismo: a saga dos cães perdidos*, traça um quadro evolutivo de cinco épocas distintas.[13]

*Pré-história do jornalismo*: de 1631 a 1789. Caracterizada por uma economia elementar, produção artesanal e forma semelhante ao livro.

*Primeiro jornalismo*: 1789 a 1830. Caracterizado pelo conteúdo literário e político, com texto crítico, economia deficitária e comandado por escritores, políticos e intelectuais.

*Segundo jornalismo*: 1830 a 1900. Imprensa de massa, marca o início da profissionalização dos jornalistas, a criação de reportagens e manchetes, a utilização da publicidade e a consolidação da economia de empresa.

*Terceiro jornalismo*: 1900 a 1960. Imprensa monopolista, marcada por grandes tiragens, influência das relações públicas, grandes rubricas políticas e fortes grupos editoriais que monopolizam o mercado.

*Quarto jornalismo*: de 1960 em diante. Caracterizado pela informação eletrônica e interativa, como ampla utilização da tecnologia, mudança das funções do jornalista, muita velocidade na transmissão de informações, valorização do visual e crise da imprensa escrita.

---

**Para ler mais**

HABERMAS, Jürgen. *Mudança estrutural na esfera pública*. Rio de Janeiro: Tempo Brasileiro, 1984.

KITTO, H.D.F. *Os gregos*. Coimbra: Armenio Amado, 1970.

MARCONDES FILHO, Ciro. *Comunicação e jornalismo*: a saga dos cães perdidos. São Paulo: Hacker, 2000.

MIRÁ, Maria Celeste. Invasão de privacidade: reflexões sobre a intimidade na mídia. In: *Lugar comum*, 2001, n. 5-6.

---

## DAS GAZETAS AOS JORNAIS

As histórias dos veículos de comunicação nunca são isoladas ou autoexplicativas. Não há um herói ou santo altruísta alvejado pelo idealismo de aproximar os indivíduos ou melhorar o mundo por meio de uma invenção. O desenvolvimento dos canais de informação está sempre atrelado a interesses econômicos ou políticos. Na maioria das vezes, os dois juntos. Como quase tudo na sociedade ocidental.

Foi assim com o telégrafo, criado para proteger as riquezas transportadas pelas ferrovias americanas no século XIX e também com o rádio, usado estrategicamente durante a Primeira Guerra Mundial. Foi assim com o próprio jornalismo. Se, como já disse no primeiro item deste capítulo, a natureza do jornalismo está no medo, sua origem como veículo periódico está no lucro. Em seu código genético não encontramos um serviço público, mas sim um comércio de notícias.

Na árvore genealógica dos jornais estão as gazetas, que vêm do italiano *gazzette*, a moeda utilizada em Veneza no século XVI. Elas eram manuscritas, periódicas e apresentadas em quatro páginas em frente e verso, dobradas ao meio, como um pequeno fólio, de vinte centímetros de altura e quinze de largura. Custavam uma moeda, ou seja, uma gazeta. As notícias eram vinculadas ao interesse mercantil, com informes sobre colheitas, chegada de navios, cotações de produtos e relatos de guerras. Vinham de diversos países. Não traziam títulos, apenas data e local de procedência. Possuíam leitores dentro e fora de Veneza, o centro comercial e informativo mais importante da Europa na época. De lá, eram produzidas e expedidas por correio, saindo todos os sábados para diversas cidades italianas.

Na verdade esse tipo de informação mercantil deriva das famosas *lettere d'avvisi*, cartas manuscritas não periódicas que já eram recebidas pelos comerciantes venezianos desde o século XIII, no Brolo, a praça central da cidade, em frente ao palácio do duque. Daí também serem chamadas de *broli* ou *fogli a mano*. Na França, essas cartas eram chamadas de *nouvelles à la main* e nas cidades alemãs, de *Geschriebene Zeitungen*. Claro que havia um público restrito com interesses específicos (políticos e econômicos, obviamente) e seu conteúdo era controlado. Mesmo assim, esse tipo de "jornalismo primitivo" já provocava reações exaltadas de nobres e religiosos que se sentiam prejudicados pela exposição pública.

O historiador Alejandro Quintero relata na obra *História da imprensa*[14] que, em fevereiro de 1596, houve até uma intervenção papal contra os *avvisi*. "Pio V lançou uma invectiva contra os que escrevem notícias prejudiciais para o Papa, para os cardeais, para os bispos e para outros prelados." E, no mês seguinte, foi a vez do judiciário registrar sua insatisfação de forma implacável: "Esta manhã, Niccolò Franco, que esteve ao serviço de Morone, foi enforcado na ponte. Diz-se que por ter difamado ilustríssimos senhores, e por ter corrompido alguns agentes da justiça."

O texto foi transcrito por Quintero de um *avvisi* veneziano de março de 1596. O que faz de Niccolò Franco o primeiro mártir da história do jornalismo. O historiador espanhol supõe que o tal crime de corrupção cometido por Franco tenha sido a forma como obteve a informação difamadora. Enfim, a violenta reação, condenando o "quase jornalista" à morte, é um prelúdio do que aconteceria nos séculos seguintes.

Só para ter um ideia, segundo dados do CPJ (*Committee to Protect Journalists*), entidade internacional criada para proteger a integridade dos profissionais da imprensa pelo mundo, de 1993 a 2002, 366 jornalistas foram assassinados durante o exercício da profissão. Desse total, 60 foram mortos em zonas de guerra e 277 em represália às suas reportagens. Destes 277 casos, apenas 21 tiveram seus assassinos presos e processados. O que significa que 94% dos criminosos ficaram impunes.

De volta ao século XVI, os governos serão os primeiros a tentar controlar a nova atividade que surge. A repressão aos *avvisi* é estendida às gazetas, consideradas ainda mais perigosa para o *status quo*, por serem periódicas. Com o advento das notícias impressas, então, esse perigo é muito potencializado. Mas os governantes terão atitudes diferenciadas, de acordo com o país.

Na França, por exemplo, onde o poder central era muito forte, o controle sobre as publicações foi mais severo. De acordo com a pesquisadora brasileira Héris Arnt, os franceses conseguiram censurar até jornais holandeses que circulavam em francês. Só o governo podia autorizar as gazetas e, sobre elas, deveria ter total domínio. Tanto que o primeiro direito de publicação foi dado em 1611 ao *Mercure Français*, que tinha periodicidade anual e era dirigido por aliados do regime. "A gazeta foi criada por iniciativa do próprio Richelieu, que compreendeu a utilidade da imprensa para agir sobre a opinião pública. Ele entregou a direção do *Mercure* a seu confidente, o padre Joseph."[15]

Na Holanda, o controle era bem menor. Na Bélgica também. Mas na Inglaterra sob a dinastia dos Tudors a intervenção do governo já se fazia de forma mais dissimulada. Em vez de censurar, forjavam conteúdo. Notícias sobre a família real eram amplamente divulgadas e "plantadas" nos periódicos de forma a influenciar a opinião pública a favor da monarquia. A mais famosa dessas campanhas teve o objetivo de convencer o povo a assumir posição favorável ao divórcio de Henrique VIII.

Entretanto, o monarca também tratou de criar regras e, em 1530, estabeleceu um sistema de licenças limitando o direito de publicação àqueles editores autorizados pelos clérigos. Só que ele percebeu muito cedo que a estratégia de aproveitar a impressão de notícias para criar uma imagem pública perante seus súditos era muito mais eficiente. Dessa forma, ele conseguia imprimir os valores da monarquia na sociedade britânica e desmentir rumores sobre ações cruéis ou intrigas palacianas.

Também era comum encontrar textos sobre roupas da Corte, casamentos de nobres e outras amenidades que exerciam fascínio sobre a plebe e afastavam as discussões políticas. Por isso, o governo foi o principal agente do desenvolvimento da imprensa. Muitos pesquisadores até acreditam que o grande desenvolvimento da imprensa de fofocas na Inglaterra tenha sua origem nesse fato histórico. Ou seja, os príncipes Charles e Diana apenas herdaram a sina.

Por fim, também é preciso registrar que o desenvolvimento da difusão de informação pública a partir da Europa do século XVI deve-se não somente ao crescimento do comércio, mas à consolidação de um modelo de vida urbana e à constituição de um público leitor. Os acontecimentos históricos são o pano de fundo que condicionam o aparecimento da imprensa. Neles estão a ascensão da burguesia e dos valores capitalistas de acúmulo de bens e competição. Entretanto, é a noção de tempo que vai efetivar a constituição dos primeiros jornais. Estes serão caracterizados por trazerem notícias de todos os gêneros e por terem atualidade e periodicidade. Daí o termo jornal, que vem do francês *journal*, ou seja, diário.

### Para ler mais

ARNT, Héris. *O folhetim e a crônica*. Rio de Janeiro: E-papers, 2002.
QUINTERO, Alejandro. *História da imprensa*. Lisboa: Planeta, 1996.

## PERIODICIDADE

Alguns teóricos argumentam que é a atualidade e não a periodicidade que caracteriza uma publicação jornalística. Considero ambos, além da universalidade de assuntos e da publicidade, e por isso vou tratá-los separadamente. Até porque o conceito de atualidade confunde-se com o de novidade, um dualismo que será tratado no próximo item. Por hora vou me limitar a refletir sobre o fenômeno do tempo e sua assimilação na sociedade ocidental. Um tema sobre o qual já me debrucei em outros livros, cujas ideias procurarei transpor para o contexto deste.

Se considerarmos que a periodicidade é a característica vital do fenômeno jornalístico, então temos que incluir os almanaques e calendários manuscritos anteriores a Gutemberg. Entretanto, eles não trazem notícias, apenas informações para consultas sobre assuntos diversos. Há de tudo, desde posições dos astros até previsões gnósticas e dicas de Medicina. Segundo Alejandro Quintero, o mais antigo calendário/almanaque impresso data de 1455. Os mais famosos foram o *Kalendarium* de Regiomantano, impresso em Nuremberg no ano de 1473 e o *Lê Grand Calendrier composts dês bergers*, impresso na França em 1491.

Como minha opção é considerar a periodicidade junto com a atualidade, então as primeiras publicações jornalísticas surgem no começo do século XVII, na Alemanha, nos Países Baixos e na Inglaterra, e são herdeiras das gazetas venezianas. Em 1605, o impressor Abraham Vervhoeven recebe autorização dos representantes do rei da Espanha nos Países Baixos, arqueduques Alberto e Isabel, para publicar "todas as notícias recentes, as vitórias, assédios e conquistas de cidades que os referidos príncipes tivessem ou ganhassem na Holand".[16]

Em 1609, na cidade alemã de Estrasburgo, o livreiro Johan Carolus inicia a publicação semanal *Ordianri Avisa*. Na Espanha, o primeiro folheto semanal é a *Gaceta de Madrid*, em 1661, e em Portugal, a *Gazeta*, impressa na oficina de Lourenço de Anveres em 1641. As primeiras tiragens semanais italianas só aparecem no ano de 1636, em Florença.

A imprensa diária demorou um pouco mais. Chegou em 1650 à Alemanha, em 1702 à Inglaterra e em 1777 à França, de onde, como já mencionei, vem o nome jornal. Entretanto, o que é pouco discutido entre os historiadores da imprensa mundial é a mudança da relação que os indivíduos têm com o tempo desde essa época. A experiência da temporalidade está diretamente ligada à evolução histórica e tecnológica, influenciando diretamente a transformação da imprensa até seu estabelecimento como veículo diário. Basta dizer que esse processo chegou ao cúmulo de hoje termos jornais na internet que trazem notícias segundo a segundo. Então, para entender a importância da periodicidade no fenômeno jornalístico, é preciso estudar a complexidade teórica daquilo que costumamos chamar de tempo. E não me refiro aqui à famosa tirania do tempo, que, para os jornalistas, tem o nome de *deadline*. O que quero discutir é sua apreensão social, influenciadora direta de qualquer recepção de informação.

Para começar, o tempo é relacional. Uma hora ou um ano não têm o mesmo sentido para indivíduos diferentes e devem ser avaliados relativamente. Para um presidiário que espera, no "corredor da morte", o momento de ser executado, a hora não transcorre na mesma velocidade que para um homem que espera a noiva no aeroporto. Tentamos medir o que não pode ser percebido pelos sentidos. Vivemos a ilusão do tempo como objeto mensurável, como ensina o filósofo Norbert Elias.

O tempo é regulado socialmente. Não comemos quando sentimos fome, mas na hora do almoço ou do jantar. Também não vamos dormir quando estamos cansados, mas no final da noite. Nossos ritmos biológicos são ordenados em função da organização social, que obriga os homens a se disciplinarem. E, a longo prazo, o calendário regula nossas relações sociais, padronizadas em efemérides e datas comemorativas. Como o tempo não é visível, tangível ou mensurável, Elias sugere que a regulação social privilegia a sincronia e não a diacronia, encurralando o indivíduo na infinita repetição do presente.

Sobre esta última afirmação é que vem o meu questionamento: será que não é exatamente o que fazem os jornais? Na ânsia de trazer novidades, será que a imprensa simplesmente não repete os mesmos enredos? E os personagens que povoam as páginas dos periódicos não têm sempre as mesmas características? Ou seja: como sugere Elias, ao trabalhar com a periodicidade, o jornalismo não estaria, na verdade, nos aprisionando em uma eterna repetição do presente?

Vou tentar ser mais claro. Pegue o jornal de hoje e compare-o com a edição do mesmo dia do ano anterior. Houve alguma variação de assunto? Faça a mesma coisa com uma edição de dez anos atrás. Se você mora no Rio de Janeiro, como eu, posso até dizer quais são as pautas: crise na economia, corrupção na política, violência nas ruas, agenda do presidente da República e do governador, o domingo de sol na praia e notícias sobre os times de futebol.

Enfim, como diria Cazuza, "um museu de grandes novidades".

## Para ler mais

ELIAS, Norbert. *Sobre o tempo*. Rio de Janeiro: Jorge Zahar, 1998.
HUYSSEN, Andreas. *Memórias do modernismo*. Rio de Janeiro: UFRJ, 1997.

## ATUALIDADE E NOVIDADE

A publicidade e a universalidade de temas juntam-se à periodicidade e à atualidade como as quatro características dos jornais modernos. Mas esta última parece causar um pouco de confusão nas análises teóricas. Para Michael Kunczick, em seu clássico livro *Conceitos de jornalismo*, ela significa que "a informação se relaciona com o presente e o influencia".[17] A teoria é aplicada por um dos mais respeitados repórteres do Brasil, o atual ex-Secretário de Imprensa da presidência da República, Ricardo Kotscho. Em seu livro, *A prática da reportagem*, ao falar sobre pautas, ele diz que "qualquer assunto serve se pudermos, por meio dele, mostrar algo novo que está acontecendo, ainda que o tema seja batido".[18]

Ambos os autores, então, abordam atualidade e novidade como conceitos relacionados à temporalidade. Ora, evidentemente, o que está próximo no tempo e influencia o presente só pode ser uma novidade. Mas qual é a medida para considerar algo como novo? E o que é velho não pode ser atual? Afinal, qual a diferença entre novidade e atualidade?

A frase de Kotscho já é, em si, uma resposta. Quando ele diz que pode mostrar algo novo ainda que o tema seja batido, significa que é possível separar atualidade de novidade. Ou seja, o velho pode ser atual e vice-versa. A temporalidade não se refere ao fato, mas à forma como é transmitido, ou melhor, mediado. É o instante da mediação que realmente conta.

Essa é a ideia que quero defender neste item. **A novidade nem sempre é atual e a atualidade nem sempre é nova.** Tenho a certeza de que podemos melhorar muito o nosso trabalho e os próprios veículos de informação se tivermos consciência dessa premissa. E aí sim nos livrarmos do "museu de grandes novidades" que visitamos nas páginas de nossos diários.

Atualidade é confundida com novidade (um erro conceitual e metodológico) até mesmo por historiadores experientes, como Jürgen

Wilke, cuja pesquisa sobre a evolução da imprensa alemã é citada por Michael Kunczik também no livro *Conceitos de jornalismo*. Para Wilke houve grande aumento do índice de atualidades publicadas nos jornais germânicos ao longo do tempo, o que, para ele, significa que diminuiu o lapso entre o acontecimento e sua publicação como notícia. "Enquanto em 1622 cerca de 75% das notícias tinham já mais de duas semanas, em 1906 mais de 90% haviam acontecido no dia anterior."[19]

Outra confusão muito comum é entre o novo e o desconhecido. É evidente que o fato de você desconhecer um assunto não significa que ele seja novo. Você pode simplesmente ter ignorado o tal assunto por algum tempo enquanto outras pessoas tomavam conhecimento dele, deixando portanto de ser novidade. Mesmo assim, na primeira vez que a informação chegar até você, na sua acepção será sim uma novidade. Não existe o novo para todos, pois alguém tem que saber primeiro para contar aos outros. E ainda por cima há as gradações de novidade de acordo com o contexto do acontecimento. Esse é o cerne da questão.

Vou partir de um exemplo para me explicar melhor. Suponha que você é um meteorologista sendo entrevistado para o jornal de sua cidade e suas previsões dizem que haverá sol no dia seguinte. Esse fato é uma novidade? Não necessariamente.

Para começar, seus colegas de profissão já estão fartos de saber as previsões e podem ser excluídos do grupo. Pescadores, moradores do campo e outros personagens com mais intimidade com a meteorologia idem. Além disso, se, por exemplo, estivermos no verão, e o dia anterior tiver sido claro com o anoitecer estrelado, o fato também não vai parecer nenhuma novidade para a grande maioria dos leitores. Entretanto, para um turista recém-chegado à cidade, a notícia certamente se encaixa na categoria de novidade. E, em todos os casos, ela é atual, pois se refere àquele dia. Ou melhor, à veiculação naquele dia.

Em outro exemplo, posso afirmar que o atual nem sempre quer dizer proximidade temporal. Quando o telescópio espacial Huble fotografou uma estrela ao nascer, catorze bilhões de anos atrás, foi manchete em todo o mundo. Uma notícia de atualidade, pois até então se acreditava que o Big Bang tinha ocorrido há nove bilhões de anos. Da mesma forma, uma falcatrua de algum político ocorrida vinte anos atrás continua atual, pois tem influência na atuação deste e na interpretação dos leitores. Novamente, a atualidade refere-se ao tempo da veiculação e não da ocorrência do fato. Ou seja, nem sempre significa um fato novo.

Em outras palavras, não só novidade e atualidade são conceitos diferentes como só podem ser entendidos por meio de contextualizações e gradações. E as mais importantes são a intensidade e a imprevisibilidade, sob a perspectiva da recepção.

**Para ler mais**

KUNCZIK, Michael. *Conceitos de jornalismo.* São Paulo: Edusp, 2002.

CHAPARRO, Manuel. *Pragmática do jornalismo.* São Paulo: Summus, 1993.

## *LEAD* E PIRÂMIDE INVERTIDA

Até o começo do século XX, os jornais eram essencialmente opinativos. Não que a informação/notícia estivesse ausente das páginas. Mas a forma como era apresentada é que era diferente. As reportagens não escondiam a carga panfletária, defendendo explicitamente as posições dos jornais (e de seus donos) sobre os mais variados temas. As narrativas eram mais retóricas do que informativas. Antes de ir ao verdadeiro assunto da matéria, os textos faziam longas digressões relacionado-a com a linha de pensamento do veículo, o que, hoje, os jornalistas chamam de nariz de cera. Era muito comum que um jornal oposicionista, por exemplo, utilizasse os primeiros parágrafos da narrativa sobre um assassinato para criticar a política de segurança do governo. Só na metade do texto é que o leitor descobriria quem foi assassinado e qual o local do crime. Não havia objetividade ou imparcialidade (o que não significa que existam nos dias de hoje, como veremos no próximo item).

No Brasil, um exemplo clássico foi a briga política entre os jornais *Tribuna da Imprensa*, de Carlos Lacerda, e *Última Hora*, de Samuel Wainer, na década de 1950.[20] Enquanto o primeiro criticava ferozmente o governo de Getúlio Vargas, o segundo defendia-o com toda paixão, especialmente porque o presidente brasileiro era o principal financiador. Nessa época, chega ao país, pelas mãos do jornalista Pompeu de Souza, um conceito já muito utilizado na imprensa americana que prometia revolucionar as redações e trazer objetividade ao jornalismo: o *lead*.

O lead (ou lide) nada mais é do que o relato sintético do acontecimento logo no começo do texto, respondendo às perguntas básicas do leitor: o quê, quem, como, onde, quando e por quê. Ao longo dos anos, em minha atividade como professor de jornalismo, procurei passar esse conceito aos alunos sempre com desconfiança, pois acredito que ele pode significar uma prisão de estilo para muitos talentos em formação. Entretanto, é inegável a transformação do jornalismo mundial a partir de sua utilização.

Na Universidade Estácio de Sá, onde lecionei por cinco anos, tive o prazer de conviver com o professor e jornalista João de Deus, um dos maiores estudiosos sobre lide do Brasil. Todas as ideias sobre o assunto apresentadas neste item foram sistematizadas por ele e estão transpostas com sua devida permissão. Não era incomum que pedisse a João para me substituir em sala no dia agendado para esse tópico, pois reconheço minhas restrições ao conceito e não desejava influenciar tanto os alunos. Relatar suas ideias não é uma homenagem apenas ao mestre, mas principalmente ao humanista e companheiro de lutas.

Segundo o professor João de Deus, as perguntas do lide não são seis, mas nove: Quem fez? O quê? A quem? Quando? Por quê? Para quê? Onde? Como? Com que desdobramentos? É natural que se estranhe a inclusão, depois de décadas, do "quem passivo" (a quem), como é natural perceber que cada vez se cobra mais precisão e informação completa dos jornalistas. Assim, quem comete um crime contra o prefeito, ou um atentado contra o papa, é o "quem ativo" (quem faz o quê); já a vítima do crime é, naturalmente, o "quem passivo", tradicionalmente incluído nos lides e quase sempre omitido nas explicações sobre o conteúdo dos próprios lides. O mesmo e sintomático fenômeno do esquecimento ocorreu com o elemento essencial "para quê", desde Aristóteles, condição de entendimento do essencial de alguma informação. E os desdobramentos? É certo que compõem mais frequentemente as reportagens, mas uma notícia bem apurada os contém — basta lembrar os casos clássicos da tragédia das torres gêmeas, em 11 de setembro de 2001, e a posse de qualquer presidente da República.

Digamos que os jornalistas se apegaram apenas "de ouvido" ao que se convencionou chamar de cinco ou seis elementos essenciais e há décadas incluem nos lides das notícias o "para quê", muitas vezes o desdobramento e sempre o "quem passivo" — mesmo quando escapam do esforço reflexivo ou teórico a que tenham praticado ou tido acesso. Talvez falte algum autor mais atento para sistematizar cada uma dessas práticas e aplicar o selo de "essencial", incluindo-as, simultaneamente, nos manuais de redação dos diversos veículos.

Uma singularidade muito forte do lide é o tratamento estilístico que recebe: os dados são apresentados numa articulação tal que ao leitor resta ir até o fim, sem qualquer convite à pausa. Ele funciona como uma espécie de "rede" que envolve e segura o receptor daquela informação (a ideia tradicional de que o lide seja uma "isca" tem uma carga muito negativa, sugere engodo). É possível compará-lo a um jorro; para alcançar tal efeito, o lide "clássico" costuma ter um só ponto final, que é também o ponto delimitador do parágrafo.

Em síntese, pode-se afirmar que o lide exerce uma série de funções no relato. Elas são as seguintes:

- apontar a singularidade da história;
- informar o que se sabe de mais novo sobre um acontecimento;
- apresentar lugares e pessoas de importância para entendimento dos fatos;
- oferecer o contexto em que ocorreu o evento;
- provocar no leitor o desejo de ler o restante da matéria;
- articular de forma racional os diversos elementos constitutivos do acontecimento;
- resumir a história, da forma mais compacta possível, sem perder a articulação.

Existe, no jornalismo brasileiro, o sublide, criação de Pompeu de Souza, no início dos anos 50, no jornal *Diário Carioca*. Ele define sublide, quando existe, como um segundo parágrafo da notícia que contenha algum (ou alguns) elemento essencial deslocado do primeiro parágrafo, pela complexidade dos dados a serem resumidos ali, ou pela estratégia narrativa do jornalista que separa dados essenciais para administrar o impacto. É muito comum, no mercado jornalístico, aplicar o termo sublide a todo segundo parágrafo de qualquer matéria, seja notícia, editorial, reportagem, artigo ou crônica, descaracterizando, provavelmente por desconhecimento, o sentido singular de recurso criativo, concebido pelo jornalista do Rio de Janeiro. Fosse o sublide qualquer segundo parágrafo, ele faria parte de toda nomenclatura mundial; não ficaria restrito à verde e amarela; e nem o velho Pompeu o teria criado, pois sempre existiu o segundo parágrafo.

Todas as considerações acima não podem deixar na penumbra a preocupação essencial e fundadora da notícia que consiste no exercício de realizar a recomposição do acontecimento, a partir dos elementos também constitutivos deste. É preciso lembrar que tal procedimento é típico da feitura dos mais diversos saberes, artes e ciências.

A seguir, apresento algumas variações estilísticas de lides sistematizadas por João de Deus que frequentemente ocorrem no jornalismo diário. Elas oferecem alternativas para quem está iniciando uma narrativa noticiosa, momento clássico de reconhecida dificuldade, pois se trata de um passo estratégico do relato e carrega a responsabilidade de conter a essência dos fatos.

*Clássico* — apresenta todos os elementos essenciais, mas sem preocupação com a hierarquização dos dados entre si, de modo a envolver o destinatário. Há muitos e bons jornalistas que passam a vida usando apenas esse. Entretanto, como produto de consumo, tal limitação, além de atender monotonamente às expectativas dos destinatários, reflete a acomodação do autor.

*De Citação* — é iniciado com a transcrição de uma fala ou depoimento expressivos de um personagem da história a ser relatada, seguida dos demais elementos constitutivos. Exemplo: "'Saio da vida para entrar na História.' Com esta expressão o presidente Getúlio Vargas registrou num bilhete suas esperanças de ajudar o país com seu suicídio, no Palácio do Catete, com um tiro fatal no peito esquerdo, ontem..."

*Circunstancial* — o texto é aberto pela apresentação do elemento "como" ou circunstância, tão original que justifique a prioridade de iniciar o discurso. Exemplo: "Vascaíno desde criança, Vanderlei de Oliveira se surpreendeu, ontem, ao levar a esposa para o Maracanã. Em plena torcida do seu clube, quase foi linchado ao proteger a mulher, que inadvertidamente se levantou e vibrou com o gol do Flamengo, no primeiro tempo da partida... Na Delegacia de Polícia ela apresentou queixa contra o marido...".

*Clichê* — um ditado ou chavão inicia a matéria, desde que associado aos fatos que serão apresentados a seguir, no restante da matéria; não deve ser confundido com o lide "de citação", que só apresenta expressões usadas por um agente do fato apurado. Exemplo: "Filho de peixe, peixinho é. O jornalista Gustavo Loio — filho da ex-campeã brasileira Vera Loio e colunista deste jornal — ganhou o título do I Torneio Sênior de Tênis na categoria 'Profissionais do Jornalismo', ao derrotar o subeditor e professor José Laranjo, por 2 x 1, na partida final, ontem, no Clube Novo Rio."

*Conceitual* — é aquele lide que emprega uma ideia, uma definição, para atrair o destinatário da notícia pela novidade ou enfoque diferenciado que o conceito traz; costuma ser utilizado em matérias que abordam exatamente a notícia daquela nova acepção. Exemplo: "'Garanhão é nome de cavalo destinado à reprodução e apelido aplicado a indivíduos que têm na atividade sexual *performance* acima da média.' Esse é um exemplo de como são trabalhados os verbetes do novo dicionário lançado, ontem, pelas professoras Soraya Wenegas e Margot Barcia, produzido pela Jardiel Editores. Com 912 páginas, o *Dicionário do pensamento popular* destina-se ao público jovem e pode ser encontrado nas bancas de revistas, ao preço de R$ 99,00. Dispõe de um estudo sobre as raízes gregas do nosso vocabulário, de autoria da *expert* Thereza Bonente."

*Cronológico* — o jornalista monta os dados na sequência em que ocorreram os fatos; isto é, do mais remoto ao mais novo, em razão do impacto dessa articulação. Naturalmente, só deve ser adotado quando o jornalista percebe a força narrativa da ordem natural dos fatos. De forma bem explícita, esse lide depende expressamente de um título (talvez ajudado por um subtítulo) que trabalhe de modo mais imediato o clímax dos acontecimentos.

*De apelo direto* — procura envolver diretamente o leitor, ouvinte ou espectador, focalizando um aspecto do fato que tenha muita possibilidade de interessá-lo. Um traço bem singular desse lide é o tratamento individualizado com que parece abordar o leitor, chamando-o de "você". Um breve exemplo: "Você que vai votar amanhã, siga o conselho do presidente do Tribunal Eleitoral, dr. João Marcelo Assafim: leve seus documentos de identificação pessoal...".

*De contraste* — o texto é iniciado por proposição ou pensamento relativamente vagos e que, na essência, contrastem com o "clima" da informação da notícia. Exemplo: a notícia sobre a deflagração da guerra, iniciada por uma frase sobre a paz.

*Descritivo* — abre o texto com a reconstituição do cenário onde estão os personagens da história a ser narrada. Trata-se de um claro esforço de "pegar" o leitor pelo sentido visual, alimentando-o de estímulos a que praticamente todo o mundo ocidental — pelo menos — está atrelado no exercício da percepção.

*De enumeração* — uma lista ou sequência de condições, hipóteses ou consequências (que tenham peso no acontecimento a ser relatado) inicia a matéria, assim, abruptamente. Muitas vezes os autores usam sinais típicos de listagem, como a sequência: a), b), c). Em outras circunstâncias o discurso é mais sutil: "Coroas de flores, rostos tristes e muitas lágrimas sinalizavam a dor dos fãs de Ayrton Senna que foram se despedir do herói brasileiro enterrado ontem".

*Dramático* — tem o estilo do conto; cria suspense para um desfecho inesperado que virá, usualmente, no sublide. Um pequeno exemplo talvez seja esclarecedor: "Adilson Fabiano era um operário invejado. Todos os dias, na cantina da fábrica, o abrir de sua marmita era cercado de expectativa pelos colegas que não conseguiam disfarçar um misto de inveja e admiração. A refeição recendia no ambiente todo. Ontem foi diferente: ao abrir a marmita sob o olhar atento dos colegas, Adilson deparou-se com uma cueca suja de batom, um revólver e um bilhete singelo:

— Si tu é macho infia (sic) uma bala nos teu (sic) corno, traíra... Assinado: Lia".

*Interrogativo* — uma questão perturbadora e sem solução imediata abre a matéria. É preciso que se trate de algo que remeta o receptor para a instância da curiosidade, pois o questionamento rotineiro desinteressaria o receptor. Exemplo: "Sambista loura, de olhos azuis e pele europeia, pode representar o Brasil no Festival Internacional do Carnaval, em Veneza? Pois essa é a descrição da passista da Beija-Flor Thuanne Corrêa, que venceu, nesta madrugada, o concurso para a indicação da sambista que representaria o destaque como Porta-Bandeira da Escola...".

*Rememorativo* — cobrindo um acontecimento mais duradouro, dados mais antigos dão início ao texto, antecedendo à apresentação dos elementos mais recentes, atuais. Não confundir com "cronológico", pois aquele ocupa toda a extensão do primeiro parágrafo com a sequência dos fatos mais antigos para os mais novos; aqui, refere-se a algo mais ágil, como um curto período (de 150 toques, por exemplo) que resume os dados anteriores, seguido dos elementos mais atuais. Exemplo: "O incêndio que há cinco dias consome a Floresta da Tijuca avançou ontem sobre a Escola Municipal e o Museu do Açude, destruindo parcialmente...".

*Adversativo* — é caracterizado por iniciar, geralmente, com um advérbio que faz menção a uma expectativa não realizada; frequentemente é empregado o clássico "apesar de" e a ressalva que o justifique; em seguida são apresentados os demais dados essenciais que irão constituir o lide. Exemplo: "Apesar da expectativa de classificação para os Jogos Pan-americanos, em razão dos seus títulos mais recentes, o halterofilista Joel Farias foi afastado, ontem, da delegação brasileira após a divulgação dos resultados de exame antidoping pela Federação...".

*Explicativo* — uma espécie de "justificativa" abre o lide; ela tem a função de explicar em que contexto se fez algo ou é possível entender um fato ou um pronunciamento. Tem função quase didática em relação ao público-alvo. Exemplo: "Em razão dos sucessivos crimes contra taxistas na cidade, o Diretor Geral de Trânsito, Abel Ledesma, divulgou ontem o Plano de Serviços de Circulação Motorizada que prevê a obrigatoriedade da instalação de rádio-escuta em cada táxi do município...".

*Apelativo* — aproveita a possível ambiguidade dos dados para narrar maliciosamente, com um tempero falso, insinuado, fatos que não têm esse teor. É um péssimo exemplar: "A Secretaria de Controle Urbano foi impedida de atender ao público, ontem, em consequência de verdadeiro bloqueio organizado nas proximidades da Cinelândia por um grupo de cidadãos de sexualidade ambígua, em protesto contra a decisão da juíza Maria da Glória, que não autorizara a referida manifestação... Aos gritos de 'queremos homem', os manifestantes se recusaram a ser atendidos pela juíza...".

*Multilide* — é uma espécie de antilide, na medida em que esvazia o primeiro parágrafo da concentração dos dados essenciais e os apresenta aos poucos, em cada parágrafo. A novidade aqui é o tratamento do estilo "jorro" que cada parágrafo recebe, formando um discurso sem a estrutura piramidal invertida, mas trabalhando de forma impactante e autônoma cada elemento essencial — por parágrafo. Às vezes um dado essencial ocupa mais de um parágrafo; em outras ocasiões, dois estão reunidos num mesmo parágrafo. O estilo articulado, bem amarrado, é outra marca da narrativa.

Além do lide, outro marco na história do jornalismo foi a criação da estrutura narrativa que recebeu a alcunha de "pirâmide invertida". Consiste em um relato que prioriza não a sequência cronológica dos fatos, mas escala em ordem decrescente os elementos mais importantes, na verdade, os essenciais, em uma montagem que os hierarquiza de modo a apresentar inicialmente os mais atraentes, terminando por aqueles de menor apelo.

O nome "pirâmide" foi usado por associação com as pirâmides egípcias, monumentos funerários destinados às autoridades supremas, especialmente os faraós. Na base eram sepultados os restos mortais dessas autoridades e suas riquezas pessoais — algumas vezes até escravos acompanhavam os senhores naquela viagem para o além. A pirâmide é "invertida" porque no jornalismo a base não fica no sopé, mas no topo; e o que seria apenas um arremate nas pirâmides originais, no relato jornalístico apresenta dados que complementam os essenciais, os clássicos "detalhes" que compõem a matéria. Tudo em ordem decrescente, a ponto de o último parágrafo poder ser eliminado, sem prejuízo do entendimento da matéria, por alguma decisão ligada à diagramação da página.

Os autores tradicionalmente afirmam que a estratégia ou estrutura narrativa "pirâmide invertida" surgiu em abril de 1861, em um jornal de Nova York. Pouco tempo depois ela já era usada pelas agências de notícias, espalhando-se por todo o planeta, por ser mais prática e com preço mais barato na transmissão via telegrama, da época;

assim, dependendo do interesse do cliente da agência, o primeiro ou o segundo parágrafos já seriam suficientes para atender à demanda do veículo assinante; em termos de custos, a matéria completa, contada letra a letra, saía invariavelmente mais onerosa.

O jornalista e professor da Universidade Federal de Santa Catarina Francisco José Karam apresentou outra hipótese, atribuindo a origem do lide e da pirâmide invertida aos gregos e aos romanos clássicos. No artigo "A antiguidade greco-romana, o *lead* e a contemporânea narrativa jornalística", no *site* Sala de Prensa, Karam afirma que Cícero "relacionou os aspectos essenciais para que o texto se tornasse completo" e para isso "era preciso responder às perguntas 'quem?', 'o quê?', 'onde?', 'como?', 'quando?', 'com que meios?' Já Aristóteles, alguns séculos antes, tinha na clareza uma qualidade absolutamente essencial do texto e ela 'deveria buscar concentrar e resumir as coisas, no sentido de torná-las compreensíveis.'"[21]

Interessante a hipótese. Pode-se mesmo questionar se os autores dos primeiros textos no formato de pirâmide invertida teriam lido Aristóteles ou Cícero. Provavelmente, leram os dois.

### Para ler mais

AMARAL, Luiz. *Jornalismo:* matéria de primeira página. Rio de Janeiro: Tempo Brasileiro, 1997.
GENRO FILHO, Adelmo. *O segredo da pirâmide*. Porto Alegre: Tchê, 1987.
CORRÊA, João de Deus. *Pesquisa em jornalismo*. Rio de Janeiro: Mimeo., 2003.

## O VERDADEIRO SIGNIFICADO DA OBJETIVIDADE

O conceito de objetividade é um dos mais discutidos em jornalismo. Talvez, o mais antigo. Alguns críticos citam até Tucídides, autor da *História da Guerra do Peloponeso*, que viveu entre 469 e 396 antes de Cristo, como o primeiro a levantar polêmica sobre o assunto, ao tirar a seguinte conclusão sobre seu livro: "Essa investigação foi difícil porque os depoimentos sobre os diversos fatos não foram todos descritos do mesmo modo, mas esmiuçados segundo seus pontos de vista ou da maneira como os lembraram.[22]

Outros críticos, como ex-editor da CNN David Mindich, autor do livro *Just the facts: how objectivity came to define american journalism*, localizam a discussão em tempos mais recentes. "Minha pesquisa sugere que a objetividade como envolvimento ético nasceu em 1830 e atingiu grande sucesso em 1890."[23] O próprio Mindich, no entanto, deixa claro que o conceito só foi realmente aplicado no começo do século xx. Opinião compartilhada pela maioria dos teóricos do jornalismo.

Entretanto, o problema do conceito não está no tempo, mas na interpretação. **A objetividade é definida em oposição à subjetividade, o que é um grande erro, pois ela surge não para negá-la, mas sim por reconhecer a sua inevitabilidade.** Seu verdadeiro significado está ligado à ideia de que os fatos são construídos de forma tão complexa que não se pode cultuá-los como a expressão absoluta da realidade. Pelo contrário, é preciso desconfiar desses fatos e criar um método que assegure algum rigor científico ao reportá-los.

O professor Michael Schudson, no livro *Discovering the News: a social history of american newspapers*, de 1978, já falava sobre a inevitabilidade da subjetividade como característica e não como negação da objetividade. Segundo Schudson, o conceito se desenvolve por três motivos principais: 1) a partir do ceticismo da sociedade americana no começo do século xx, influenciada pelo crescimento da psicanálise, que faz duras críticas à razão; 2) pelo nascimento da profissão de relações públicas, capaz de produzir fatos para beneficiar determinadas empresas; e, principalmente, 3) pela influência da propaganda, cuja eficácia ficou provada ao levar a opinião pública americana a ficar a favor da entrada dos Estados Unidos na Primeira Guerra Mundial. Já Nelson Traquina, em sua obra sobre a teoria do jornalismo publicada pela ufsc em 2004, cita a tese de doutorado do português Adriano Rodrigues, que também critica "a insustentável dicotomia simplificadora entre objetividade e subjetividade".[24]

A objetividade, então, surge porque há uma percepção de que os fatos são subjetivos, ou seja, construídos a partir da mediação de um indivíduo, que tem preconceitos, ideologias, carências, interesses pessoais ou organizacionais e outras idiossincrasias. E como estas não deixarão de existir, vamos tratar de amenizar sua influência no relato dos acontecimentos. Vamos criar uma metodologia de trabalho.

Quando o público e os jornalistas percebem que os textos são influenciados pela subjetividade e podem distorcer a realidade — até mesmo por força do inconsciente, como demonstrou Freud —, o mundo encontra-se em plena crise do sistema democrático. O totalitarismo está em ascensão, amparado pelo controle dos meios de comunicação e pela propaganda de massa. Mas é nos Estados Unidos que o poder dessa propaganda mostra sua cara. Segundo Schudson, citado por Traquina, a Comissão de Informação Pública criada pelo presidente Wilson em 1917 "produziu mais de 6.000 comunicados, contratou mais de 75.000 pessoas para fazer pequenos discursos nos cinemas e outros lugares públicos e mobilizou os escudeiros para distribuir nos domicílios discursos do presidente a favor da guerra".[25] E havia muitos jornalistas engajados nesse tema. Então, como confiar nos fatos?

Da mesma forma, as idiossincrasias dos profissionais podiam ser percebidas em coberturas específicas como a que o *The New York Times* fez sobre a Revolução Russa. Conforme a descrição de Walter Lippmann, "no geral, as notícias sobre a Rússia se convertiam num caso de ver as coisas não como eram, mas como os homens queriam ver".[26] Para ele, era preciso que os jornalistas evitassem os próprios preconceitos e a única maneira de fazer isso era adquirindo um pouco de espírito científico. Mas não havia ilusões sobre a eficácia da ciência, pois ele conhecia a complexidade da produção de notícias. Daí a sua conclusão de que **o método é que deveria ser objetivo, não o jornalista.**

Ao longo dos anos, entretanto, o conceito foi perdendo esse significado original e hoje causa muita confusão. A sociedade confunde a objetividade do método com a do profissional, e este jamais deixará de ser subjetivo. E também confunde texto com discurso, o que fica claro na separação dogmática entre opinião e informação. A professora Sylvia Moretzsohn, autora do livro *Jornalismo em tempo real: o fetiche da velocidade,* cita como exemplo o site brasileiro de notícias no.com.br, em que o colunista Marcos Sá Corrêa tinha como *slogan* "separando o N de notícia do O de opinião".

Mas o que se observa no jornalismo atual é uma simbiose, não uma separação. A notícia nunca esteve tão carregada de opiniões. E um dos motivos é justamente atender ao critério de objetividade que obriga o jornalista a ouvir sempre os dois lados da história. Os jornais valorizam mais as declarações do que os próprios fatos. Ou seja, preocupam-se mais com os comentários sobre os acontecimentos do que com os acontecimentos em si. Para a socióloga Gaye Tuchman, no artigo "A objetividade como ritual estratégico", isso acontece como um ritual estratégico dos jornalistas para evitar críticas ao seu trabalho e até eventuais processos na justiça.

A metáfora usada por Tuchman é clássica: "os jornalistas invocam a sua objetividade quase do mesmo modo que um camponês mediterrâneo põe um colar de alhos à volta do pescoço para afastar os espíritos malignos".[27] Além da apresentação de possibilidades conflituosas, os profissionais da imprensa usam outras três estratégias para formar o próprio "colar de alhos": o uso judicioso das aspas, a apresentação de provas auxiliares e a própria apresentação da notícia na forma de pirâmide invertida, com a utilização do lide.

Nas páginas dos jornais, a reserva de espaço específico para artigos de opinião, separando-os das reportagens, contribui para a confusão. Como diz o professor Carlos Chaparro, citado por Moretzshon, isso ilude o leitor e leva-o a acreditar em notícias como informação purificada, livre de pontos de vista, o que é inteiramente ilusório. Chaparro conclui que "a divisão entre notícias e comentários não representou uma separação entre informação e opinião, mas entre dois tipos de texto, um com uma estrutura formal argumentativa, outro com estrutura formal narrativa".[28] E é claro que um carrega traços do outro.

Todos os autores citados neste item não mediram esforços na tentativa de clarear o significado da objetividade no jornalismo. Junto-me a eles por acreditar que esse esforço é fundamental não só para melhorar a imagem da profissão perante a sociedade, mas para o entendimento dos jornalistas sobre o próprio ofício. Talvez assim possamos evitar declarações estapafúrdias, como a do presidente da CBS News, Richard Salant: "Nossos repórteres não cobrem notícias sob o ponto de vista deles. Eles as apresentam a partir do ponto de vista de ninguém."[29]

Com todo respeito, Mr. Salant, "ninguém" só pode ser o senhor mesmo.

> **Para ler mais**
>
> MINDICH, David. *Just the facts:* how objectivity came to define americam journalism. New York: New York University Press, 1997.
> TUCHMAN, Gaye. A objetividade como ritual estratégico: uma análise das noções de objetividade dos jornalistas. In: TRAQUINA, Nelson. *Jornalismo:* questões, teorias e estórias. Lisboa: Vega, 1993.
> MORETZSOHN, Sylvia. *Jornalismo em tempo real:* o fetiche da velocidade. Rio de Janeiro: Revan, 2002.
> SCHUDSON, Michael. *Discovering the News:* a social history of american newspapers. New York: Basic Books, 1978.

## NÚMEROS E PESQUISAS

**Existem três tipos de mentiras: mentiras, mentiras hediondas e estatísticas.** Tudo pode ser provado pelos números. Se eu como um frango e você nenhum, pela estatística ambos comemos meio frango. Sim, essa frase é um clichê, mas há como negá-la? Os estatísticos responderão que é preciso fazer ponderações e atribuir valores para adequar a pesquisa à realidade. Pode ser, mas quem aplica essas fórmulas? Seja lá quem for, certamente não estará imune às influências externas, idiossincrasias, preconceitos e outras intempéries. Ou seja, o mesmo caso verificado no item anterior: é preciso ficar atento à subjetividade do pesquisador. **Tirar conclusões com base em números é uma das formas mais simplistas de aplicar o conceito de objetividade.**

Para não ficar no clichê do frango, dou outro exemplo. Segundo o historiador italiano Alessandro Portelli, citado por Sylvia Moretzsohn, alguns pesquisadores usaram métodos de análise estatística e se valeram de fontes documentais para chegar à conclusão de que os escravos de um determinado país eram açoitados 0,7 vez por ano. Portelli então pergunta: é possível açoitar alguém 0,7 vez?[30] Claro que não, mas em um grupo de cem escravos, se um deles receber setenta chibatadas, na estatística todos receberam 0,7. E é óbvio que a realidade dos outros 99 não é a mesma daquele que apanhou setenta vezes. Mesmo que "a experiência excepcional deste último dê cor às expectativas e ao comportamento dos demais," como argumenta o historiador.[31]

Moretzsohn usa o exemplo para referir-se a uma das orientações do *Manual de redação da Folha de S.Paulo*, que recomenda evitar o tom melodramático de uma narrativa, preferindo a caracterização objetiva da emoção pela utilização de números. "O réu fumou 45 cigarros em quatro horas" é melhor do que "O réu estava visivelmente nervoso", diz o manual. Mas quem determina a quantidade de cigarros que caracteriza o nervosismo do réu? E se ele for um fumante compulsivo? Talvez fume o mesmo número de cigarros quando está calmo.

No jornalismo esportivo, há o famoso *scout*, importado dos Estados Unidos e utilizado principalmente em esportes como beisebol e basquete. Entretanto, também no futebol (refiro-me ao *soccer*, não ao estilo americano) os números vêm sendo usados com muita frequência, produzindo distorções lamentáveis. Uma delas, por exemplo, é considerar os cabeças de área, aqueles jogadores de meio-campo que fazem a proteção da defesa, como os melhores passadores (assistentes, para os americanos) do esporte. Não, os números não estão errados, mas a falta de contextualização induz a uma interpretação fria que, por sua vez, leva a conclusões absurdas.

De fato, os cabeças de área têm o melhor índice de acerto de passes de qualquer competição, mas isso só acontece porque eles têm mais espaço e, geralmente, rolam a bola pro lado, dando passes de segurança na saída de jogo. Os verdadeiros craques, que jogam para a frente, dão passes muito mais arriscados e por isso erram mais. Entretanto, são esses passes que colocam outros jogadores em condição de fazer o gol. Ou seja, dão brilho ao espetáculo e contribuem para a beleza do esporte. Já os passes de três ou quatro metros são apenas "burocráticos", um óbvio ululante de mediocridade. Mas como são mais fáceis de acertar, aparecem bem nas estatísticas. Deu pra entender?

Mesmo assim, as estatísticas são muito usadas no jornalismo. E esse alerta não significa a completa descrença em seus resultados. Meu exagero é proposital, pois o que quero evitar é uma atitude de ingenuidade com relação a elas. É imprescindível manter uma distância crítica e questionar a informação veiculada em qualquer tipo de pesquisa, principalmente se ela usar o método quantitativo de coleta de dados. Assim, minhas recomendações específicas são:

- saber quem encomendou a pesquisa;
- conhecer a instituição, os pesquisadores, seus métodos e sua reputação;

- entender a metodologia e saber a amostragem da pesquisa;
- perguntar especificamente quais foram as questões e como foram elaboradas;
- descobrir outra pesquisa sobre o mesmo assunto e compará-la com a original;
- após cumprir as cinco etapas anteriores, não perder a desconfiança.

Se não gostar das minhas recomendações ou achá-las insuficientes, recorra a outros autores. O professor João de Deus Corrêa, por exemplo, tem uma visão bem diferente da minha. Ele é um entusiasta da utilização de pesquisas pelos jornalistas, pois considera que elas são um exercício de abertura mental, numa clara proposta de otimização dos recursos do pesquisador ou externos a ele, como tempo, finanças e atenção. E, acima de tudo, têm a extraordinária função de ativar o cérebro daquele que investiga. Para João, os questionários são essencialmente "arquitetados" e nisso há um valor extraordinário: toda pesquisa séria, que mereça tal nome, é montada sobre procedimentos práticos, no sentido motor, e reflexivos, que fornecem a ela o rigor da observação, associado à simplicidade relativa da rotina do fazer investigativo, a que se denomina "método". A etimologia do termo é composta pelos conceitos gregos *meta* (destino) e *odos* (caminho), encerrando a ideia de "caminho para um alvo".

Mesmo discordando do professor João de Deus, não posso deixar de mencionar suas considerações sobre o tema. Algumas delas talvez até sirvam para percorrer os seis passos desconfiados que proponho neste item. Como, por exemplo, conhecer os diferentes métodos de pesquisa. O método quantitativo, por exemplo, preocupa-se mais com a exposição de números e percentuais, enquanto o qualitativo tem uma preocupação mais analítica. Isso de forma bem simplificada, como a classificação de métodos proposta pelo professor João.

*Observação direta*: consiste em o pesquisador, pessoal e diretamente, 'se debruçar' sobre o objeto, sem intermediários. No jornalismo ocorre quando se presencia o fato para a produção de notícia ou reportagem.

*Observação direta participativa*: ocorre quando o estudioso se insere no fenômeno a ser observado para sensibilizar-se com as correntes e dinâmicas internas a este. Está presente no jornalismo em reportagens rigorosamente sigilosas, associadas ao levantamento mencionado a seguir.

*Observação indireta*: é caracterizada pelo uso de intermediários que observam para o pesquisador, a quem repassam os dados apurados. É usada pelos jornalistas quando os fatos ocorrem de modo inacessível a eles, ou como estratégia de coleta.

*Coleta*: pode ser definida como um processo em que as fontes ou objetos da pesquisa disponibilizam os dados para o observador, sem que ele necessite de um esforço maior ou mais concentrado que o de apanhá-los ("colhê-los"), em princípio de forma acrítica. No jornalismo, são comuns os relatórios contábeis das empresas (balanços) e os *press-releases*, oferecidos por assessores de imprensa ou de comunicação, cada vez mais habilitados tecnicamente, pois são jornalistas — em geral, bem experientes.

*Levantamento*: consiste num processo gerado pela desconfiança de que os dados disponíveis não são confiáveis ou suficientes; então o passo seguinte é investigar o que possa estar sendo escondido, negado, omitido ou deturpado pela fonte. É um procedimento padrão em grandes e boas reportagens. É preciso ter cuidado e contar com a cobertura estratégica do veículo para quem se trabalha, pois frequentemente as fontes incomodadas reagem. Aconteceu algumas vezes com o jornalista Tim Lopes, até que, em 2 de junho de 2002, foi torturado e morto ao levantar dados sobre a exploração sexual em bailes funk de uma favela carioca. Em outra reportagem, ele já havia denunciado a atuação de quadrilhas de traficantes em uma feira de drogas ao ar livre.

*Análise*: é o ritual mais rigoroso entre as metodologias aqui apresentadas. Ela se realiza no decompor em subunidades o objeto, ao examinar a coerência interna de cada elemento colhido ou observado. Em seguida, investiga a coerência das relações de cada um desses mesmos elementos com os demais que formam com ele um todo, assim como a relação de cada um com o próprio todo. Esse método costuma ser muito eficaz para contornar as deficiências dos demais. É uma espécie de "prova real" para a autenticidade dos outros métodos. É muito empregado na elaboração de artigos, editoriais, crônicas e, principalmente, em reportagens, nas quais se busca a profundidade, a articulação de causas, contextos e consequências e se lida com um volume expressivo de fontes, depoimentos e dados a serem checados antes de serem interpretados como confiáveis.

Após conhecer o objeto e avaliar qual método domina melhor e é mais eficaz para os objetivos a que se propõe, o pesquisador entra em ação no campo da pesquisa, aplicando, então, o senso de responsabilidade e a concentração da maneira mais rigorosa de que for capaz, com vistas à produção segura do conhecimento desejado.

Em outras palavras, a pesquisa tem muito mais valor quando é feita pelo próprio jornalista, desde que, naturalmente, ele tenha noção do percurso apresentado aqui e se aprofunde no estudo das metodologias. Assim, aumenta a possibilidade de perceber quando o tal frango da estatística é consumido por apenas uma pessoa, pois o repórter deixa de ser um passivo veiculador de métodos aplicados por terceiros e se envolve diretamente na tarefa. É o que propõem, por exemplo, o jornalismo de precisão e a reportagem assistida por computador, valendo-se da utilização de planilhas de cálculo, bancos de dados e outros instrumentais tecnológicos e analíticos. Esse assunto será abordado no capítulo "Tendências e alternativas".

**Para ler mais**

LAGE, Nilson. *Controle da opinião pública*. Petrópolis: Vozes, 1998.
MEYER, Philip. *Precision journalism*: a repórter's introduction to social science methods. Bloomington: Indiana University Press, 1973.

FONTES

Muitos jornalistas se esquecem de um velho ditado da infância, cujo valor é alto na profissão: "Quem conta um conto aumenta um ponto." A fonte de qualquer informação nada mais é do que a subjetiva interpretação de um fato. Sua visão sobre determinado acontecimento está mediada pelos "óculos" de sua cultura, sua linguagem, seus preconceitos. E, dependendo do grau de miopia, a lente de aumento pode ser direcionada para seus próprios interesses. Pergunte a um corretor da bolsa de valores quais são as ações mais confiáveis e notará a "coincidência": são exatamente as que ele tem para vender.

Mais uma vez, meu exagerado ceticismo serve apenas de alerta. É claro que existem pessoas desinteressadas e dispostas a fornecer informações corretas. Entretanto, basta a proximidade do profissional mediador, o jornalista, para interferir fundamentalmente na mensagem relatada. Mesmo que o emissor seja o mais honesto dos mortais. Faça a experiência: escolha um tema qualquer e converse com algumas pessoas. Depois, informe que é jornalista e vai publicar as declarações. Repare nas mudanças de seu interlocutor. Muito provavelmente, ficarão diferentes a postura, o tom e, dependendo das circunstâncias, até o relato. **O resultado de uma conversa com a fonte depende essencialmente do que ela imagina sobre você e sobre suas intenções**. Como fundamento teórico, vale observar o estudo desenvolvido por Paul Grice, criador de uma série de máximas utilizadas em uma conversa por pessoas de boa-fé. No livro *A reportagem: teoria e técnica de entrevista e pesquisa jornalística*, o professor Nilson Lage, baseado em Grice, as divide em:

- máximas de quantidade (seja informativo e faça com que a informação seja necessária);
- máximas de qualidade (seja verdadeiro e não diga algo sem a necessária evidência de que seja verdade);
- máxima da relação (seja relevante);
- máxima da maneira (não seja obscuro, não seja vago, não seja prolixo e não seja desordenado).

Como a boa-fé não é propriamente a característica mais comum de determinadas fontes, principalmente as oficiais, ainda acredito que o ceticismo é o principal elemento em nossa relação com elas. Nada impede, como recomenda Grice, que eu seja claro, relevante, informativo, verdadeiro e, ao mesmo tempo, cético. Para o jornalista, a desconfiança não é pecado, é norma de sobrevivência. Os cientistas sociais da corrente funcionalista, desenvolvida durante a primeira metade do século xx, certamente discordariam de mim, pois acreditavam que os homens têm atitudes de cooperação com o objetivo de serem aceitos socialmente. Por isso se esforçariam para trocar informações com sinceridade desde a primeira infância.

O modelo teórico de Shanon e Weaver, também da primeira metade do século xx, envereda por um caminho parecido, baseado no tripé fonte/receptor/transmissor. Para o professor Nilson Lage, o modelo é ingênuo, pois não considera que "entre o fato e a versão que se divulga, há todo um processo de percepção e interpretação que é a essência da atividade dos jornalistas".[32] Esse processo está presente em outro modelo, o de George Gerbner, também analisado por Lage, que leva em conta a seleção, contextualização e avaliação dos eventos, e estabelece a função de representar subjetivamente a realidade antes de transmiti-la.[33]

O processo de percepção e interpretação da realidade, então, é a parte mais importante na hora de reportar os fatos e testemunhos. E, de acordo com Lage, sua transformação em modelos mentais e, depois, em proposições linguísticas, fotografias ou imagens em movimento passa a ser uma tarefa coletiva, que começa exatamente na fonte, a primeira a formular uma representação para ser levada adiante: "Cada indivíduo da cadeia informativa entende a realidade conforme seu próprio contexto e seu próprio enfoque de memória".[34]

O estudo dessa cadeia informativa está presente em minhas pesquisas há alguns anos. Em 1999, escrevi o artigo "O repórter de TV foi atropelado", publicado no livro *Televisão e sociedade*, que parte de um suposto atropelamento em Copacabana para exemplificar a inviabilidade da precisão dos fatos no relato jornalístico:

> Rio de Janeiro, esquina das ruas Barata Ribeiro e Bolívar, em Copacabana. Sete horas da manhã do dia primeiro de janeiro de 2018. Um ônibus atropela uma jovem de 22 anos, depois de receber uma fechada de um carro de luxo. Os paramédicos são chamados e não demoram em chegar ao local. O estado da jovem é grave, mas ela ainda respira. A ambulância leva-a ao hospital Souza Aguiar, onde é constatada a morte cerebral. Estamos no primeiro dia da nova lei de doação de órgãos no Brasil, pela qual todos são doadores, a menos que manifestem seu desejo em contrário na carteira de identidade. A assessora de imprensa do hospital liga para uma emissora de TV. Pode ser um "fato histórico": o primeiro transplante, sob a égide da nova lei.
>
> Nove horas da manhã. O pauteiro, jornalista especializado em dizer o que os repórteres devem fazer, escreve um texto com um resumo do fato e sugere que seja feita uma reportagem. Ele já é a quinta pessoa a fazer uma construção do acontecimento. A primeira foi uma testemunha ocular, que fez o relato para o paramédico. Este ainda contou para o cirurgião do hospital, que, por sua vez, avisou a assessora de imprensa. Mas o processo não para por aí.

O produtor do telejornal da emissora faz um relatório para o chefe de reportagem e marca o roteiro a ser seguido pelo repórter, que já é a oitava pessoa envolvida na construção da história. Na rua, o repórter determina ao cinegrafista as imagens que devem ser feitas para ilustrar a reportagem. Elas mostram as marcas de sangue no asfalto, o ônibus parado e um movimento de câmera que supõe reconstituir o trajeto feito pelo veículo. De volta à redação, ele escreve um texto para apresentar ao editor da reportagem, que considera as imagens insuficientes e determina ao editor de arte que faça uma reconstituição no computador. Mas antes de a matéria ir ao ar, o editor-chefe ainda faz algumas modificações no texto que será lido pelo apresentador, o décimo terceiro intérprete do acontecimento.[35]

Não é difícil perceber que nenhum relato é imediato. Há diversos níveis de mediação. E no decorrer desse processo, os próprios jornalistas tornam-se fontes, pois fazem relatos para os outros produtores da notícia em escala industrial.

O historiador Jean Lacouture aponta a ruína das fontes como um dos principais problemas do jornalista, a quem chama de historiador do presente. Segundo ele, ao mesmo tempo em que o computador é capaz de, quase instantaneamente, fornecer ao editor de um jornal tudo que já foi publicado sobre determinado assunto, a diversidade das fontes torna o resultado final pouco confiável. Ao multiplicar as possibilidades, a informática multiplica também os riscos. E quando a fonte é testemunhal, é preciso estar atento aos interesses e pressupostos que a norteiam. Para Lacouture, não há grupo, personagem ou instituição que não tenha seus segredos a preservar e que não responda à revelação intempestiva com a ocultação definitiva.

O jornalismo torna-se uma atividade perigosa quando se reserva o direito de não revelar as suas fontes, alegando a intenção de protegê-las. É claro que essa opção pode ajudar a desvendar casos importantes como o Watergate, mas também pode produzir grandes distorções, como o caso das falsas reportagens feitas por Jayson Blair para o *The New York Times*, em 2003. O próprio jornal desmascarou o repórter, acusando-o de inventar testemunhas e falsificar declarações, mas quantos casos não desvendados terão existido antes deste?

Nos Estados Unidos, o juiz Thomas Penfield Jackson condenou cinco jornalistas a pagar uma multa diária de quinhentos dólares até que revelassem as fontes de suas reportagens sobre o caso Wen Ho Leea, cientista acusado de espionagem e inocentado pela justiça. Da mesma forma, outro juiz, Thomas Hogan, condenou o jornalista Mathew Cooper, da revista *Time*, a pagar multa e ficar em prisão domiciliar enquanto não identificasse seus informantes. Como vemos, a questão do anonimato das fontes está longe de ser uma unanimidade. Mas é defendida pelas principais instituições de representação dos jornalistas, como a organização Repórteres sem Fronteiras, por exemplo.

Mesmo assim, um ano após o escândalo Jayson Blair, o jornal *The Washington Post* resolveu estabelecer novas regras para o uso de fontes confidenciais e declarações em suas páginas. Um grupo de trabalho liderado pelo editor executivo Leonard Downie Jr criou os seguintes procedimentos:

• todas as declarações devem ser transcritas exatamente como foram colhidas pelos repórteres;

• se o repórter quiser utilizar uma fonte confidencial, sua identidade deverá ser revela a pelo menos um editor;

• entrevistas em *off*, sem que a fonte se identifique de forma alguma, não serão mais publicadas. É recomendável ao repórter que não se envolva mais nesse tipo de conversa;

• informações sem atribuição de fonte, mas com algum tipo de identificação, podem ser utilizadas desde que respeitada a regra 2. Exemplo: "Um funcionário da Casa Branca disse...".

O objetivo do *Washington Post* é evitar a perda de credibilidade que um escândalo como o do *The New York Times* poderia acarretar. Mas essas medidas serão suficientes? Além disso, será que Blair foi o primeiro? Uma leitura do mais polêmico livro do ensaísta americano Bob Kohn, publicado em 2003, pode nos dar algumas respostas e produzir novas dúvidas. Mas vou me limitar a mencionar a editora e o título, que fala por si: *Journalistic Fraud: how The New York Times distorts the news and why it can no longer be trusted*. A editora é a WND Books.

As fontes também podem manipular o jornalista e agendar os meios de comunicação. E não me refiro às assessorias de imprensa ou a outras empresas especializadas em divulgação. Uma fonte oficial pode divulgar determinada notícia para amenizar o impacto de outra, que deseja ocultar. Um ótimo exemplo está registrado no livro *Pragmática do jornalismo*, do professor Carlos Chaparro, que analisa uma entrevista coletiva concedida pelo então presidente da FIFA, João Havelange, pouco antes da Copa de 1990. Na época, o presidente conseguiu espaço na mídia esportiva de todo o mundo ao anunciar sua intenção de mudar as regras do futebol, dividindo o jogo em quatro tempos de 25 minutos cada. Um ano depois, não teve o menor pudor em revelar suas verdadeiras intenções em uma outra entrevista: "O meu objetivo, plenamente atingido naquela ocasião, era desviar a atenção da imprensa sobre a demora das obras nos campos da Itália às vésperas da Copa."[36]

As **fontes oficiais** são sempre as mais tendenciosas. Têm interesses a preservar, informações a esconder e beneficiam-se da própria lógica do poder que as colocam na clássica condição de *Instituição*. Governo, institutos, empresas, associações e demais organizações estão nessa categoria. Como classificação conceitual, entretanto, se a pessoa que fala por elas não está autorizada, então a **fonte** é **oficiosa**. E quando não tem nenhum vínculo direto com o assunto em questão, trata-se de uma **fonte independente**.

No ciberespaço, a relação com as fontes complica-se muito, pois elas também podem ser produtoras diretas de conteúdo, sendo, portanto, informantes com potencial incalculavelmente multiplicado. Basta que tenham um simples *blog* na internet. Muitas vezes, os titulares desses blogs também são jornalistas, o que é ainda mais complicado. Como, então, encontrar critérios de confiabilidade diante da arquitetura descentralizada da rede? Essa pergunta, no entanto, só tem cabimento sob a perspectiva do jornalismo clássico, em que os veículos tradicionais detêm o monopólio da mediação.

Hoje, por meio da tecnologia, as entidades procuram prescindir da mediação jornalística para estar no espaço público (o que pode ser perigoso, como veremos adiante). Conforme conclui o professor Elias Machado, isso enfraquece o velho vício dos setoristas de jornais de recorrer às fontes oficiais para facilitar o trabalho na redação, pois, agora, o contraditório tem a possibilidade de surgir com muito mais velocidade e visibilidade. Ou seja, se está na internet, por princípio, já é de domínio público.[37]

Por outro lado, recorrer ao ciberespaço como fonte pode acarretar distorções produzidas por esses mesmos setoristas. Um exemplo disso é a forma recorrente com que alguns repórteres estão utilizando o Orkut, site de relacionamentos da Google, para traçar o perfil dos personagens de suas matérias. Um dos recursos mais usados é o *testimonial*, em que amigos do personagem deixam registradas declarações sobre ele. É evidente que a validade desses testemunhos deve ser questionada. Primeiro porque são escritos exclusivamente por amigos, familiares ou pessoas próximas. Segundo, porque a declaração só é veiculada se o personagem autorizar. Ou seja, só vamos encontrar uma opinião desfavorável se o sujeito for um masoquista ou gostar do achincalhamento público.

Um exemplo clássico da utilização do Orkut como fonte ocorreu quando o português Tiago Verdial, ex-funcionário da empresa de investigações Kroll Associates, foi preso pela Polícia Federal brasileira, acusado de monitoramento ilegal e de corrupção de servidores públicos.[38]

*O Globo*, sob o título "Amigos do Orkut veem Verdial como confiável", teceu as seguintes considerações sobre o português:

> A página de Verdial no Orkut revela que ele é um garotão *bon vivant* e considerado pelo circuito dourado dos amigos e amigas, muitas amigas, 80% confiável. [...] No Orkut, Verdial tem 145 amigos e é chamado por alguns de Portuga. "Araponga escamoso" também foi um termo utilizado por um amigo, que o definiu como "um cara supertranquilo e pacato, que nunca arruma confusão e que nunca coloca em perigo a integridade física dos amigos". Ironia ou não, as mensagens disponibilizadas para o público dão conta de um Verdial bastante querido pelos amigos. Alguns inclusive enviaram mensagens depois da prisão. "Estamos aqui pro que precisar. Fica bem", escreveu uma das amigas.
>
> Em seu perfil, o português se definiu como agnóstico, com visão política de centro e senso de humor sarcástico, mas também amigável. Fuma regularmente, bebe ocasionalmente e mora sozinho. Pratica basquete e tênis. Afirmou que sua profissão é consultor, e que gostaria de utilizar o Orkut para fazer mais amigos e negócios. [...] Na seção reservada para testemunhos de amigos, um deles escreveu: "O portuga tem escrito no meio da testa: 'sou uma figura'".

Já a *Folha de S.Paulo*, sob o título "Em e-mail, espião disse que o papai do céu o protegia", revelou:

> Em sua página no Orkut, o novo centro de discussões na internet, o ex-funcionário da Kroll preso no sábado, o português Tiago Verdial diz gostar de Cartola, Nelson Sargento e Clara Nunes. Na quinta, antes de ser preso e no dia em que a *Folha* revelou que a Kroll espionava o governo, disse a colegas por e-mail, de seu apartamento na Urca, no Rio. "Já li a matéria, tô passado. E o crack luso [uma referência a ele próprio] não foi citado!!".

No texto, Verdial avalia duas alternativas: seu nome seria mencionado numa próxima reportagem ou, segundo suas próprias palavras, "papai do céu tá me protegendo e nunca serei lembrado. Gostei da 2ª opção". No final da mensagem, convoca os amigos: "Alô, Alô, moçada do Riiio, hoje é quinta-feira vamo pro samba?" Esse é o "espírito" de Verdial, contaram seus amigos à *Folha*: alegre e expansivo demais para a imagem que leigos no assunto associam a espiões.

Alguns jornalistas chegaram a enviar e-mails para os amigos orkuteiros de Tiago com perguntas mais específicas. Será que desvendaram o caso? Como diria Bussunda, do programa Casseta e Planeta, "Fala sério!".

Na teoria do jornalismo, outra categoria de **fonte** é a **testemunhal** (o Orkut não conta). Como o próprio nome diz, ela tem relação direta com o fato, já que é sua testemunha. Mas é preciso lembrar que seu relato sempre estará mediado pela emoção, pelos preconceitos, pela memória e pela própria linguagem. **Testemunha é apenas a perspectiva de um fato, jamais sua exata e fiel representação.** Por sua relação direta com a informação, ela também está inserida na categoria de fonte primária. Já a secundária é o tipo de fonte usada para contextualizar a reportagem. Em uma matéria sobre a Guerra do Iraque, por exemplo, soldados e moradores de Bagdá seriam **fontes primárias**, enquanto cientistas políticos e analistas militares seriam **fontes secundárias**.

É das fontes secundárias que surge uma das palavras mais abomináveis do jornalismo: o famoso *considerado*. Não é difícil encontrar um texto que diga "Fulano de Tal, considerado o melhor do mundo na sua atividade". Algumas vezes, a fonte até acompanha a expressão, mas ela se tornou tão comum na imprensa que muitos jornalistas a dispensam. Se no primeiro caso já é preciso muito critério para divulgar esse tipo de "consideração", no segundo é uma completa falta de senso crítico. Em ambos, o leitor ou o telespectador pode ser levado a um julgamento de valor equivocado. Principalmente porque o sujeito que "considera" é, geralmente, um *expert* no assunto. Mas ele também tem seus próprios interesses. Um deles, inclusive, pode ser o de garantir espaço na mídia através da relação com o jornalista.

Portanto, considere minha consideração: seja considerado pelo público, não pelas fontes. Evite esse termo.

> **Para ler mais**
>
> LAGE, Nilson. *A reportagem:* teoria e técnica de entrevista e pesquisa jornalística. Rio de Janeiro: Record, 2001.
> PENA, Felipe. O repórter de TV foi atropelado. In: *Televisão e sociedade*. Rio de Janeiro: Sette Letras, 2002.
> MACHADO, Elias. *O ciberespaço como fonte para os jornalistas*. Salvador: Calandra, 2003.

## GÊNEROS JORNALÍSTICOS

Um velho clichê sobre a profissão diz que o jornalista é um especialista em generalidades. A intenção desse aparente paradoxo é afirmar a necessidade de habilidades e conhecimentos ecléticos para a prática profissional. E como um jornal fala dos mais variados assuntos, o clichê é muito pouco contestado. Além disso, com a evolução tecnológica, as funções específicas estão desaparecendo, exigindo também uma formação técnica genérica. Hoje, um bom repórter é também apurador, pauteiro e editor da própria reportagem.

Mas as generalidades, apesar da etimologia, não incluem os gêneros jornalísticos. Nesse campo, a confusão parece atingir não só os profissionais, mas os próprios teóricos do assunto. No Brasil, nosso mais conhecido representante na área, o professor José Marques de Melo, inicia o capítulo sobre o tema, no livro *Jornalismo opinativo*, com uma sintomática citação do teórico da literatura Tzvetan Todorov: "Ocupar-se dos gêneros pode parecer atualmente um passatempo ocioso, quiçá anacrônico."[39]

Não queria começar este item dizendo que concordo com Todorov. O leitor poderia questionar a validade de incluí-lo neste livro. Mas o fato é que tenho muitas dúvidas sobre as classificações propostas pelos grandes estudiosos do assunto. O que não significa que não deva registrá-las aqui, pois minha função é apenas indicar caminhos para o leitor tirar suas conclusões, embora não deixe de mencionar as minhas. O próprio José Marques, apesar do aviso, encarrega-se de defender o estudo do tema, sob o argumento de que ele é fundamental para a configuração da identidade do jornalismo como objeto científico. E o professor tem toda a credibilidade para expor suas ideias, avalizado por seus 45 anos como profissional e pesquisador. Mas, afinal, do que trata a questão dos gêneros?

Como resposta simplista, posso dizer que trata, basicamente, de ordenações e classificações. Seu objetivo é fornecer um mapa para a análise de estratégias do discurso, tipologias, funções, utilidades e outras categorias. Ou seja, propõe uma classificação *a posteriori* com base em critérios *a priori*. Para Dominique Mainguenau, no livro *Análise de textos de comunicação*, todo texto pertence a uma categoria de discurso, a um gênero específico: "Tais categorias correspondem às necessidades da vida cotidiana e o analista do discurso não pode ignorá-las. Mas também não pode contentar-se com elas, se quiser definir critérios rigorosos".[40] Ou seja, tanto os critérios como as classificações terão múltiplas variações, pois essa é sua própria dinâmica. O que torna a tarefa muito mais complexa do que parece, com fronteiras tênues e conceituações diversificadas.

A definição de gêneros vem desde a Grécia Antiga, há quase três mil anos, com a classificação proposta por Platão, baseada nas relações entre literatura e realidade, dividindo o discurso em mimético, expositivo ou misto. E foi nessa área que a teoria dos gêneros adquiriu coerência, seja como agrupamento de obras por convenções estéticas ou como normatizadora das relações entre autor, obra e leitor. Apesar das diversas mutações ao longo do tempo, há uma certa unanimidade para diferenciar alguns gêneros da literatura, como, por exemplo, poesia e prosa.

No jornalismo, a primeira tentativa de classificação foi feita pelo editor inglês Samuel Buckeley no começo do século XVIII, quando resolveu separar o conteúdo do jornal *Daily Courant* em *news* (notícias) e *comments* (comentários). Para se ter uma ideia da dificuldade em estabelecer um conceito unificado de gênero, essa divisão demorou quase duzentos anos para ser efetivamente aplicada pelos jornalistas e, até hoje, causa divergências, conforme pode ser visto no item sobre o significado da objetividade.

Ao longo do tempo, a maioria dos autores seguiu essa dicotomia para enveredar pelo estudo dos gêneros jornalísticos, tomando como critério a separação entre forma e conteúdo, o que gerou a divisão por temas e pela própria relação do texto com a realidade (opinião x informação), contribuindo assim para uma classificação a partir da intenção do autor. Por essa classificação, ele (o autor) realiza uma função, que pode ser opinar, informar, interpretar ou entreter. Mas será que a intenção é o ponto de partida mais adequado? Para Mainguenau, ela é apenas um dos caminhos. As funções também podem ser analisadas a partir da relação com os leitores ou com as instituições, só para citar dois exemplos.

A Universidade de Navarra, na Espanha, foi um dos primeiros centros de investigação a sistematizar o estudo dos gêneros jornalísticos, a partir de 1959. Inicialmente, os textos foram divididos em informativos, explicativos, opinativos e de entretenimento. Posteriormente, o pesquisador catalão Hector Borrat sugeriu a divisão em textos narrativos, descritivos e argumentativos. No Brasil, Luiz Beltrão foi o pioneiro, seguido pelo professor José Marques de Melo, cujas propostas foram baseadas nos seguintes critérios: 1. finalidade do texto ou disposição psicológica do autor, ou ainda intencionalidade; 2. estilo; 3. modos de escrita, ou morfologia, ou natureza estrutural; 4. natureza do tema e topicalidade; e 5. articulações interculturais (cultura).

As sistematizações de Marques de Melo também levam em conta a geografia, o contexto sociopolítico, a cultura, os modos de produção e as correntes de pensamento. Além disso, ele inventariou as principais classificações feitas ao redor do mundo.

*Classificação francesa* (autor: Joseph Foliet)
    Editorial
    Artigos de fundo
    Crônica geral (resenhas dos acontecimentos)
    Despachos (reportagens e entrevistas)
    Cobertura setorial
    *Fait divers*
    Crônica especializada (crítica)
    Folhetim
    Fotos e legendas
    Caricaturas
    *Comics* (quadrinhos)

*Classificação norte-americana* (autor: Fraser Bond)
    Noticiário
      notícia

    reportagem
    entrevista
    história de interesse humano
  Página editorial
    editorial
    caricatura
    coluna
    crítica
*Classificação alemã* (autor: Emil Dovifat)
  Informativos
    notícia (*fact-story*)
    *report* (*act-story*)
    entrevista (*quote-story*)
  De opinião
    editorial
    artigos curtos
    glosa (crônica)
  Amenos
    folhetim (resenha cultural)
    crítica
    recreio e espelho cultural (contos, versos etc.)

Essa pequena amostragem comprova a grande diversidade entre as classificações. E todas passam por severas críticas, não só dos próprios autores em relação aos seus pares, como de pesquisadores externos. Para José Marques, por exemplo, as principais críticas são as seguintes:

*classificação francesa*: erro na inclusão de unidades redacionais que pertencem ao âmbito do imaginário (folhetins) e do entretenimento (quadrinhos).

*classificação americana*: não reflete o dinamismo dos grandes jornais e revistas, nem das prósperas emissoras de TV americanas na atividade noticiosa.

*classificação alemã*: a divisão está errada, pois como o critério proposto foi o estilo, a crítica deveria pertencer ao conjunto de matérias de opinião, e o folhetim, como panorama da vida cultural, deveria estar inserido no gênero notícia.

Mencionei apenas algumas para não me alongar na análise. Meu objetivo é ilustrar a dificuldade em encontrar uma classificação de gêneros unificada. O próprio José Marques parte da sistematização feita por Luiz Beltrão, mas não a acompanha integralmente. Eis sua proposta:

- jornalismo informativo
  nota
  notícia
  reportagem
  entrevista
- jornalismo opinativo
  editorial
  comentário
  artigo
  resenha
  coluna
  crônica
  caricatura

  carta

Para Marques de Melo, a distinção entre nota, notícia e reportagem está na progressão dos acontecimentos. "A nota corresponde ao relato de acontecimentos que estão em processo de configuração e por isso é mais frequente no rádio e TV. A notícia é o relato integral de um fato que já eclodiu no organismo social. A reportagem é o relato ampliado de um acontecimento que já repercutiu no organismo social."[41]

A conceituação genérica é realmente muito complexa. Para os jornalistas que trabalham na televisão, por exemplo, há dois tipos de nota: coberta e pelada. A primeira corresponde a um texto lido em *off* pelo apresentador e coberto por imagens referentes ao assunto. Já na segunda, o apresentador lê um texto sem a cobertura de imagens, ou seja, é sua própria imagem que vai ao ar.[42]

Lia Seixas, professora da Universidade Federal da Bahia, tem críticas bem fundamentadas sobre o tema, mas não se esquiva de propor um caminho, como é possível verificar nos próximos três parágrafos, retirados do trabalho que ela apresentou na XIII Reunião da Compós (Associação dos Programas de Pós-Graduação em Comunicação do Brasil) em 2004 e cujo relato tive o prazer de realizar. O último deles já resume sua proposta de trabalho, cuja conclusão aguardamos com ansiedade, pois deve dar uma nova dimensão aos estudos sobre gêneros jornalísticos.

As teorias classificatórias de gêneros jornalísticos, desenvolvidas desde o final dos anos 50, têm sido, até os dias atuais (mais de meio século), objeto de debate constante. São consideradas incorretas ou, até mesmo, inválidas pela academia, embora, em grande medida, sejam utilizadas na prática pedagógica, além de estarem em sintonia com os formatos impressos pelo mercado jornalístico. A principal crítica, hoje, é que não acomoda a grande variedade produzida pela evolução da atividade jornalística, da qual surgem gêneros "mistos", influenciados pelas novas mídias (digitais).

Outra crítica é que os critérios de fundamentação destas teorias e classificações são frágeis suportes e não atingem os pilares destas estruturas que são os gêneros, embora aponte, aqui e ali, alguns nortes. Disposição psicológica do autor ou intencionalidade, estilo, modos de escrita ou morfologia, natureza do tema ou topicalidade (conteúdo), objetividade/subjetividade não diagnosticam as especificidades destas práticas sociais discursivas; embora as finalidades ou funções dos textos se aproximem mais de fundamentos válidos, como são as condições de êxito.

Já que a intenção é definir critérios de análise dos gêneros discursivos estabelecidos na prática jornalística, propomos comparações com diferentes tipos de produção jornalística, realizados no suporte (e ambiente) digital. Nosso objeto, a princípio, deve ser constituído de um *web site* jornalístico (como Le Monde, The New York Times, JBonline), os principais canais de um portal jornalístico (como, por exemplo, UOL ou Estadão), uma agência de notícias (como a CNN, Reuters ou AFP) e um tipo de produção de fonte aberta (como CMI-Brasil). O período de análise pode circunscrever acontecimentos mundiais, naturalmente tratados pelos diversos tipos de produção, cuja atividade é jornalística.

### Para ler mais

MARQUES DE MELO, José. *Jornalismo opinativo:* gêneros opinativos no jornalismo brasileiro. São Paulo: Mantiqueira, 2003.
BELTRÃO, Luiz. *Iniciação à filosofia do jornalismo.* Rio de Janeiro: Agir, 1960.
SEIXAS, Lia. *Gêneros jornalísticos digitais:* um estudo das práticas discursivas no ambiente digital. São Bernardo do Campo: CD-ROM da Compós, 2003.

## A NOTÍCIA

A notícia, segundo Luiz Amaral, no livro *Jornalismo: matéria de primeira página,* é a matéria-prima do jornalismo. Ele cita a revista americana *Collier's Weekley,* que define a notícia como "tudo que o público necessita saber, tudo que o público deseja falar", acrescentando que ela é "a inteligência exata e oportuna dos acontecimentos, descobertas, opiniões e assuntos de todas as categorias que interessam aos leitores".[43]

Na rotina produtiva diária das redações de todo o mundo, há um excesso de fatos que chegam ao conhecimento dos jornalistas. Mas apenas uma pequena parte deles é publicada ou veiculada. Ou seja, apenas uma pequena parte vira notícia. O que pode levar qualquer leitor ou telespectador a perguntar: afinal, qual é o critério utilizado pelos profissionais da imprensa para escolher que fatos devem ou não virar notícia?

Não tenho dúvidas em afirmar que essa pergunta é a mais importante da teoria do jornalismo. Por isso estará presente em quase todos os modelos teóricos abordados no próximo capítulo. Revelar o modo como as notícias são produzidas é mais do que a chave para compreender o seu significado, é contribuir para o aperfeiçoamento democrático da sociedade. Para isso, utilizo a perspectiva teórica do *newsmaking*, que considera o trabalho jornalístico a construção social da realidade. No jornalismo de televisão, por exemplo, esse trabalho de "descortinamento" deve ser ainda mais intensificado. Na TV, sob o império da visualização, como diria Virilio, somos escravos da superficialidade. Organizada no tempo e não no espaço, a notícia televisiva sofre com mais intensidade os efeitos da velocidade. O "furo de reportagem" não espera a edição do dia seguinte, deve ser veiculado na hora, ao vivo e em cores.

No interior dessa lógica, fica clara a pressão sofrida pelo repórter. Ao mesmo tempo, entretanto, ele toma a notícia como um valor, ou seja, apropria-se dos benefícios de ser o jornalista a dar o furo e entra no jogo da concorrência comercial. É um dos aspectos classificados por Breed como constrangimento organizacional, que influencia diretamente no trabalho jornalístico.

O fato é que os jornalistas se valem de uma cultura própria para decidir o que é ou não é notícia. Ou seja, têm critérios próprios, que consideram óbvios, quase instintivos. No livro *Teorias da comunicação*, o professor Mauro Wolf procura sistematizar esses critérios, mostrando que não são tão óbvios e instintivos assim. Wolf chama de noticiabilidade a capacidade que os fatos têm de virar ou não notícia. Quanto maior o grau de noticiabilidade, maior essa capacidade. E ele é medido pelo que Wolf denomina valores-notícia, cujos critérios estão expostos a seguir.

### Valores-notícia

**Categorias substantivas**
- Importância dos envolvidos
- Quantidade de pessoas envolvidas
- Interesse nacional
- Interesse humano
- Feitos excepcionais

**Categorias relativas ao produto**
- Brevidade -> nos limites do jornal
- Atualidade
- Novidade
- Organização interna da empresa
- Qualidade -> ritmo, ação dramática
- Equilíbrio -> diversificar assuntos

**Categorias relativas ao meio de informação**
- Acessibilidade à fonte/local
- Formatação prévia/manuais
- Política editorial

**Categorias relativas ao público**
- Plena identificação de personagens
- Serviço/interesse público
- Protetividade -> evitar suicídios etc.

**Categorias relativas à concorrência**
- Exclusividade ou furo
- Gerar expectativas
- Modelos referenciais

• As categorias substantivas são as mais óbvias, pois se classificam de acordo com o grau de importância dos envolvidos e o grau de interesse do público. Uma informação sobre o presidente da República é mais valorizada do que outra, de mesmo tom, sobre um vereador.

• Já as categorias relativas ao produto, que estão divididas por critérios de brevidade, atualidade, qualidade e equilíbrio, referem-se especificamente aos conceitos jornalísticos já estudados nos itens anteriores, como objetividade, por exemplo.

• As categorias relativas ao meio de informação, que estão divididas em graus de acessibilidade às fontes/locais e em possibilidades/

limites de formatação referem-se aos veículos. Na TV, por exemplo, há a necessidade da imagem e isso influencia a noticiabilidade.

• As categorias relativas ao público, por sua vez, abordam critérios como serviço e protetividade. Um exemplo deste último critério é evitar a divulgação de suicídios.

• As categorias relativas à concorrência, cujo acesso exclusivo, conhecido como furo, parece ser o valor supremo, levam em conta o trabalho dos "coleguinhas" de outros veículos. Mas não é só isso.

Ainda falando desta última categoria, vale ressaltar que os jornalistas também fazem uma construção de quem é a audiência, o que, na televisão, fica ainda mais patente. Basta observar as recomendações que, invariavelmente, os chefes dão aos repórteres: "Seja simples e didático. Lembre-se de que você está falando para aposentados e donas de casa, se for no jornal da tarde, e para um público ainda mais amplo, se estiver no jornal da noite". Os repórteres, então, passam a construir os enunciados sob forte influência da imagem que fazem do telespectador. É daí que vêm as famosas reportagens sobre culinária nos jornais vespertinos. O que nos leva a concluir que o interlocutor está presente no próprio ato de construção da linguagem. É coenunciador. Tem um papel na construção do significado.

A sistematização do *newsmaking* feita por Traquina e Wolf leva em consideração que as normas ocupacionais parecem mais fortes do que as preferências pessoais na seleção e filtragem das notícias. O tempo é o eixo central do processo. O jornalista está sempre submetido à pressão do *deadline*, do fechamento da matéria. Os fatos podem surgir em qualquer lugar, a qualquer hora. Entretanto, por mais paradoxal que pareça, é preciso colocar ordem a imprevisibilidade. É nesse momento que os critérios de noticiabilidade, usados como um conjunto de instrumentos e operações que possibilitam ao jornalista escolher os fatos que vão se transformar em notícias, evidenciam-se nos valores-notícia.

É importante ressaltar que a noticiabilidade é negociada, o que faz com que todos esses critérios sejam variáveis. O repórter negocia com o editor, que negocia com o diretor de redação, e assim por diante. E os próprios critérios estão inseridos na rotina jornalística, ou melhor, tornam possível essa rotina, pois são contextualizados no processo produtivo, em que adquirem significado, desempenham função e tornam-se elementos dados como certos, o conhecido senso comum da redação.

As rotinas e o senso comum do RJTV, telejornal local da Rede Globo no Rio de Janeiro, foram estudados por Alfredo Vizeu, na dissertação de mestrado, em que deixa registrados os sete principais critérios de noticiabilidade, nas palavras dos próprios editores do jornal:

> ser factual;
> despertar o interesse do público;
> atingir o maior número de pessoas;
> coisa inusitadas;
> novidades;
> personagens;
> boas imagens.

Vizeu também utiliza o referencial teórico do *newsmaking*, atrelado à análise do discurso e à teoria da enunciação, para estudar a construção da audiência pelo telejornalismo e a influência dessa construção na elaboração da notícia. Sua tese defende que os jornalistas constroem antecipadamente a audiência a partir da cultura profissional, da organização do trabalho, dos processos produtivos, dos códigos particulares, da língua e das regras no campo da linguagem, o que influencia diretamente a construção das notícias.

Para terminar, tenho que deixar registrado, mais uma vez, que há outras opções teóricas para entender por que as notícias são como são, além da perspectiva do *newsmaking*, utilizada neste item. Elas serão abordadas no capítulo três.

### Para ler mais

VIZEU, Alfredo. *Decidindo o que é notícia:* os bastidores do telejornalismo. Porto Alegre: EDIPUCRS, 2000.
TRAQUINA, Nelson. As notícias. In: TRAQUINA, Nelson. *Jornalismo:* questões, teorias e estórias. Lisboa: Vega, 1993.

## A REPORTAGEM

Na apresentação do livro de Gilberto Dimenstein e Ricardo Kotscho, *A aventura da reportagem*, o conselheiro editorial da *Folha de S.Paulo* Clóvis Rossi pede desculpas aos editores e redatores para dizer que a função de repórter é a única pela qual vale a pena ser jornalista. Para Rossi, a profissão só é válida pela "sensação de poder ser testemunha ocular da história de seu tempo. E a história ocorre sempre na rua, nunca numa redação de jornal".

O próprio Rossi, no entanto, trata de registrar a dificuldade da função:

> Ora, jornalistas quase nunca são testemunhas oculares de fatos menos corriqueiros. Em geral, eles se passam nas sombras dos gabinetes, no escurinho dos palácios, nos fundos dos morros e favelas, e assim por diante. Logo, resgatar 'a melhor versão possível da verdade' é uma tarefa ingrata.

O exagero e o aparente paradoxo estão no imaginário sobre a reportagem, sempre recheado de *glamour*. Quando pensamos em grandes jornalistas, logo nos remetemos àqueles responsáveis por grandes e famosas reportagens. Bob Woodward e Carl Bernstein no escândalo Watergate, em Washington. Skeets Miller na tragédia da gruta Sand Cave, no Kentucky. Peter Arnett na Guerra do Golfo. E Tim Lopes no mercado do tráfico da favela da Grota, no Rio de Janeiro. O último exemplo é proposital. Um alerta para a excessiva romantização do trabalho de repórter. No último capítulo deste livro volto a ele para falar sobre a segurança dos jornalistas pelo mundo.

O importante agora é entender que os nomes citados são exceções. Às vezes, exceções trágicas. A transpiração é muito maior do que a glória na ampla maioria dos casos. O reconhecimento é muito mais pessoal do que social. O esforço é muito mais físico do que intelectual. O repórter não tem final de semana, gasta os dedos no telefone, esquenta a bunda nos sofás de gabinetes, perde as solas dos sapatos e ainda recebe reclamações dos chefes e da família. O glamour não é regra na profissão. Se esse é o seu motivo para seguir carreira, esqueça. Como diz Ricardo Kotscho em outro de seus livros, *A prática da reportagem*, "o repórter só deve ser repórter se isso for irreversível, se não houver outro jeito de ganhar a vida, se alguma força maior o empurra para isso".

Dado o alerta, vamos aos conceitos, já que este é um livro teórico. Afinal, qual é a definição de reportagem? Para o professor João de Deus Corrêa, "reportagem é um relato jornalístico temático, focal, envolvente e de interesse atual, que aprofunda a investigação sobre fatos e seus agentes". Já para o professor Nilson Lage, "é a exposição que combina interesse do assunto com o maior número possível de dados, formando um todo compreensível e abrangente". No clássico *Ideologia e técnica da notícia*, apresenta as dificuldades de propor uma definição, mas informa que esta "compreende desde a simples complementação de uma notícia — uma expansão que situa o fato em suas relações mais óbvias com outros fatos antecedentes, consequentes ou correlatos — até o ensaio capaz de revelar, a partir da prática histórica, conteúdos de interesse permanente".[44]

O teórico português Nelson Traquina cita Jean Chalaby, cujo inventário sobre a função de reportar, no jornalismo, encontra sua primeira definição teórica em 1836, classificando o repórter como "uma espécie de empregado que vê como seu dever tomar notas do desenvolvimento dos eventos e que tem o estranho hábito de considerar os fatos como fatos".[45]

A definição de reportagem quase sempre é construída em comparação com a notícia. Para o jornalista Ricardo Noblat, autor do livro *A arte de fazer um jornal diário*, "notícia é o relato mais curto de um fato. Reportagem é o relato mais circunstanciado".[46] Nilson Lage, em outro de seus livros, *Estrutura da notícia*, diz que a distância entre a reportagem e a notícia estabelece-se na prática, a partir da pauta, isto é, do projeto de texto. "Para as notícias, as pautas são apenas indicações de fatos programados. [...] Reportagens pressupõem outro nível de planejamento".[47] O professor João de Deus é mais incisivo e propõe um quadro comparativo entre ambas:

| A notícia apura fatos | A reportagem lida com assuntos sobre fatos |
| --- | --- |
| A notícia tem como referência a imparcialidade | A reportagem trabalha com o enfoque, a interpretação |
| A notícia opera em um movimento típico da indução (do particular para o geral) | A reportagem, com a dedução (do geral, que é o tema, ao particular – os fatos) |
| A notícia atém-se à compreensão imediata dos dados essenciais | A reportagem converte fatos em assunto, traz a repercussão, o desdobramento; aprofunda |
| A notícia independe da intenção do veículo (apesar de não ser imune a ela) | A reportagem é produto da intenção de passar uma "visão" interpretativa |
| A notícia trabalha muito com o singular (ela se dedica a cada caso que ocorre) | A reportagem focaliza a repetição, a abrangência (transforma vários fatos em tema) |
| A notícia relata formal e secamente – a pretexto de comunicar com imparcialidade | A reportagem procura envolver, usa a criatividade como recurso para seduzir o receptor |
| A notícia tem pauta centrada no essencial que recompõe um acontecimento | A reportagem trabalha com pauta mais complexa, pois aponta para causas, contextos, consequências, novas fontes |

Do ponto de vista da produção, Nilson Lage considera três gêneros de reportagem.

*Investigativa*: parte de um fato para revelar outros mais ou menos ocultados, e, através deles, o perfil de uma situação de interesse jornalístico. Exemplo: o caso Watergate.

*Interpretativa*: o conjunto de fatos é observado pela perspectiva metodológica de determinada ciência. Exemplo: uma pesquisa qualitativa.

*Novo jornalismo*: aplica técnicas literárias na construção de situações e episódios para revelar uma práxis humana não teorizada. Exemplo: os textos da famosa escola americana, a New Journalism, escritos por talentos como Truman Capote e Norman Mailer.

Os modelos propostos por João de Deus Corrêa partem, segundo ele, das constatações das rotinas jornalísticas.

*Reportagem do perfil* — procura apresentar a imagem psicológica de alguém, a partir de depoimentos do próprio, assim como de familiares, amigos, subordinados e superiores dessa pessoa. Martin Bashir passou oito meses, em 2002, convivendo com o astro pop Michael Jackson para produzir uma reportagem para a TV inglesa ITV. Foi exibida em 2 de março de 2003, pelo canal Sony, com ampla repercussão mundial. Uma característica a ressaltar na citada produção foi a postura de frontal questionamento das mais diversas e delicadas, digamos, "fragilidades" do perfilado. Um observador mais atento percebe com que requintes de estratégia o jornalista apresentava as mais dolorosas questões: posturas que oscilavam entre a ingênua simplicidade dos mais humildes e a liberdade natural dos íntimos.

*Reportagem de fatos* — aproveita a dramaticidade de um fato e aprofunda seu conhecimento, abrindo novas áreas de contexto, entendimento de causas e efeitos. Esse modelo, assim como o de "ação" e o "documental", foi apresentado por Muniz Sodré e Maria Helena no livro *Técnica de reportagem*.

*Reportagem polêmica* — explora assunto em discussão na sociedade ou o cria. Para isso, ouve fontes, especialistas e "olimpianos" que pensem de modo diferenciado, oposto. Nessa espécie de reportagem o profissional pode deixar a critério dos destinatários a opção de como interpretar a matéria, mas, usualmente trabalha sobre uma hipótese em que aposta. Por ocasião do debate nacional que introduziu o divórcio no país, o senador Nelson Carneiro era fonte permanente para os jornalista e, de certa forma, uma espécie de escudo à sombra do qual os veículos se escondiam para enfrentar as posições religiosas que combatiam incansavelmente tal postura.

*Reportagem monotemática* — após um acontecimento recente, o veículo "costura" a relação com outros similares e cria um tema que provoque adesão do público, pelo destaque e tratamento coerente reservado ao assunto. Tal estratégia é mais empregada com temáticas sobre as quais o veículo tenha sondado um clima de simpatia, de adesão. Mas, para honrar a responsabilidade social, cabe ao veículo, muitas vezes, içar uma "bandeira" que julgue ser merecedora de que a sociedade tome partido, consciência. O *Jornal do Brasil* edita, desde março de 2002, um caderno de Ecologia (*JB Ecológico*) mensal, com características de reportagens de interesse público; o número inicial foi inaugurado com a manchete "Bush, Terrorista Ambiental?". A matéria transcrevia um depoimento acintoso desse presidente:

> — Somos o maior poluidor do mundo. Mas, se for preciso, vamos poluir ainda mais, para evitar uma recessão na economia americana.
> — A solução definitiva para acabar com os incêndios é o corte raso de todas as árvores...

Só o movimento de denunciar tais ideias consagra o caderno, o veículo e o jornalismo, mesmo que numa reportagem monotemática.

*Reportagem de ação* — diante de um fato especialmente dinâmico, impactante e complexo, o texto reconstitui a intensidade das ações num estilo cinematográfico, visual, criando um clima dinâmico, com narrativa leve, mas nervosa, ágil. Modelo pouco usado pelos jornais e revistas mais conservadoras ou clássicas; no entanto, muito presente nos veículos mais populares, especialmente nos programas de televisão dedicados à temática da violência, dos crimes, em que a pauta "policial" é a âncora.

*Reportagem documental* — costuma merecer um cuidado praticamente didático do jornalista, no sentido de investir na demonstração documental da perspectiva com que o tema é abordado; incluem-se, aí, as transcrições de depoimentos e documentos que dão credibilidade e "materialidade" de provas às argumentações ou informações. A televisão é um veículo que oferece mais recursos para a produção desse modelo de reportagem, já que dispõe não apenas da retórica do repórter, mas do "efeito demonstração" das imagens com o movimento e a cor, que corroboram na autenticação documental.

A divisão de gêneros é realmente muito complexa. Poderia acrescentar outros tantos modelos à sistematização proposta por João de Deus. Acredito, por exemplo, que longas reportagens, escritas com estilo e rigor profissional, podem até se tornar clássicos da literatura. Não estaria exagerando, por exemplo, em situar o livro *Os sertões*, de Euclides da Cunha, nessa categoria. O que seria um relato jornalístico sobre a Guerra de Canudos tornou-se um cânone da literatura brasileira. Da mesma forma, incluo os livros *Memórias do cárcere*, de Graciliano Ramos, e *A noite das grandes fogueiras*, de Domingos Meirelles, entre vários outros. O primeiro é autobiográfico e relata as condições dos porões da ditadura Vargas. O segundo narra a saga da Coluna Prestes, que atravessou o Brasil na década de 1920.

O jornalista John Reed produziu a obra mais emblemática sobre a Revolução Russa de 1917, frequentemente citada como uma espécie de marco literário do século xx: *Dez dias que abalaram o mundo*. Ela costuma ser apresentada como uma espécie de grande reportagem, pela capacidade que o texto tem de reconstituir com vigor e realismo um momento particular da História. Nas palavras de João de Deus Corrêa, "é como se Reed estivesse conduzindo quem o lê pelas ruas e praças marcadas pela revolução".

Há ainda os livros-reportagem de ocasião, que não têm pretensões estilísticas e/ou artísticas. Estes não podem ser incluídos no âmbito da literatura. São, na verdade, louváveis tentativas de experientes repórteres em transcender o espaço reduzido dos jornais. E, em geral, produzidos de forma muito competente. Cito como exemplos, com receio de ser injusto com os ausentes, os livros *Abusado*, de Caco Barcelos; *Comando Vermelho*, de Carlos Amorim; e *Chatô*, de Fernando Morais. Mas há muitos outros.

## Para ler mais

DIMENSTEIN, Gilberto; KOTSCHO, Ricardo. *A aventura da reportagem*. São Paulo: Summus, 1990.

LAGE, Nilson. *A reportagem:* teoria e técnica de entrevista e pesquisa jornalística. Rio de Janeiro: Record, 2001.

SODRÉ, Muniz; FERRARI, Maria H. *Técnica de reportagem*. São Paulo: Summus, 1986.

LAGE, Nilson. *Ideologia e técnica da notícia*. Florianópolis: Insular, 2001.

## REDUNDÂNCIAS, IMAGENS E VELOCIDADE

**A redundância é essencial para a comunicação. Está diretamente ligada à sua eficácia. É seu fio condutor, seu norte, a garantia da chegada.** Sem ela, o verbo comunicar é quase uma impossibilidade. Seu exercício diário pode até passar despercebido, mas é responsável pela superação de ruídos e outros obstáculos inerentes à transmissão de uma mensagem. Entre emissor e receptor, há muito mais repetições do que imaginamos.

Na verdade, o conceito é muito mais amplo. Redundar não é simplesmente repetir, mas reforçar uma informação. A própria língua, como nos mostram Shannon e Weaver, carrega redundâncias em sua estrutura. E são elas que facilitam a decodificação exata da mensagem e permitem a identificação de erros, como, por exemplo, os ortográficos. Sabemos que a palavra "xuva" está errada porque ao substituir o "CH" pelo "x" ela não passa a significar outra coisa. Se a língua não fosse redundante, ao mudar uma letra estaríamos mudando uma palavra. Ocorre o mesmo quando soletramos nomes a fim de não confundir o interlocutor.

Se quero preparar alguém para uma notícia inesperada, uso a redundância: "Olha, tenho que te contar uma novidade, e eu sei que você não está esperando...". Se o objetivo é ser sociável, faço o mesmo: "Olá, bom dia, como vai?". As três expressões têm o mesmo significado, mas a intenção não é produzir resposta e sim manter o canal aberto. Se desejo ressaltar as qualidades ou os defeitos de alguma coisa, também sou redundante: "Minha querida, este livro é maravilhoso, excelente; você não tem ideia de como ele é bom".

De acordo com o teórico John Fiske, autor do livro *Introdução ao estudo da comunicação*, a redundância não é só útil, como absolutamente vital. Ele a relaciona teoricamente em oposição a outro conceito, a entropia. Para Fiske, enquanto a redundância é aquilo que, numa mensagem, é previsível ou convencional, a entropia está diretamente relacionada à redução da previsibilidade. Em comunicação, aquilo que é mais provável está determinado por nossa experiência de código, de contexto e de tipo de informação.

Assim, por exemplo, poetas tendem a ser mais entrópicos, pois utilizam metáforas e quebram convenções, enquanto jornalistas são mais redundantes, já que têm compromisso com a facilidade de decodificação da mensagem. Os estudiosos da Teoria da Informação (TI) afirmam que nas situações altamente ordenadas e com poucas possibilidades de escolha, a informação é baixa. Ou seja, a redundância baixa o nível de complexidade da mensagem.

O jornalista Ronaldo Henn, no livro *Os fluxos da notícia,* usa o conceito de entropia com base na teoria dos sistemas. Para o autor, a entropia corresponde à tendência que o sistema tem para a sua própria desorganização. É o que acontece, segundo ele, com a informação que, assim como a energia, tende a se degradar. Ou seja, perde-se no espaço e desaparece. E isso acontece proporcionalmente ao número de opções que temos para interpretar aquela informação. De novo, quanto maior a complexidade, maior a entropia.

No meu caso, sou um fã incondicional da redundância, conforme esta frase e os parágrafos anteriores podem comprovar. Faço uso da repetição sempre que posso. Gosto de reforçar a mensagem, de ser explícito, de me fazer entender. E, mesmo assim, nem sempre tenho sucesso. Mas insisto. Sou redundante em meus próprios livros. Utilizo conceitos presentes em um para analisar questões de outro. Repito frases, pensamentos, até parágrafos inteiros. E faço isso com convicção. Tenho a impressão de que passarei a vida escrevendo a mesma obra, desenvolvendo a mesma temática. Não vejo outra forma de ser escritor. Muito menos jornalista.

Discordo dos teóricos da comunicação, para quem quanto mais redundante é o sistema, menos informação veicula. Essa análise é superficial e limitada, pois não leva em conta os critérios qualitativos da emissão, que, ao contrário da opinião teórica, podem aumentar a quantidade de informações. A repetição pode melhorar a recepção da mensagem a tal ponto que implique na absorção de conteúdos antes ignorados. Portanto, pode aumentar o número de informações.

Na imprensa, a redundância já está incorporada à rotina das redações. Usamos manchetes, que remetem a títulos, que fazem referência a subtítulos, que são confirmados pelo primeiro parágrafo da matéria. Embaixo das fotos escrevemos legendas que reforçam a imagem, na maioria das vezes já explicitada pelo título. O próprio texto focaliza a objetividade do lead com o intuito de ter uma compreensão mais clara.

O jornalista procura diminuir ao máximo o grau de entropia, pois sabe que seu público é heterogêneo e precisa de um entendimento imediato, já que dificilmente terá tempo para produzir sua própria redundância, ou seja, ler a reportagem pela segunda vez. E não há nada mais redundante que os próprios critérios de produção da notícia. Basta comparar as edições de vários jornais na banca da esquina. Mesmos assuntos, mesmos enfoques, às vezes até as mesmas manchetes e fotos. Parecem espelhos uns dos outros.

Por outro lado, há um fator que dificulta a redundância (e, portanto, a compreensão dos fatos) e aumenta a entropia no jornalismo: o tempo. O procedimento jornalístico contemporâneo, com excesso de fontes e fatos apurados, está preso a operadores de atualidade. Ou seja, é refratário ao passado e ao futuro, buscando a novidade[48] como princípio absoluto, diminuindo o espaço para a contextualização.

Aprisionada ao presente, a notícia acaba prioritariamente ligada ao surpreendente, que tem maior valor de venda. Portanto, aumenta a sua entropia. Nos manuais de redação, as recomendações para *suítes* determinam que os repórteres não devem começar a reportagem fazendo referência ao fato anterior. Se, por exemplo, eu fizer uma matéria sobre a repercussão no Congresso Nacional das denúncias contra o presidente do Banco Central, não posso iniciar o texto assim: "As denúncias de anteontem repercutiram na sessão de ontem do Senado". Em vez disso, devo procurar um fato novo, do tipo: "O senador Fulano de Tal pediu a renúncia do presidente do Banco Central". No jargão jornalístico, isso se chama "esquentamento" de notícias.

O jornalista Leão Serva faz uma ótima análise do "efeito surpresa" no livro *Jornalismo e desinformação*. Trata-se da redação proposital de notícias com informações desconhecidas, na ausência de outras integralmente novas, mas que, na verdade, referem-se a fatos antigos. Para Serva, a imprensa não busca ampliar o significado das notícias, e a consequência é o aumento da incompreensão do texto. Concordo com ele, e acredito que a causa disso está na ausência da redundância, que é tão bem aplicada em outros setores do jornalismo, como o formato e o estilo, por exemplo.

É preciso repetir as informações do passado para contextualizar o leitor no presente. Como Leão Serva lembra muito bem, a decodificação de uma mensagem depende daquilo que o linguista Charles S. Peirce chama de *interpretante*, ou seja, o signo referente. Para conhecer a Teoria da Relatividade, por exemplo, é preciso entender os conceitos de massa e energia. O leitor de um jornal, então, terá maior dificuldade em compreender o fato se a referência não lhe for fornecida.

Como diz o autor, "no momento em que esse leitor consegue compor os signos *interpretantes*, para a compreensão de uma notícia, ela deixa de ser importante para os jornalistas".[49] Nesse caso, deixa de ser publicada e o jornal confirma o clássico clichê de servir para embrulhar o peixe do dia seguinte. Posso concluir, então, que a ausência de redundância é diretamente proporcional à desinformação.

Na televisão, isso é ainda mais explícito. Embora a imagem seja amplamente valorizada no telejornalismo, é o texto que vai dar o verdadeiro significado da informação. Salvo raras exceções, não basta ver, é preciso que alguém nos diga o que estamos vendo. Ser redundante é a norma geral para qualquer reportagem de tv. Mesmo assim, permanece a descontextualização, pois o veículo também segue os operadores de atualidade, valorizando o presente, ignorando os signos interpretantes e maquiando a novidade.

No telejornal, há a constante tentativa de manter o fato no presente, mesmo que ele tenha acontecido pela manhã e o veículo mostre a reportagem à noite. Na edição, o jornalista deve pensar em estratégias para segurar a atenção do telespectador, e manter o fato em proximidade temporal é uma delas. Ao contrário do jornal, que oferece um cardápio de notícias ao leitor, na tv a refeição é escolhida pelo *maître*.

A notícia televisiva é produzida para ser consumida na totalidade, como um grande "lidão". E como o telespectador não pode voltar a fita, os manuais de redação pregam a simplicidade e a objetividade como norma número um. É ela que vai possibilitar a discussão dos fatos por um maior número de pessoas e influenciar a sociabilidade. Cada vez mais, os telejornais pautam as conversas entre os cidadãos e até mesmo a própria agenda dos poderes públicos. E aqui me refiro não somente àquilo de que vamos falar, mas também à maneira como vamos falar.

O problema é que essa suposta simplicidade, muitas vezes, é confundida com pobreza vocabular. Não há repórter de TV que nunca tenha ouvido a velha máxima: "Uma imagem vale mais que mil palavras". Da mesma forma, não há professor de telejornalismo que não tenha utilizado o velho recurso de passar o telejornal sem som para refutar essa afirmação. Mas, afinal, quem reina soberano no império das informações televisivas?

Nesse caso, há vários reis. Para Michel Chion, citado por Guilherme Rezende no livro *Telejornalismo no Brasil*, a audição e a visão suscitam percepções específicas, o que impediria afirmar que um sentido é mais importante que o outro. Dessa forma, Chion substitui a concepção de hierarquia pela de intercomplementação dos sentidos.

Para Umberto Eco, a linguagem televisiva é uma combinação de três códigos: o icônico, o linguístico e o sonoro. O primeiro reporta-se à percepção visual. O segundo refere-se à língua e está dividido em dois subcódigos: o dos "jargões especializados", que são vocábulos próprios de uma linguagem técnica; e o dos sintagmas "estilísticos", que se expressam por meio de figuras retóricas correspondentes às imagens estéticas dos códigos icônicos. Já o código sonoro é relativo à música (uma vinheta, por exemplo) e aos efeitos sonoros (disparo de uma arma) e divide-se em três subcódigos: o emotivo, o estilístico e o convencional.

Não parece difícil concluir que a televisão utiliza signos pertencentes a diversas linguagens, realocando-os em sistemas que adquirem sentido nas relações entre si. No caso do telejornal, essas relações põem em xeque a suposta soberania do código icônico, já que, a despeito da mencionada intercomplementação de sentidos, a linguagem verbal parece ser a única realmente imprescindível para a compreensão da mensagem. Dificilmente veremos imagens sem um enunciado verbal durante o telejornal. Entretanto, basta colocar uma foto de um repórter e um mapa da Europa na tela, por exemplo, para que ele fale de um acontecimento no sul da França, mesmo que não haja imagens disponíveis sobre o local. E, se houver, ainda assim o texto do repórter será imprescindível para a compreensão dos fatos.

O telejornal é uma polifonia de vozes. Uma apresentação de corpos que reportam imagens. E para reportá-las, eles, os corpos, utilizam o código verbal. Só que esse código é híbrido, pois é escrito para ser lido. Ou seja, não é uma linguagem oral autêntica, mas produzida, uma escrita oralizada, que leva em conta a fugacidade do texto televisivo. Como a notícia só é divulgada uma vez, é preciso ser direto e simplificar a linguagem. Mas, como já disse, a clareza e a simplicidade não podem ser confundidas com pobreza de vocabulário. Devem estar no cerne de estratégias de redundância que facilitem a compreensão da mensagem.

Guilherme Rezende também aborda a questão ao apresentar uma pesquisa do jornalista Eric Nepomuceno, realizada em 1994, sobre o vocabulário do *Jornal Nacional* e do TJ *Brasil*. O pesquisador constatou que 147 palavras distintas foram suficientes para elaborar dois terços do JN e registrou que apenas três verbos (ser, estar e ter) responderam por 27,3 % do total de utilização dessa classe de palavras no mesmo jornal. No TJ *Brasil*, o resultado não foi muito diferente: os números foram respectivamente 21,6 e 26,6%.

Outra estratégia de simplificação é a orientação telegráfica na construção dos textos. As frases devem ser curtas e as informações, fragmentadas. Na década de 1970, ficou famosa a fórmula de Irving Fang (Easy Listening Formula) para a fácil compreensão do texto televisivo. Segundo o autor, o repórter deve contar as palavras com mais de uma sílaba em cada frase, atribuindo um ponto a vocábulos com duas sílabas, dois com três, e assim por diante. Se a frase tiver um saldo de mais de vinte pontos, é preciso reestruturá-la, cortando palavras ou dividindo informações até que a pontuação seja reduzida.

Os telejornais buscam no coloquial recurso para uma comunicação mais eficaz. Como já disse, ao contrário do leitor de jornal, que recebe um cardápio de notícias para escolher as de seu interesse, o telespectador recebe a refeição pronta, escolhida pelo maître/jornalista. A compreensão/deglutição deve ser imediata. Na TV, a notícia é elaborada para ser assistida na totalidade, como um grande "lidão", como já citado. Mas o lide é subvertido, pois não há preocupação com o fato mais importante, e sim com o mais sedutor ou dramático, que pode prender a atenção da audiência.

A simplificação, ao contrário do que se pretende, impede a contextualização e o entendimento, e reforça a superficialidade, a banalização e a espetacularização. Componentes que estão longe de promover uma democratização do veículo, mas que se incorporam à cultura profissional do jornalista de TV, cuja imagem que faz da audiência e a velocidade com que produz a notícia também são fundamentais para entender o significado das informações veiculadas na telinha.

Não é só Paul Virilio que levanta suas armas contra a televisão ao abordar a questão da velocidade. Os críticos Pierre Bourdieu e Jean Baudrillard também enveredam pelo mesmo caminho ao afirmar que as coisas perdem sentido no tempo da informação. Para os três teóricos, entretanto, há um componente que agrava a situação: a transmissão ao vivo pela TV, que, segundo Virilio, transformou os espectadores em vítimas passivas da tirania do tempo real, tornando-os incapazes de formar opiniões sobre o que as ondas transmitem.

Mas as críticas não são unânimes. Para Arlindo Machado, a transmissão ao vivo foi eleita o bode expiatório de todos os males da televisão e do mundo. O que, segundo ele, se justifica por ser ela o recurso expressivo ou tecnológico mais característico do veículo, evitando assim que as críticas recaíssem sobre um meio vizinho e mais nobre como o cinema. Machado não acredita na tese de que a transmissão ao vivo (e a velocidade inerente a ela) é inimiga do pensamento e da democracia. E, para isso, faz uma indagação bastante simples no livro *A televisão levada a sério*: "se a TV ao vivo é nociva à razão e à reflexão, por que as ditaduras têm tanto medo dela?".

Machado lembra a proibição da transmissão do comício das Diretas Já em 1984 para exemplificar sua análise e faz uma crítica direta aos teóricos que execram o veículo: "O tempo ao vivo é antagônico não ao pensamento, mas às digressões intelectuais". Para ele, a reflexão no "ao vivo" é um processo, está em andamento, mas, mesmo assim, pode gerar ação política e mobilização, como foi o caso do *impeachment* de Collor.

O bem direcionado enfoque de Arlindo Machado, no entanto, parece esquecer apenas as consequências da paradoxal lógica da velocidade, em que o espaço-tempo transforma-se na suposta realidade veiculada pelas imagens. Com uma câmera, podemos transformar uma pequena manifestação em um super comício, dependendo do ângulo em que produzimos as imagens. E o inverso também é possível. Se é verdade que as ditaduras temem as transmissões ao vivo, também não é falso afirmar que se utilizam dela.

A velocidade pode ser usada para a substituição da uma possível aproximação da realidade por sua mais longínqua representação. A imagem produzida pela máquina de visão, como nos diria Virilio, é inerte, uma "visão sem olhar". A velocidade nos leva de volta à imobilidade. As máquinas destinadas a ver por nós produzem uma visão sintética, que automatiza a percepção. Uma percepção condicionada pela abordagem superficial da velocidade, cuja estética vale-se de uma equivocada primazia da imagem sobre o texto e de um processo de simplificação da linguagem audiovisual.

**Para ler mais**

SERVA, Leão. *Jornalismo e desinformação.* São Paulo: Senac, 2001.
REZENDE, Guilherme Jorge. *Telejornalismo no Brasil:* um perfil editorial. São Paulo: Summus, 2000.
VIRILIO, Paul. *A máquina de visão.* Rio de Janeiro: José Olympio, 2002.
MACHADO, Arlindo. *A televisão levada a sério.* São Paulo: Senac, 2001.

## ENTRETENIMENTO E ESPETÁCULO

No palco contemporâneo, o espetáculo em cartaz é a vida. Os ingressos na bilheteria dão direito a entrar na intimidade dos atores, formar alteridades e idealizar heróis, mas a plateia não está satisfeita e quer ela mesma encenar o espetáculo. E na esquizofrenia de ser ao mesmo tempo personagem e espectador, procura ler o letreiro em néon que anuncia o título da obra: realidade. Mas esse título é apenas um pequeno elemento da realidade construída por essa mesma plateia. Não é mais nem menos autêntico. É apenas um espaço de participação.

Para Neal Gabler, autor do livro: *Vida, o filme*, a tendência de converter a realidade em encenação é justificável, já que "a cultura produz quase todos os dias dados de fazer inveja a qualquer romancista".[50] Mas, atualmente, não se trata apenas de questionar se a ficção pode continuar competindo com a dramaticidade da vida real, nem de acreditar tanto na ilusão a ponto de tentar viver nela. Não se trata apenas de olhar pelo buraco da fechadura, mas de estar do outro lado da porta. Não se trata apenas de ver o filme, mas de ser o próprio filme. A vida é o veículo.

O próprio Gabler admite que vivemos no mundo da pós-realidade. Na encenação do real, o veículo vida gera novos episódios diariamente, fazendo com que as aplicações que a mídia descobre para esses episódios ultrapassem a própria realidade. Revistas de fofocas, periódicos sobre famosos e programas de TV como *Vídeo Show* e *TV Fama* vivem da encenação e a repercutem infinitamente em novas encenações. **A mídia produz celebridades para poder realimentar-se delas a cada instante em um movimento cíclico e ininterrupto. Até os telejornais são pautados pelo biográfico e acabam competindo com os filmes, novelas e outras formas de entretenimento. É uma Disneylândia de notícias, como se os redatores-chefes fossem Mickey Mouse e Pateta.** E mesmo quando há assassinatos ou graves acidentes, o assunto principal é sempre a celebridade ou o candidato ao estrelato, que, inclusive, pode ser o próprio assassino ou um outro delinquente qualquer.

> O julgamento do ex-astro do futebol americano O.J.Simpson, a vida e a morte da princesa Diana, a interminável novela fornecida pelas peripécias de Elizabeth Taylor ou pela apresentadora de televisão Oprah Winfrey, o assassinato da dona de casa de Long Island, Mary Jo Buttafuoco, pela jovem amante do marido, a bomba colocada pelo dissidente de direita numa repartição federal em Oklahoma City, as constantes alegações de aventuras extraconjugais do presidente Bill Clinton, para lembrar apenas um punhado, entre literalmente milhares de outros episódios gerados pela vida, são esses os novos sucessos de bilheteria que ocupam as mídias tradicionais e dominam as conversas nacionais por semanas, às vezes meses ou até anos a fio, ao passo que o entretenimento comum desaparece rapidamente de cena. [51]

A espetacularização da vida toma o lugar das tradicionais formas de entretenimento. Cada acontecimento em torno de um indivíduo é superdimensionado, transformado em capítulo e consumido como um filme. Mas a valorização dos acontecimentos individuais é diretamente proporcional à capacidade desse indivíduo em roubar a cena, ou seja, em tornar-se uma celebridade. Aliás, as celebridades tornaram-se o polo de identificação do consumidor-ator-espectador do espetáculo contemporâneo. São elas que catalizam a atenção e preenchem o imaginário coletivo. O que é muito diferente da identificação com os heróis, uma tradição da cultura ocidental, como alerta Ronaldo Helal, recorrendo às interpretações de Joseph Campbell e Edgar Morin.

O herói acredita ter uma missão a cumprir. Ele deve domar o cotidiano e viver na esfera do extraordinário. Deve entregar-se ao seu propósito maior e ao seu destino glorificado, que será construído única e exclusivamente por ele mesmo, já que é senhor de seus atos, pois tem um senso interior de certeza para diferenciá-lo dos outros mortais. O herói sabe que com circunspeção, habilidade e compulsão é possível superar os maiores perigos e infortúnios. Já a celebridade aproveita-se do interesse da mídia pelas superficialidades e factoides que compõem suas atividades.

Na Grécia, por exemplo, a ideia de herói estava ligada aos conceitos de *areté* e *timé*. O termo *areté* tem relação etimológica com o grego *aristeúen*, que siginifica ser o mais notável. Sua utilização mais frequente está ligada à essência do herói, ou seja, às habilidades e atitudes que o diferenciam dos outros mortais. Assim, ter *areté* proverá o herói da destreza e do vigor que o permitem ser um grande guerreiro, não só para defender seu povo, como para representá-lo. O herói, entretanto, não está em estado de areté o tempo todo. Na *Ilíada*, por exemplo, Aquiles maneja bravamente sua lança, mas tem o calcanhar fraco, enquanto Heitor, seu adversário, luta bravamente durante dezoito cantos do poema, para fugir covardemente perante a investida do melhor dos aqueus.

Aquiles, colérico, arrasta o cadáver de seu oponente ao redor das muralhas de Troia, mas se rende aos apelos de Príamo para dar sepultura ao filho, chorando ao lado do inimigo. É o momento em que o herói completa a moldura de sua timé, cujo significado mais explícito é traduzido por *honra*. Alguns autores nem consideram o termo timé, inserindo-o no conceito de areté. Como G.D.F. Kitto, autor do livro *Os gregos*, para quem "num contexto geral, a um homem implicará excelência, na medida em que ele tem possibilidade de ser excelente moral, intelectual, física e praticamente".[52]

A timé está ligada à honra e à moral. Quando Agamêmnon toma Briseida de Aquiles, este se retira da Guerra de Troia, pois foi ferido em sua timé. "[...] Agamêmnon o despojou do público reconhecimento de sua superioridade, tomando-lhe Briseida. Tétis implora a Zeus que a timé de Aquiles lhe seja restituída", relata o professor Junito Brandão, no livro *Mitologia grega*. Da mesma forma pensa Kitto, apenas mudando o termo: "Agamêmnon e Aquiles não se travam de razões apenas por causa de uma rapariga; é a recompensa, que representa o reconhecimento público de sua areté".[53]

A areté coberta de timé faz de Aquiles figura proeminente entre os aqueus. Ele é o melhor entre seus pares, aquele que os representa. Quando volta ao campo de batalha, não está sozinho, mas escudado por toda a cultura aqueia, cuidadosamente representada pelos símbolos cinzelados por Hefestos na famosa armadura. Aquiles carrega, entre as cenas da vida aqueia, os arquétipos que constituem o inconsciente coletivo de seu povo. Este reconhece o herói, enaltece-o e leva-o à *kléos*, ou seja, à glória.

O reconhecimento do povo, que leva o herói à glória, também fixa sua imagem mitificadora, diferenciando-o dos meros mortais. Talvez por isso tantos políticos, artistas e outros habitantes (ou não) do espaço público contemporâneo tentem construir imagens de heróis em torno de suas vidas. Mas se não é possível estar em um enredo de Homero, talvez seja mais simples escrever a própria história utilizando a imprensa, que, na atualidade, está muito mais interessada no entretenimento e no espetáculo do que na informação. É aí que surgem as celebridades, habitantes preferenciais do espetacular entretenimento do jornalismo.

**A notícia é um produto à venda e está exposta na vitrine do capitalismo industrial.** Como define Ciro Marcondes, no livro *O capital da notícia*, "ela é a informação transformada em mercadoria com todos os seus apelos estéticos, emocionais e sensacionais".[54] O público é tratado como um consumidor inserido na lógica comercial, que fabrica ícones e veicula situações inusitadas ou irreverentes. Em outras palavras, entretenimento e espetáculo. O que vem ao encontro da famosa definição de notícia, criada por Amus Cummings: "Se um cachorro morde um homem, não é notícia; mas se um homem morde um cachorro, aí, então, é notícia, e sensacional."

Muito pouco para quem espera um sentido de relevância pública nas notícias.

**Para ler mais**

GABLER, Neal. *Vida, o filme*. São Paulo: Companhia das Letras, 1999.
BRANDÃO, Junito de Souza. *Mitologia grega*. Petrópolis: Vozes, 1993, v. 1 e 3.
CAMPBELL, Joseph. *O herói de mil faces*. São Paulo: Cultrix, 1993.

## ESTEREÓTIPOS PRODUZEM ESTEREÓTIPOS

Pelos últimos parágrafos do item anterior, o leitor já percebeu as inclinações políticas do autor. Minha crítica à lógica capitalista que nos leva a pensar a notícia como uma simples mercadoria tem origem em uma formação crítica marxista. Mas ela também pode estar ancorada em alguns estereótipos sobre as próprias ideias de Marx. Está confuso? Então veja: acabo de relacionar duas hipóteses sobre o que me levou a escolher a chamada "esquerda"[55] como linha de pensamento. Uma seria a formação marxista e a outra a construção de estereótipos sobre Marx. Qual delas é a hipótese verdadeira? Vou analisar uma de cada vez.

Reparem bem: na primeira hipótese, eu disse formação. Fui influenciado pelas aulas de História do professor Mercadante no colégio, e pelas aulas de Filosofia do professor Dráusio, já na faculdade. E também por toda a literatura sobre o assunto. Assim, acredito na injustiça da mais-valia, na exploração do capital, na força do proletariado mundial, na divisão igualitária dos meios de produção etc. Mas, fundamentalmente, no que eu acredito mesmo é na utopia. Ou melhor, considero-a imprescindível para a formulação de qualquer pensamento e, mais ainda, para a concretização de qualquer objetivo. Acho impossível andar um metro sem ter a maratona como meta.

Ajudei a formar um partido cujo programa defende, entre outras bandeiras, "a articulação política dos socialistas e internacionalistas de todos os países, e o apoio às suas lutas", além de propor a unidade dos trabalhadores e do povo da América Latina contra toda e qualquer intervenção imperialista e contra os burgueses exploradores.

Não, não é anacronismo. Já li sobre as torturas de Stalin e acompanhei a queda do muro de Berlim. Entretanto, não posso me contentar com o mundo à minha volta, onde milhões de seres humanos estão condenados a uma existência marcada pela fome, pela miséria e pela doença, já que não têm acesso ao mínimo necessário para uma vida digna. Que sistema é esse, meu amigo?

Entretanto, se é verdade que o capitalismo está hegemônico no mundo, é no interior dele que devemos lutar. E, para isso, a meta deve ser o socialismo: uma sociedade sem classes, com a propriedade coletiva dos meios de produção. Mesmo que seja uma utopia. Em outras palavras, antes de completar a maratona de um mundo sem classes sociais, damos pequenos passos para amenizar as injustiças. Passos guiados pelo ideário marxista. Não importa que a meta seja utópica. A luz está na caminhada.

Muito bem! Mas o que isso tem a ver com o jornalismo? Calma, já vou chegar lá. Antes, vamos para a segunda hipótese: será que minha visão sobre o marxismo é estereotipada? Para responder, recorro ao meu primeiro livro, publicado em 1998, *A volta dos que não foram*. Não, não é uma piada. Na verdade, é uma contestação à ideia defendida por autores da geração de 1968 de que a minha geração é alienada, atomizada, perdida. Sem projetos, sem referências, sem passado, sem futuro, sem nada. Só que isso não é verdade. O mundo é que mudou, e os sinais já não são tão fáceis de interpretar. Mas nós continuamos ativos, carregando a leveza dos sonhos e o fardo das angústias. Com outro formato, menos maniqueísta e muito mais complexo.

É por isso que, no livro, defendo a tese de que a geração pós-68 volta com toda a força para assumir seu lugar na cultura. Volta sem, na verdade, nunca ter ido, pois apenas observava o limbo cultural e político, sem jamais ter estado nele. Uma geração que não esteve no Araguaia, não viveu a utopia de projetos totalizantes, mas que volta para novos impulsos utópicos. Uma geração que personifica a volta dos que não foram.

O raciocínio é mais ou menos assim: quando nasci, o mundo já estava dividido em dois. Os exploradores vestiam uniforme verde-oliva, ou terno com colarinho branco, ou cartola azul e vermelha com a inscrição Tio Sam. Roubavam nosso dinheiro, pilhavam nossa liberdade e ainda batiam na gente. Eram muito maus. Ao contrário dos explorados, bem mais humanos. Que vestiam calça jeans, usavam corda na cintura e um lenço na cabeça. Às vezes, o lenço cobria o rosto. Lutavam pela liberdade, falavam a verdade e queriam justiça. Geralmente, não tinham mais de trinta anos.

Como todo adolescente, sempre estive do lado dos oprimidos. Era ávido consumidor de livros marxistas. Li Engels, Lenin, Kautsky, Plekhânov, Florestan Fernandes e outros teóricos antes de completar quinze anos. Não que eu entendesse as explanações teóricas, mas era levado a elas por outras leituras, e estas sim me emocionavam. Os livros do Gabeira, do Sirkis, do Marcelo Rubens Paiva, entre outros, falavam de dramas pessoais em meio ao drama maior de lutar contra a repressão. Só evoluí nas leituras por mera ignorância, pois achava que todos os autores russos tinham que ser marxistas. Foi o que me levou a Dostoievski, Gogol, Tostoi e Gorki. Entretanto, interrompi as leituras logo que me contaram que só o último era realmente leninista. Mas o dano já estava feito. Ninguém passa impune por essas leituras. Até para um adolescente marxista, é impossível não se emocionar com a cena de Karamazov, diante do filho do servo que havia sido humilhado por ele, pedindo perdão. Queriam me convencer de que a cena não passava de uma estratégia pequeno-burguesa para provocar emoção sem promover a transformação revolucionária. Mas para mim parecia uma verdadeira subversão, o senhor humilhar-se perante o servo.

Os filmes ditos marxistas também tinham a minha preferência. Não era só o sentido humanitário, de justiça, que me movia. Era o enredo, eram os personagens. Um sentido coletivo que me enchia os olhos. Todos lutando por uma causa. Alguns Davis idealistas contra milhares de Golias. Eu queria estar entre eles.

Durante muito tempo, achei que tinha nascido na época errada. Queria participar da passeata dos cem mil. Discursar para os estudantes. Frequentar o Opinião. Acompanhar Lamarca pelo sertão da Bahia. Lutar com Marighela. Ter um codinome, marcar ponto e trocar de aparelho todo mês, por segurança. Enfim, parafraseando Cazuza, tudo que eu queria era uma ideologia para viver. Mas, quando chegou minha vez, aquele mundo dividido em dois já não existia.

Algum tempo depois, escrevendo a dissertação de mestrado, o filósofo Fredric Jameson me convenceu de que, na verdade, eu tinha uma ideia estereotipada do passado. De que eu estava condenado "a buscar a História através de minhas próprias imagens *pop* e dos simulacros daquela história que continuava para sempre fora do meu alcance". O que eu tinha perdido era uma utopia baseada em um projeto totalitário.

Mas era *uma* utopia, não *a* utopia. Novamente o ensinamento de Jameson de que o imprescindível era a reinvenção dos impulsos utópicos.

Mas a essa altura eu já estava contaminado por um discurso que se apresentava como hegemônico e garantia que a Era das utopias já havia terminado. E proclamava a ascensão do atomizado, do fragmentado, do superficial, do sincrônico. Ao lado desse discurso, a constatação de que ele era o reflexo de uma geração. No caso, a minha. Só que isso já era demais. No mínimo, uma injustiça. Beatles e Stones também faziam parte desse garoto. Só que eu preferia o Zeppelin. Mas e o Che? O Marx? O Prestes? Eu também tinha sonhado. Fora de época, mas tinha. E no dia em que a bandeira vermelha desceu do Kremlim, fiquei tão perplexo quanto o João Amazonas, histórico presidente do PC do B (Partido Comunista do Brasil). Hoje, posso ter descoberto os estereótipos, mas isso não quer dizer que o sonho acabou, apenas que assumiu novas cores, e ainda nem sei quais são. Como a bandeira, os mitos também caíram. Mas a utopia continua.

Em suma, respondendo à segunda hipótese: sim, minha visão do marxismo é estereotipada. Só que essa consciência não me afasta dessas ideias. Pelo contrário, torna-me mais tolerante com as diferenças e ajuda a compor o quadro de minha formação crítica, tema da primeira hipótese. Ou seja, as hipóteses são complementares, não excludentes.

Por outro lado, não há como evitar a influência dessas ideias e de seus estereótipos em minha atividade como jornalista. O máximo que posso fazer é encará-las. Mesmo que inconscientemente, elas vão se manifestar na minha linguagem, no meu posicionamento e na minha abordagem dos assuntos. A consciência dos estereótipos não me livra deles. E o pior é que essa é uma engrenagem multiplicadora, autorreprodutiva. **Estereótipos produzem estereótipos, em um ciclo interminável.**

Vamos tomar como exemplo a hipotética reportagem sobre um escândalo financeiro em Wall Street. Será que o repórter cujo imaginário está repleto de ideias marxistas não irá para a matéria com uma predisposição a encontrar culpados de qualquer maneira? Será que ele já não parte do pressuposto de que o capitalista envolvido com finanças não pode mesmo ser inocente? Afinal, ele vive da exploração da força de trabalho do bom e inocente proletariado, engoma seu colarinho branco com o suor do povo e passa os dias bebendo champanhe e comendo caviar.

Repararam na produção incessante de estereótipos? Pois é, uns levam aos outros. A lógica é maniqueísta. Se o capitalista é mau, então o proletário é bom. E se um é culpado, o outro só pode ser inocente. E não me diga que o exemplo é exagerado. Pense bem: mesmo que você não se considere um "sujeito de esquerda", qual é a primeira imagem que vem à cabeça quando ouve a expressão "colarinho branco"? Se não for corrupção, você não deve ler jornal ou assistir TV há muito tempo.

O fato é que o estereótipo do colarinho branco vem sendo construído há décadas por jornalistas como eu, cujo imaginário sobre a construção de um mundo melhor está repleto de outros estereótipos ligados a uma concepção ideológica de esquerda. E ele consegue até a adesão de pessoas como você, cujo ideário político talvez seja o de um capitalista militante. Deu para entender? Não responda. Pense nos seus próprios estereótipos e veja como os aplica nos juízos de valor. Que imagem você tem do seu vizinho ou de seu chefe? Agora, tente imaginar como se sentem as pessoas honestas que usam colarinho branco por uma necessidade profissional. Injustiçadas? Talvez da mesma forma que seu chefe ou vizinho. Examine seus referenciais de análise. Quem sabe sua opinião mude.

E os exemplos não param por aí. A imprensa produz estereótipos tão estapafúrdios quanto consolidados. Quantas vezes você já viu reportagens sobre o ladrão romântico, o herói humilde, o velho de espírito jovem, a vítima da sociedade, a mulher comandante etc., etc., etc. No Brasil, temos o retirante do Nordeste, o gaúcho macho, o mineiro calado e o carioca esperto. Nos EUA, o texano jeca. Em Portugal, o alentejano burro. Na Espanha, o galego atrasado. E assim por diante. Uma verdadeira estupidez. Como conclui o professor Nilson Lage,

> tais modelos estão prontos; sua aceitação é garantida. Por isso, bastam alguns pontos em comum para que se funde um reconhecimento. É por esse meio que se instaura a generalidade do particular e as notícias tornam-se exemplos de algo sobre o que há um consenso ideológico.[56]

Talvez fosse mais honesto se os meios de comunicação publicassem o perfil de cada um de seus jornalistas. Pelo menos, o público teria uma pequena noção de quem são os construtores da notícia. E os profissionais da imprensa deveriam fazer uma autocrítica em busca de seus próprios conceitos e "pré-conceitos". Neste item, tentei fazer isso, me usando como exemplo. Mas também tive o objetivo de preparar o leitor para os dois próximos assuntos: as empresas jornalísticas e a liberdade de imprensa.

Acho coerente informá-lo de que as críticas sobre o modelo empresarial do jornalismo partem de alguém influenciado por um paradigma marxista de análise. Mesmo que essa informação o leve a fazer uma imagem estereotipada do autor.

### Para ler mais

JAMESON, Fredric. *Pós-modernismo:* a lógica cultural do capitalismo tardio. São Paulo: Ática, 1996.

PENA, Felipe. *A volta dos que não foram.* Rio de Janeiro: Sette Letras, 1998.

## EMPRESAS JORNALÍSTICAS E CONTROLE DE INFORMAÇÃO

Vou começar atualizando o vocabulário. No século XXI, pelo menos nas grandes metrópoles, é difícil encontrar uma empresa estritamente jornalística. O que existe são megaconglomerados de mídia, em que o jornalismo é apenas uma de suas atividades. E há uma vasta produção acadêmica na área de comunicação sobre esses megaconglomerados. Autores como Michael Hardt, Dênis de Moraes e Ignácio Ramonet, entre outros, fazem críticas contundentes às desregulamentações neoliberais que propiciam a multiplicação de oligopólios de enunciação e difusão. Ambos, no entanto, também partem do paradigma marxista, o mesmo que eu utilizo em minha análise. Por isso, surge a dúvida: seria possível formular um pensamento teórico sobre as empresas jornalísticas a partir de pressupostos ideológicos diametralmente opostos, ou seja, a partir dos argumentos daqueles que detêm o controle dos meios de comunicação? E mais uma pergunta: se os autores supracitados fossem convidados para dirigir algumas dessas empresas, fariam uma gestão diferente, evitando a homogeneização cultural e promovendo a diversificação do conteúdo e a democratização qualitativa da informação, sem pedir falência?[57] Roberto Irineu Marinho, meu caro, se estiver lendo estas linhas, aí está a sua oportunidade: proponho Ignácio Ramonet para presidente de suas empresas.

Para começar, tenho que confessar minha perene dificuldade em inverter o dispositivo ideológico de análise. Mesmo assim, vou tentar, mas, em seguida, volto ao paradigma de crítica ao modelo capitalista de controle dos meios de produção. Assim, o leitor talvez tenha um panorama um pouco mais equilibrado para fazer suas próprias interpretações. Sei que corro o risco de ser patrulhado por colegas mais fundamentalistas, mas acredito que o perigo maior é exatamente o contrário: na tentativa de mostrar um outro lado, posso enfatizar ainda mais os meus estereótipos e preconceitos. De qualquer forma, fica o alerta.

Não quero fazer um panorama histórico do aparecimento do jornal-empresa no século XIX. Vou avançar um pouco e partir do nascimento de uma outra mídia para exemplificar o problema: a televisão. Em seus primórdios, logo após a Segunda Guerra Mundial, o veículo seguiu duas linhas de formação: a britânica e a americana. A primeira surgiu sob o controle político e editorial do Estado, enquanto a segunda cresceu às custas dos investimentos privados e partiu de uma lógica liberal. O financiamento da TV britânica baseava-se em impostos e o da americana, em publicidade. Uma tinha instâncias públicas de controle sobre seu conteúdo, outra se baseou em um conceito de liberdade que sugere a não intervenção editorial. Observe o quadro a seguir.

| País | Modelo | Financiamento | Principais emissoras | Transmissão de estreia | Programação | Controle | Outros países |
|---|---|---|---|---|---|---|---|
| Estados Unidos | Comercial | Publicidade | ABC NBC CBS | 1939 (Nova York) | Seriados, programas de auditório | limite de audiência, "sem controle de qualidade" | Brasil, América Latina |
| Grã-Bretanha | Público | Taxa anual paga pelo público | BBC ITV | 1936 (Londres) | Jornalismo, documentários | "controle de qualidade" legislativo | Portugal, Espanha, Itália, Japão |

Ambos os modelos tiveram influência direta no conteúdo. Na Grã-Bretanha, por exemplo, não havia preocupação com a audiência, pois o financiamento era público. Daí a programação baseada em documentários e outros programas sem apelo popular. Já nos Estados Unidos, a lógica é exatamente contrária. Como são os anunciantes que financiam a televisão, a audiência é fundamental. Quanto mais telespectadores, maior o preço do espaço publicitário e maior a arrecadação da emissora. Daí o investimento em programas popularescos, como seriados e shows de auditório.

Entretanto, o famoso liberalismo americano não é tão abrangente quanto parece. As emissoras abertas têm limite de audiência global fixado em trinta pontos. Tanto que o líder sempre está na casa dos dez pontos percentuais. A medida foi tomada ainda no governo Kennedy, na década de 1960, pois o presidente percebeu que se houvesse uma emissora com o monopólio da audiência, seu governo estaria nas mãos dela, como acontece no Brasil e na Itália.

Não acredito que seja possível dizer qual dos modelos é o melhor. Embora, à primeira vista, o britânico pareça mais democrático e qualitativo, isso não passa de uma ilusão. Mesmo que o controle editorial esteja nas mãos de instâncias representativas, a censura governamental pode ser facilitada. Por outro lado, o modelo americano pode acabar censurado pelas grandes corporações, que são seus anunciantes, já que prega a desregulamentação. Mas atenção: o termo censura deve ser usado com cuidado. **Conceitualmente, censura e regulamentação são coisas diferentes. A primeira é exercida de forma abrupta, sem critérios, enquanto a segunda segue preceitos formulados por agentes representativos da população. Toda nossa vida em sociedade é regulamentada: temos código civil, leis de trânsito, estatuto de condomínio etc. Por que a televisão, que exerce influência direta na vida social, não deveria ter?**

O fato é que o modelo americano acabou sendo seguido na maioria dos países ocidentais em quase todas as mídias. A publicidade é a financiadora, portanto, as corporações capitalistas é que promovem sua difusão. Na verdade, a própria mídia tornou-se uma grande corporação, ou melhor, grandes corporações com tentáculos em todo o mundo. E hoje, com a hegemonia do pensamento neoliberal, isso ficou ainda mais patente. Não é só a desregulamentação que é privilegiada.

Capital e informação andam juntos. E passam por cima dos regionalismos e das culturas locais. Mas seria possível fazer diferente? Os grandes executivos dizem que não.

Os argumentos dos megaconglomerados de mídia são financeiros e tecnológicos. Não podem sobreviver em um mundo globalizado sem promover fusões empresariais e convergências de difusão e conteúdo. Atuar em uma única mídia significa a falência. E com o aumento vertiginoso da velocidade nos fluxos de informação não podem se limitar a uma única região para a sua atuação. Além disso, a unificação de conteúdos permite um barateamento dos custos e, consequentemente, maior competitividade.

Jornal, televisão, rádio e internet convergem para uma plataforma única. A hibridação de redes, programação e estrutura forma o conceito de infotelecomunicação. Aí entram telefonia, informática, jornalismo, satélites, fibra ótica etc. Quanto à programação, dentro de um mesmo conglomerado, jornalistas produzem conteúdos para as diversas mídias. E tudo isso se junta a estratégias de venda de produtos das corporações de anunciantes, concretizada pela da produção de hábitos de consumo e processos de significação de bens simbólicos. Ou você ainda acha que ao entrar em uma loja da Nike está comprando um tênis? Não, amigo. O que você está comprando é um estilo de vida, veiculado diariamente em todo o mundo.

Na teoria, entretanto, vale ressaltar uma aspecto específico do movimento de globalização da mídia: o conceito de "glocal". Apesar das matrizes fixarem os conteúdos e as linguagens, há alianças estratégicas com empresas locais, valendo-se de suas malhas de distribuição e de seu conhecimento regional para escoar a produção global. Os megaconglomerados, então, promovem uma hibridação editorial, combinando contextos sociais e culturas locais com o discurso geral. A CNN, por exemplo, executa muito bem essa tarefa. Em alguns casos, o "glocalismo" usa o critério da língua para a formatação regional. Mais uma vez, vale o exemplo da CNN em espanhol ou da Paris Match em russo.

Os críticos, entretanto, dizem que esse regionalismo é apenas aparente. Não há nem mesmo uma simbiose, mas sim um novo colonialismo, só que agora cultural. O que estamos assistindo é uma modelagem de gostos e padrões de comportamento. Em outras palavras, mesmo que o McDonald's do Rio de Janeiro sirva um sanduíche de picanha, a cultura ainda é a do *fast food*.

A convergência de diversos meios é aclamada como uma evolução tecnológica, mas a forma de utilização dessa evolução ainda não foi encontrada. No jornalismo, então, encontramos diversidade de opções, mas desconhecemos modelos de apresentação. E isso ocorre porque o foco das pesquisas está equivocado. Somente interfaces construídas a partir de um modelo descentralizado poderão viabilizar uma interatividade mútua, mas por enquanto o máximo que o usuário pode fazer é responder a estímulos determinados pelo emissor da mensagem. As interfaces usadas até hoje são limitadas e reproduzem um modelo obsoleto de comunicação. Na verdade, continuamos como receptores. Apenas temos a ilusão de que podemos intervir nos conteúdos.

Mas é essa ilusão que move a fantástica indústria da interatividade. O conceito é o mais explorado pelas empresas que promovem convergência de mídias. Os emissores criam ícones e percursos de leitura e o usuário acredita que decide por onde navegar. O que poderia até ser viável, se não levássemos em conta que os links são preestabelecidos e podem nos levar a "caminhar" em círculos, sempre de acordo com o interesse do produtor da mensagem. Além disso, a abundância quase infinita de informações na rede obriga o usuário a usar filtros de busca e outras ferramentas também controladas pela indústria da informação.

Outro fator a ser considerado é que o grande capital da convergência tecnológica é o banco de dados formado por informações de cadastro. O consumidor/telespectador/usuário é convidado a opinar sobre produtos e registrar seus gostos e hábitos. A partir dessas informações as empresas condicionam os hábitos de consumo e geram novos processos de significação que vão sendo incorporados ao cotidiano como se fossem naturais.

No livro *Planeta mídia: tendências da comunicação na era global*, Dênis Moraes traz números impressionantes sobre a concentração de poder nos megaconglomerados de mídia, que adquirem empresas telefônicas, provedores de conteúdo, televisões, rádios e outras empresas de informação e suporte para viabilizar projetos de convergência tecnológica. Segundo Moraes, os megaconglomerados de informação já controlam dois terços de toda a informação veiculada no mundo.

O detalhe é que são eles os principais financiadores das pesquisas sobre interfaces e, portanto, detentores da linguagem da convergência.

Enquanto as pesquisas sobre a interface não evoluem, a interatividade limita-se ao plano do discurso e não passa de uma ilusão vendida como realidade aplicável. O que concebemos como interatividade está inserido em modelo reativo, em que os conteúdos continuam gestados pelos conglomerados multinacionais de mídia, estes sim cada vez mais interessados na convergência tecnológica, principalmente nas mais variadas bolsas de valores do mundo.

E é por aí que deixo uma questão: na medida em que os megaconglomerados cada vez mais controlam a mídia mundial, será possível ter uma efetiva pesquisa sobre as interfaces para viabilizar uma interatividade mútua, e não apenas reativa, em que o telespectador realmente participe como coemissor da mensagem? Ou, como, pergunta Dênis de Moraes, "estamos fadados a acionar teclas e botões para selecionar itens propostos pelos estrategistas dos complexos industriais de comunicação?".

Por enquanto, o ceticismo parece ser a resposta mais adequada. As empresas demonstram que não conseguem nem mesmo seguir as próprias regras de seu capitalismo tardio. Denúncias sobre manipulação de números relativos à circulação de jornais e à audiência de TVs me fazem questionar se essa prática não se estende também ao noticiário.

A revelação de que os diários americanos *Newsday*, *Hoy* e *Chicago Sun-Times* vinham inflando seus números de circulação levou a analista de mercado do banco Merrill Lynch, Lauren Rich Fine, a levantar dúvidas sobre todo o mercado jornalístico dos EUA: "Nosso maior medo é que esses dois anúncios podem não ser incidentes isolados". Conforme informações veiculadas no *The New York Post*, Lauren insinuou que o sistema de aferição de circulação do Escritório de Auditoria de Circulação (ABC, na sigla em inglês) estava funcionando de forma equivocada. A resposta da ABC foi fazer auditorias semestrais, em lugar das anuais, suspender os dois jornais dos relatórios oficiais e submetê-los a censuras sobre divulgação da tiragem.

Os dados sobre a circulação do jornal de Chicago, por exemplo, foram superfaturados em cerca de 23%, o que representa 72 mil exemplares a mais. Os anunciantes entraram com processos na justiça e a promotoria pública americana tratou o fato como crime, o que não poderia ser diferente. Os editores dos outros dois jornais renunciaram aos cargos. Numa tentativa de acalmar anunciantes e investidores, a Tribune Company, dona do *Newsday*, resolveu fazer uma auditoria interna para verificar as circulações de seus catorze diários, entre os quais estão os importantes *Los Angeles Times* e *The Washington Post*. A Associação de Jornais da América pediu ressarcimento por danos morais.

Na televisão, os escândalos não são tão surpreendentes. Nos Estados Unidos, por exemplo, a FOX sempre esteve ao lado do governo republicano, o que nunca foi segredo para ninguém. Mesmo assim, as revelações feitas pelo documentário *OutFoxed: Robert murdoch's war on journalism*, do diretor americano Robert Greenwald, são estarrecedoras. Durante seis meses, doze aparelhos de DVD gravaram o canal de notícias da FOX 24 horas por dia, sete dias por semana. Na edição, o diretor acrescentou memorandos internos e entrevistas de funcionários e repórteres para mostrar os recursos usados pela emissora para transformar notícias em material de propaganda para os republicanos.

Tudo foi feito com riqueza de detalhes. Em um dos memorandos, o vice-presidente de jornalismo da FOX dá instruções sobre como noticiar a Guerra do Iraque: "Não caiam na armadilha fácil do luto pela vida de americanos. Cortem a matéria muito antes da primeira crítica ao uso excessivo da força em Faluja." A reação da FOX foi acusar o megainvestidor George Soros de financiar o filme, pois ele teria interesses financeiros em desestabilizar a emissora junto a seus acionistas. Enfim, uma clara guerra capitalista.

A CNN parecia ser diferente. Mas os professores que analisam campanhas políticas na revista de jornalismo da Universidade de Colúmbia, em Nova York, concluíram que "ela se dobrou à imitação das mais dúbias táticas e políticas da FOX". Eles se referem à convenção democrata de 2004, que confirmou John Kerry como adversário de Bush na eleição presidencial. A CNN cobriu todo o evento ao vivo. Entretanto, imediatamente após o discurso de Kerry, deu a palavra ao presidente do partido republicano para que fizesse críticas ao candidato.

FOX e CNN estão entre os maiores conglomerados de mídia dos Estados Unidos. Mas os acontecimentos aqui relatados não são exclusividade dos americanos. A história da imprensa em todo mundo está ligada à história do poder. Mesmo nos países mais democráticos sempre houve estreita relação entre as empresas jornalísticas e os governos. Na maioria das vezes, há uma dependência mútua. Por um lado, anúncios oficiais movimentam milhões de dólares para os conglomerados de mídia. Por outro lado, aos governos também interessa um bom relacionamento com essas empresas a fim de manter uma imagem positiva perante a opinião pública. Casamento perfeito. Mas quando há divórcio, os ferimentos são mortais. Em alguns casos, levam a queda de presidentes ou falências.

No meio dessa tensão, o jornalista. Entre o patrão, o governo e o chefe na redação, ele se pergunta: a liberdade de imprensa é possível? Assunto para o próximo item.

### Para ler mais

MORAES, Dênis. *Planeta mídia:* tendências da comunicação na era global. Campo Grande: Letra Livre, 1998.
RAMONET, Ignacio. *Tirania da comunicação.* Petrópolis: Vozes, 1999.

## A LIBERDADE DE IMPRENSA E O CONSELHO FEDERAL DE JORNALISMO

Na teoria jurídica, a liberdade de imprensa está garantida na primeira emenda da constituição americana. No Brasil, conforme expresso pelo juiz Luis Gustavo Grandinetti em sua tese de doutorado, o conceito refere-se a direito de informação e liberdade de expressão, que são "sub-ramos do direito civil, com assento constitucional".[58] Para ser mais específico, eles estão definidos no artigo quinto, incisos IV e IX da Constituição brasileira. A Lei de Imprensa, especificamente, é anacrônica, data de 1967, período da ditadura militar. Já na Comunidade Europeia, ainda no campo teórico, a liberdade de expressão está assegurada pelo artigo 10 do Convênio Europeu de Direitos Humanos, considerada um princípio geral do direito comunitário.

Tudo muito bonito, muito organizado, muito jurídico. Mas será que funciona? E se funciona, funciona para quem? Esses direitos são utilizados com ética e responsabilidade? Que deveres estão atrelados a eles? Qual é o conceito de liberdade? Ela é um princípio absoluto?

Qualquer tentativa de detê-la pode ser considerada censura? E se eu usar a liberdade de opinião para ofender alguém? Afinal, como surgiu o conceito ao longo da História?

Vou começar pela última questão. O primeiro país com alguma liberdade de imprensa foi a Inglaterra. Desde 1695, o conceito é aceito no país, cujas relações entre mídia e monarquia sempre foram amigáveis. Os reis se aproveitavam da mídia para veicular uma imagem pública de liderança justa e forte. Henrique VIII utilizou-a em sua briga com a Igreja Católica e alguns nobres plantavam até fofocas sobre a Corte para desviar o foco sobre assuntos mais relevantes. Nesse ambiente, não havia muito o que censurar. Entretanto, a liberdade não valia para as colônias, onde o clima era de total repressão. Qualquer força contrária aos interesses da Coroa britânica deveria ser aniquilada. As críticas ao governo não eram apenas crime, eram impossíveis, pois se fossem verdadeiras, a pena para os condenados seria ainda maior. Nas palavras de Kovach e Rosenstiel, "quanto maior a verdade, maior a difamação, já que a verdade provoca maiores estragos".[59] Era a chamada Lei de Sedição.

A história começou a mudar em 1735, quando o jornalista Peter Zenger, dono do *New York Weekly Journal,* foi preso e processado por publicar críticas contra o governador colonial. Durante o processo, o jornal continuou a sair diariamente. E as críticas não pararam, pois a Inglaterra já tinha abolido a censura prévia. Resultado: Zenger foi absolvido por um júri popular e a liberdade de imprensa foi preservada. Seu advogado foi pago por outro tipógrafo, o famoso Benjamin Franklin, e usou argumentos de dois jornalistas ingleses, que, sob o pseudônimo de "Cato", vinte anos antes já defendiam o direito do povo de se opor a um poder arbitrário falando e escrevendo a verdade. O conceito enraizou-se na sociedade americana e a imprensa livre tornou-se a principal demanda de seu povo. Hoje, ela é assegurada não só pela Primeira, como pela Décima Quarta Emenda à Constituição.

A minha meta, no entanto, é discutir a maneira como essa liberdade está sendo aplicada atualmente. Vamos à penúltima questão que propus no segundo parágrafo deste item: e se alguém usar a liberdade de expressão para ofender outra pessoa? Aí, meu caro leitor, vale um outro direito fundamental, que é o da dignidade humana. No Brasil, por exemplo, se você se sentir ofendido ou prejudicado pela declaração de alguma pessoa pode processá-la por calúnia, injúria ou difamação, que são crimes contra a honra e estão previstos no capítulo v do Código Penal. Eis as definições de cada uma delas e as respectivas sanções penais:

*Calúnia*: prevista no artigo 138 do Código Penal, com pena de seis meses a dois anos de detenção e multa. Consiste em imputar falsamente a alguém, vivo ou morto, fato definido como crime. Ou seja, acusar alguém de cometer ato ilícito, sendo a acusação mentirosa. **Detalhe importante:** a mesma pena é aplicada para quem divulga a informação mesmo sabendo que ela é mentirosa. Se o crime for cometido contra o presidente da República, contra chefe de governo estrangeiro, contra funcionário público em razão de suas atividades, na presença de várias pessoas ou por meio que facilite sua divulgação, a pena é aumentada em um terço. Se o caluniador receber pagamento para tal fim, a pena é dobrada.

*Injúria*: prevista no artigo 140 do Código Penal, com pena de um a seis meses de prisão ou multa. Considerado o menos grave dos crimes contra a honra, a injúria acontece quando alguém ofende a dignidade ou o decoro de outra pessoa. Como dignidade e decoro são conceitos subjetivos, o crime é de difícil tipificação. E o juiz pode deixar de aplicar a pena se o ofendido provocou diretamente a injúria ou no caso de resposta imediata que consista em outra injúria. Os aumentos de pena são os mesmos do caso anterior.

*Difamação*: prevista no artigo 139 do Código Penal, com pena de três meses a um ano de prisão e multa. Consiste na imputação de fato ofensivo à reputação de alguém. Os aumentos de pena são os mesmos dos casos anteriores.

No direito americano, há cinco tipificações criminais para proteger os indivíduos da difamação e também para proteger a privacidade. De acordo com o juiz Luis Gustavo Grandinetti, no livro *Direito de informação e liberdade de expressão*, elas têm o seguinte significado:

*Difamação*:[60] é a afirmação mentirosa que viola o bom nome da pessoa. Sua base é a dignidade humana.

*Intrusão*: é a intromissão física ou por qualquer outro meio, de maneira ofensiva, na solidão ou nos assuntos privados de alguém.

*Invasão de fatos privados*: é a divulgação, de maneira ofensiva, de informações privadas que não sejam do legítimo interesse do público.

*Falsa informação sobre privacidade*: é divulgação de uma falsa impressão sobre alguém.

*Apropriação indébita de privacidade*: é o uso não autorizado do nome, da forma ou da imagem de alguém com o objetivo de obter vantagem.

Todos os jornalistas deveriam conhecer a lei, mas, infelizmente, isso não é rotina. Talvez muitos dos erros da imprensa no mundo fossem evitados se os profissionais tivessem melhores noções jurídicas. A leitura do livro do juiz Grandinetti, por exemplo, me parece imprescindível para qualquer um que queira seguir na carreira. Aqui estão apenas algumas pistas. O aprofundamento está nas 320 páginas da obra e nas indicações que o autor fornece sobre outras fontes bibliográficas.

Vamos, então, a mais uma das perguntas que formulei. Ou melhor, vamos logo a duas de uma vez, para facilitar o exercício teórico. Sempre de trás pra frente, conforme a ordem expressa no segundo parágrafo deste item: A liberdade é um princípio absoluto? Qual é sua definição, seu conceito?

Pela leitura da lei e suas sanções, já é possível imaginar uma primeira resposta. A liberdade não é um princípio absoluto porque esbarra na subjetividade. Ou, em outras palavras, está submetida a um outro princípio, o da dignidade humana. É isso que impede abusos, como as ofensas de um indivíduo para com o outro, por exemplo. Mas se essa resposta não for suficiente, posso fornecer outra, muito mais prosaica, quase um clichê: minha liberdade acaba quando começa a sua. Ou seja, não é princípio absoluto porque tem limites. E eles são exatamente os limites da alteridade, o respeito pelo outro. E aí eu acabo respondendo também à segunda questão. Vou repetir e resumir. Para mim, o conceito é esse: **liberdade é um princípio não absoluto, submetido a um outro, muito maior, que é a dignidade humana, e os seus limites são os da alteridade, ou seja, o respeito pelo outro.**

Só que falar em liberdade como um princípio não absoluto entre jornalistas dá uma encrenca danada. No Brasil, um exemplo clássico foi o do Secretário de Comunicação da presidência da República, Luis Gushiken, que defendeu uma definição parecida para o tema durante a polêmica sobre a instalação do Conselho Federal de Jornalismo, órgão cuja proposta era normatizar e disciplinar o exercício da profissão no país. As declarações de Gushiken foram amplamente divulgadas na imprensa e ele quase foi execrado pelos jornalistas.

Talvez o grande temor em discutir o princípio esteja na memória da ditadura militar, ainda muito presente na sociedade brasileira. O que leva à confusão conceitual entre censura e regulamentação, como já mencionei em outro item deste livro. Qualquer tentativa de promover uma sistematização legal e democrática dos meios de comunicação é logo interpretada como censura. Mesmo que a proposta seja discuti-la amplamente com a sociedade. Mais uma vez, vale esclarecer a diferença conceitual entre os dois termos.

*Censura*: gesto arbitrário de proibição de qualquer manifestação humana. Típica de regimes ditatoriais.

*Regulamentação*: depende de regras igualitárias, definidas por órgãos representativos da sociedade, como o Congresso, por exemplo.

Como disse no item sobre as fontes, toda nossa vida social é regulamentada. Temos código civil, leis de trânsito e até estatuto de condomínio. Por que com o serviço público mais importante da atualidade, que é o acesso à informação, seria diferente? **Será que os jornalistas estão acima dos conflitos humanos e podem prescindir da mediação de um contrato social avalizado pelo estado de direito, ao contrário de todas as outras atividades em sociedade?** Aliás, não custa lembrar que uma das aplicações mais usuais para o conceito de regulamentação é exatamente sobre serviços públicos terceirizados por meio de concessões outorgadas pelo Estado. No Brasil, é o caso da televisão, não dos jornais. Mas o jornalismo, independentemente do veículo, é um serviço público.

E já que toquei no assunto do tal Conselho, vou usá-lo como exemplo para uma discussão ampliada sobre a liberdade de imprensa. A proposta agora é responder à questão sobre os deveres (lembram das perguntas do segundo parágrafo?) atrelados ao direito de informar e de ser informado, que, de certa forma, também compõem a discussão sobre a regulamentação. Arrisco-me a dizer que foi o estabelecimento de deveres o principal culpado pela oposição de grande parte dos jornalistas brasileiros ao projeto.

Gostamos do direito à liberdade, mas desconfiamos das responsabilidades inerentes a ela. Quando nos colocam regras de conduta, dizemos logo que é censura. Ao menos, é claro, que sejam as regras do patrão. Aí, damos outro nome: política editorial. E, reparem, não sei se isso é necessariamente ruim. Realmente não sei. Talvez as regras do patrão sejam menos tirânicas que as do Estado. Pelo menos, há diversidade de empresas e podemos optar por outros meios e veículos. Mesmo que o sistema seja padronizador, as exceções existem. Se tenho minhas dúvidas sobre a possibilidade de haver liberdade de imprensa no capitalismo globalizado, no modelo stalinista não há dúvida nenhuma: a liberdade não existe.[61]

O conflito sobre o Conselho Federal de Jornalismo foi entre os profissionais da imprensa, o sindicato e o governo brasileiro. O objetivo básico da Fenaj, autora do projeto, era criar um órgão regulador, disciplinador e fiscalizador para a profissão, como são o Conselho dos médicos e a Ordem dos Advogados. Veja parte do texto:

TÍTULO II – DO CONSELHO FEDERAL DE JORNALISMO
CAPÍTULO I – DOS FINS E DA ORGANIZAÇÃO

Art. 39. Ficam criados o Conselho Federal de Jornalismo (CFJ) e os Conselhos Regionais de Jornalismo (CRJs), dotados de personalidade jurídica de direito público, autonomia administrativa e financeira, constituindo, em seu conjunto, uma autarquia, destinados a orientar, disciplinar e fiscalizar o exercício da profissão de Jornalista, e zelar pela fiel observância dos princípios de ética e disciplina da classe.

Parágrafo único. Além do disposto neste artigo, o CFJ tem por atribuição pugnar pelo direito à informação livre e plural e pelo aperfeiçoamento do jornalismo.

Art. 40. O uso da Sigla CFJ é privativo do Conselho Federal de Jornalismo, assim como a sigla CRJ é de uso exclusivo dos Conselhos Regionais de Jornalismo.

Art. 41. São órgãos do CFJ:

I – o Conselho Federal (CFJ);

II – os Conselhos Regionais (CRJs); e

III – as Seções.

Parágrafo único. O Conselho Federal, com sede e foro no Distrito Federal, dotado de personalidade jurídica própria e jurisdição em todo o território nacional é o órgão supremo de fiscalização do jornalismo e de seu exercício em todo o território Nacional.

Art. 42. Compete ao CFJ fixar e cobrar de seus inscritos contribuições, preços por serviços e multas.

§ 1º – Constituem também rendas do CFJ doações, legados, rendas patrimoniais ou eventuais.

§ 2º – Constitui título executivo extrajudicial a certidão passada pela diretoria do Conselho Regional competente, relativa acrédito previsto neste artigo.

A ideia foi discutida durante anos, mas só chegou às páginas dos jornais no segundo semestre de 2004, quando o governo enviou um projeto de lei ao Congresso propondo a sua efetivação. As reações foram explosivas e vieram dos mais conceituados jornalistas do país. Na *Folha de S.Paulo*, o colunista Elio Gaspari disse que o projeto era uma empulhação. Em *O Globo*, Miriam Leitão recomendou "esquecer essa ideia de conselho para orientar, disciplinar e fiscalizar o exercício da profissão". Já para o presidente da Associação Brasileira de Imprensa, Maurício Azedo, os Conselhos são naturais apenas em profissões de caráter técnico e, com o CFJ, voltaríamos aos tempos da ditadura. E o decano Alberto Dines, editor do *Observatório da Imprensa*, afirmou que a iniciativa foi a mais inábil já produzida na esfera da imprensa desde a redemocratização em 1985.

Os especialistas também entraram em cena. Em uma única edição de *O Globo*, em 13 de agosto de 2004, três comentários rechearam um *box* sobre o assunto. Carlos Aberto Di Franco, da Universidade de Navarra, na Espanha, disse que o CFJ era um retrocesso e poderia levar o país a retomar conceitos do regime autoritário. Juliano de Carvalho, da PUC-SP, afirmou que o modelo proposto era conservador, mas tinha o ponto positivo de propor uma regulação pelos próprios jornalistas e por representantes da sociedade. Só o professor Francisco Karam, da UFSC, considerou o Conselho benéfico e criticou a reação extemporânea e emocional à sua criação.

A classe patronal ficou unida. A associação Nacional de Jornais condenou o projeto. Seu presidente, Francisco Mesquita Neto, proprietário do jornal *O Estado de S. Paulo*, disse que os conselhos, na prática, são tribunais espúrios e corporativistas. E até os editoriais foram usados, como o do jornal *O Globo* de 21 de agosto de 2004, que criticou os sindicatos, únicas corporações a defender a proposta, com a ironia de que "o jornalismo nada tem a ver com linhas de montagem industriais". Com todo respeito ao editorialista do jornal, o que acontece hoje nas redações me parece exatamente o contrário. A velocidade da informação e a falta de repórteres investigativos fazem com que a notícia seja elaborada como um produto industrial, atrelado a rotinas específicas e demandas de mercado, com a desvantagem de o produto final ser altamente perecível.

O irônico nessa discussão toda é que um dos pilares da ética jornalística, a igualdade de espaço para as opiniões contraditórias, não foi respeitado. Ficou patente na mídia nacional o absoluto predomínio das críticas contra o Conselho. A Federação Nacional dos jornalistas, autora da proposta, ficou isolada. Durante o 31º Congresso Nacional dos Jornalistas, em João Pessoa, na Paraíba, no mês de agosto de 2004, foi aprovada a moção intitulada "Uma conquista da sociedade", que defendia o Conselho com os seguintes argumentos:

> É essencial que a categoria e a sociedade possam contar com um instrumento como o CFJ que estará a serviço do interesse público, da ética, da democracia e da pluralidade no jornalismo. Bem ao contrário de permitir o cerceamento à liberdade de expressão e de imprensa, o Conselho Federal vem justamente para enfrentar e combater a manipulação da informação, a distorção de fatos e as práticas jornalísticas que privilegiam interesses escusos em detrimento do cumprimento da função social do jornalismo.

Como já disse, acredito que foi o estabelecimento de deveres o grande vilão desse projeto. De certa forma, poderia dizer, então, que os opositores do Conselho estão certos, pois os deveres já estão registrados no código de ética da profissão. Afinal, é disso que trata a deontologia. Entretanto, de que adianta um tratado de deveres, se as punições limitam-se ao âmbito do sindicato, sem reflexos no exercício profissional? E a proposta mais criticada do Conselho foi exatamente a do código disciplinar, cujas penas poderiam chegar ao impedimento de exercer a profissão. Veja o capítulo do projeto que trata das sanções disciplinares:

> Capítulo IX – das infrações e sanções disciplinares
>
> Art. 29. São infrações disciplinares;
> I – exercer a profissão, quando impedido de fazê-lo, ou facilitar, por qualquer meio, o seu exercício a não inscritos, proibidos ou impedidos;
> II – manter sociedade profissional fora das normas e preceitos estabelecidos nesta Lei;
> III – assinar matéria ou apresentar-se como responsável por publicação,

jornal falado ou televisionado, sem ser o seu verdadeiro autor ou sem ter dado a sua contribuição efetiva e profissional;

IV – violar, sem justa causa, segredo profissional;

V – solicitar ou receber vantagem para divulgar ou deixar de divulgar informações de interesse público;

VI – obstruir, direta ou indiretamente, a livre divulgação de informação ou aplicar censura ou autocensura;

VII – divulgar fatos inverídicos, deixando de apurar com precisão os acontecimentos;

VIII – aceitar oferta de trabalho remunerado em desacordo com o piso salarial da categoria ou com os valores mínimos de honorários fixados pelo respectivo Conselho Regional;

IX – submeter-se a diretrizes contrárias à divulgação correta da informação;

X – frustrar a manifestação de opiniões divergentes ou impedir o livre debate;

XI – concordar ou contribuir, profissionalmente, para a prática de perseguição ou discriminação por motivos sociais, políticos, religiosos, raciais, de sexo e de orientação sexual;

XII – exercer cobertura jornalística pelo veículo em que trabalhe, junto a instituições públicas e privadas, onde seja funcionário, assessor ou empregado;

XIII – deixar de pagar as contribuições, multas e preços de serviços devidos ao Conselho Regional, depois de regularmente notificado a fazê-lo;

XIV – incidir em erros reiterados que evidenciem inépcia profissional;

XV – manter conduta incompatível com o jornalismo, de acordo com as definições constantes do Código de Ética;

XVI – fazer falsa prova de qualquer dos requisitos para inscrição no respectivo Conselho Regional;

XVII – tornar-se moralmente inidôneo para o exercício do jornalismo;

XVIII – praticar crime infamante ou hediondo;

Art. 30. As sanções disciplinares consistem em:

I – advertência;

II – multa;

III – suspensão;

IV – exclusão.

Como o código disciplinar não foi redigido junto com o projeto de lei, muitos jornalistas acharam que estavam dando uma carta em branco para uma entidade com a qual não tinham relação de representatividade. Mas será que o capítulo acima já não relaciona as infrações? Realmente, é difícil aceitar um texto que prevê punições por "transgredir preceitos" de um código que ainda não se conhece, mas não acho que essa tenha sido a verdadeira causa de tanta oposição. O pior mesmo, e como jornalista posso confessar, é ficar na mão de colegas de profissão, pois seriam os próprios jornalistas os responsáveis por fazer as regras e os julgamentos (quatro em cada sete componentes do júri) de transgressões. E, ainda por cima, o projeto dava poderes ao presidente do conselho regional para arquivar um processo caso este não tivesse fundamento. Em dezembro de 2004, a Fenaj enviou um novo projeto de lei sobre o Conselho para o governo encaminhar ao Congresso.

O problema é que não há profissão mais divergente do que a nossa. Entre nós, há muito mais discordâncias do que convergências, pois o ceticismo é a base de nossa atividade diária. Eu mesmo, ao escrever este livro sobre jornalismo, trato de desconstruir ideias de alguns colegas e, certamente, serei criticado por outros. Na verdade, acho que nem 1% deles terá interesse nesta leitura, pois a maioria acredita que teoria é perda de tempo. De onde surgem frases do tipo "jornalista não tem tempo para a reflexão crítica, pois tem que botar o jornal nas bancas no dia seguinte"? Enfim, como bem alertou a jornalista Miriam Leitão, discordamos uns dos outros em quase tudo, desde avaliações estéticas até posições políticas. E, principalmente, acerca de nossos conceitos sobre a profissão. Com o agravante de acharmos que é daí que nasce a liberdade de imprensa. O que me leva de volta, então, às duas primeiras perguntas deste item. Essa liberdade de imprensa funciona? E se funciona, funciona para quem?

Certamente não funcionou para o dono da Escola Base, em São Paulo. Mas funcionou para o povo americano no Watergate. Do ponto de vista do produtor da notícia, talvez só funcione como dever, não como direito. Ou seja, a partir da deontologia. As perguntas, então, ficam para a análise do próximo item, que é sobre ética e responsabilidade, com um enfoque na onda de denuncismos que assola o jornalismo mundial. Além da abordagem teórica, vou procurar conduzir a discussão para a prática profissional, por meio de exemplos.

Para não ficar apenas no contexto brasileiro, também vou me referir a dois casos internacionais: a cobertura do processo Casa Pia, em Portugal, e o documentário *Fahrenheit 11 de setembro*, do diretor Michael Moore, nos Estados Unidos. De quebra, ainda volto à questão nacional abordando o caso Ibsen Pinheiro e enveredo por uma querela binacional ao mencionar a reportagem do *The New York Times* que caracterizou o presidente Lula como um excessivo consumidor de bebidas alcoólicas.

Com relação ao Conselho Federal de Jornalismo, confesso que ainda estou confuso. Melhor que você mesmo tire suas conclusões.[62]

**Para ler mais**

GRANDINETTI, Luis Gustavo. *Direito de informação e liberdade de expressão*. Rio de Janeiro: Renovar, 1999.
KOVACH, Bill; ROSENSTIEL, Tom. *Os elementos do jornalismo*. São Paulo: Geração, 2003.

## ÉTICA E RESPONSABILIDADE

**No jornalismo, não há fibrose. O tecido atingido pela calúnia não se regenera. As feridas abertas pela difamação não cicatrizam. A retratação nunca tem o mesmo espaço das acusações.** E mesmo que tivesse, a credibilidade do injustiçado não seria restituída, pois a mentira fica marcada no imaginário popular. Quem tem a imagem pública manchada pela mídia não consegue recuperá-la. Está condenado ao ostracismo.

Faço questão de lembrar o caso da Escola Base, em São Paulo, para exemplificar meu raciocínio. O dono da instituição de ensino foi acusado de pedofilia, teve seu nome publicado nos jornais, mas foi inocentado, pois se verificou que tudo não passava de uma armação contra ele. Entretanto, pergunto: mesmo sabendo que o dono é inocente, você matricularia seu filho naquela escola? Responda com sinceridade e vai verificar que a fibrose realmente é impossível no jornalismo.

Somos cruéis em nossos julgamentos. Na maioria das vezes, esquecemos que eles são mediados. Se não forem pela imprensa, podem ser pelos nossos próprios preconceitos, pelo inconsciente ou pela linguagem. Em quase todos os casos, são por todos esses fatores juntos. Esquecemos as lições de Freud, Saussure e Derrida. Os maniqueísmos se apresentam e o veredicto se resume à velha luta entre o bem e o mal. Só que os indivíduos são muito mais complexos do que isso.

A identidade é descentrada e fragmentada. Há lugar para contradições e ambiguidades. Classe, gênero, sexualidade, etnia, nacionalidade, raça e outras tantas identificações formam uma estrutura complexa, instável e, muitas vezes, deslocada. Nas contradições e deslocamentos estão os fractais da identidade. Ninguém é totalmente bom ou totalmente ruim, mas sim a soma de todos os seus fractais. Definições totalizantes e verdades absolutas revelam apenas a mais torpe forma de arrogância. E são a causa dos julgamentos precipitados.

Não há como discutir ética sem levar em conta os conceitos que acabei de apresentar. É preciso perceber que as fronteiras teóricas da atualidade são muito tênues. Não há mais lugar para definições messiânicas, utilizadas de forma maniqueísta para satisfazer as simplificações humanas. O que chamamos de conduta ética refere-se à interpretação de uma determinada atitude. E essa própria atitude pode ser construída e reconstruída de acordo com o parâmetro da interpretação, já que está inserida em uma teia de conexões e complexas estruturas. Como o jornalismo.

A definição mais criativa de ética jornalística foi esculpida no livro *A regra do jogo* pelo colega Cláudio Abramo:

> Sou jornalista, mas gosto mesmo é de marcenaria. Gosto de fazer móveis, cadeiras, e minha ética como marceneiro é igual à minha ética como jornalista – não tenho duas. Não existe uma ética específica do jornalista: sua ética é a mesma do cidadão.[63]

Abramo rejeita uma conduta específica para a profissão. Para ele, os valores inerentes à ética só fazem sentido se estiverem inscritos no conjunto da sociedade, como um sistema interligado. Não é possível estabelecer critérios para um determinado grupo se esses entrarem em conflito com as ideias e as representações da coletividade. Como ter um código para jornalista se, por exemplo, ele estiver em confronto com o Código Penal? Então, prevalecem os valores consensuais.

Os valores, no entanto, precisam estar balizados. Ou seja, precisam de referências. E as referências são expostas em normas. É nesse ponto que está a grande dificuldade. Em geral, o indivíduo é julgado como ético se seguir os valores vigentes em seu tempo e seu lugar, adequando-se à moral de seu grupo social. Mas o que acontece se ele se basear em ideais que não correspondem aos valores prevalecentes no seu meio? Será considerado antiético? Ou, pelo contrário, ficará marcado como um homem à frente de seu tempo? Nesse caso, se existe uma ética individual, como constituir uma ética para reger o grupo? Complicado, não é? Então, vamos a um conceito mais filosófico sobre o assunto.

Para Marilena Chauí, "ética é aquela parte da filosofia que se dedica à análise dos próprios valores e das condutas humanas, indagando sobre seu sentido, sua origem, seus fundamentos e finalidades". Ou seja, voltamos à questão que propus anteriormente: a interpretação. Indagar sobre sentido, origens e fundamentos é interpretar os valores de acordo com seus balizadores. É o que dará melhores subsídios, embora não definitivos, para identificar uma atitude antiética.

Na teoria, a palavra grega *ethos* significa aquilo que é predominante nas atitudes e sentimentos dos indivíduos de um grupo, mas também é o espírito que move a coletividade. Seu plural é *ta ethé*, cujo significado está ligado aos costumes de uma sociedade. E costume também está na origem da palavra moral, que vem do latim *moris*. Enfim, há sempre uma ligação intrínseca entre o indivíduo e a comunidade. Daí minha preferência, como exemplo metafórico, pela anedota de Heráclito, relatada por Diógenes Laércio e citada por Muniz Sodré no livro *Ética na comunicação*.

A cena é uma importante reunião política. Subitamente, Heráclito retira-se e vai em direção ao Templo de Artemísia. Os efésios o seguem e, quando chegam ao templo, têm uma surpresa: Heráclito está jogando dados com uma criança. Diante da perplexidade geral, ele proclama:

– Patifes, por que estão olhando espantados? Não percebem que isso é muito melhor do que fazer política com vocês!!!

Para Sodré, não há recusa da política nessa história, apenas a certeza de que ao jogar dados com as crianças no templo, Heráclito se aproxima dos deuses e da fonte da ética comunitária. Assim, restabelece o vigor original da política. A história é belíssima e aproxima-se do conceito de comunicação comunitária, tão caro ao professor Muniz. A política, assim como a ética, deve ser exercida no seio da comunidade. É nela que os primeiros reflexos da ausência de ambas são sentidos. Que o diga o ex-deputado gaúcho Ibsen Pinheiro.

Em novembro de 1993, Ibsen era forte candidato à presidência da República quando a revista *Veja* (a maior do Brasil e a quarta do mundo em circulação) publicou uma reportagem acusando-o de participar da quadrilha responsável pelo desvio de verbas no orçamento federal. Sob o título "Até tu, Ibsen?", a capa da revista trazia o seguinte subtítulo: "Um baluarte do Congresso naufraga em dólares suspeitos". Nas páginas interiores, outro subtítulo denunciava a quantidade da suspeita: "A CPI descobre que o deputado Ibsen Pinheiro movimentou 1 milhão de dólares em sua conta e derruba um símbolo do legislativo". A manchete da reportagem era quase um veredicto: "Uma estrela na lama".

Não é preciso uma análise semântica mais profunda para verificar o tom condenatório da reportagem. As palavras escolhidas são suficientemente conclusivas. O deputado está na lama. Naufraga em dólares suspeitos. Só que um erro grosseiro sustentava as metáforas: a quantia de um milhão era, na verdade, mil dólares. Fato que, segundo o jornalista Luis Costa Pinto, editor de *Veja* na época, foi descoberto pela revista antes da publicação, mas ignorado pelos seus superiores, que não queriam arcar com os prejuízos de mudar a capa.

Onze anos após a reportagem, Costa Pinto trouxe a história de volta ao noticiário, denunciando não só a revista como seu ex-editor executivo, Paulo Moreira Leite, que teria sugerido ao repórter encontrar um membro da CPI do orçamento para confirmar a quantia falsa. Na versão de Luis, o valor foi confirmado pelo deputado Benito Gama, que na época era coordenador da subcomissão de bancos da CPI. Assim, a informação estaria avalizada por uma fonte oficial e a capa não precisaria ser mudada.

A revista *Isto É*, uma das principais concorrentes de *Veja*, publicou a história com destaque. Os mais importantes jornais do país repercutiram o depoimento de Luis Costa Pinto. Ibsen Pinheiro foi absolvido pela mídia nacional com onze anos de atraso. Tereza Cruvinel, umas das principais colunistas de política do país, concluiu que o ex-deputado "colheu o reconhecimento tardio de que houve erro numa das reportagens que fundamentaram o processo de sua cassação".

Alberto Dines, do alto de seu *Observatório da Imprensa*, foi poético na metáfora: "Nosso Dreyfus foi pisoteado por causa de uma solerte mentira e não apareceu nenhum Zola ou Clemenceau para berrar que aquilo era falso, balela, intriga dos rivais políticos ou estúpido erro de aritmética." E até Jô Soares abriu seu famoso programa de entrevistas para a defesa de Ibsen. Mesmo assim, queria propor duas perguntas para a reflexão: 1. A retratação foi suficiente para reparar os prejuízos sofridos por Ibsen? 2. A revista *Veja* fora a verdadeira, ou pelo menos a única, culpada pela "barriga" (informação falsa, no jargão jornalístico)?

Vou começar pela segunda questão. Não tenho a menor intenção de defender a revista *Veja*, mas não consigo entender por que o repórter demorou onze anos para se retratar. Ele pode até alegar que sucumbiu à pressão da empresa na época, mas poderia ter feito o mea-culpa logo que saiu da revista. A *Isto É* também não pode receber o título de baluarte da ética, pois publicou a mesma manchete. E procedimento idêntico tiveram jornais importantes como a *Folha de S.Paulo* e o *Estadão*.

Além disso, o deputado Benito Gama e os quatro jornalistas citados por Luis Costa Pinto negam a versão dele. O próprio Ibsen afirma que o repórter pediu auxílio a ele para se lembrar de alguns fatos. Como abandonou a reportagem e enveredou pela assessoria parlamentar e o *lobby* político como atividades profissionais, Costa Pinto pode, no mínimo, ser questionado sobre a possibilidade de suas declarações servirem a interesses partidários.

Tudo é, no mínimo, muito estranho, mas o fato concreto é que o deputado Ibsen Pinheiro foi o verdadeiro prejudicado. E assim respondo à segunda questão, pois ele jamais irá recuperar o momento político em que vivia na época, quando era um dos mais fortes candidatos à presidência da República. Sua carreira foi interrompida por erros da imprensa, e não há como retomá-la. Recentemente, ele foi o vereador mais votado na eleição municipal em Porto Alegre, sua cidade natal. Mas isso é muito pouco para quem estava cotado para o Palácio do Planalto. Posso apostar que para muitos dos que tomaram conhecimento da retratação, ainda há dúvidas sobre sua inocência. E talvez eu até me inclua entre eles, mesmo sendo crítico do denuncismo. Como disse, em jornalismo não há fibrose, pois as feridas abertas pela difamação jamais cicatrizam.

Também não há gradações quando o assunto é falta de ética. Pode causar a ruína de uma carreira, como foi o caso de Ibsen, ou algumas manchas no currículo. Não importa. Mesmo que a indignação seja maior em exemplos como o da Escola Base, as penalidades não devem ser menos rígidas para casos como o da reportagem de Larry Rohter sobre o presidente Lula, publicada no *The New York Times* em 2004.

Rohter escreveu sobre o suposto excesso de Lula com bebidas alcoólicas, mas só ouviu fontes notoriamente contrárias ao presidente e interessadas em manchar a imagem deste. Foi antiético e merecia ser punido. Mas de que forma, se não existe legislação específica? Um processo por difamação demoraria anos e o sujeito ainda é estrangeiro. O que fazer, então?

Atormentado, o governo reagiu de forma exagerada e inadequada. O visto do correspondente americano foi suspenso e a opinião pública, que estava solidária ao presidente, voltou-se contra ele. Não sei se um conselho de jornalismo teria legitimidade para punir Rohter, mas a inexistência de um fórum adequado foi ainda mais desastrosa. Mas o que realmente me interessa nesse caso é discutir como se forma a opinião pública e se ela se baseia em preceitos éticos.

Qualquer consenso é muito perigoso e deve ser relativizado. Na década de 1920, Walter Lippmann, autor do célebre livro *Public Opinion*, já alertava que a democracia é um sistema essencialmente falho, pois o povo só conhece o mundo de forma indireta, através de imagens que forma por intermédio da imprensa. Para Lippmann, essas imagens são distorcidas e marcadas pelas irremediáveis fraquezas do jornalismo, portanto, apenas reforçam a ignorância. A opinião pública, então, é facilmente manipulada. E a forma mais utilizada para a manipulação é recorrer a padrões maniqueístas de análises. "Os cidadãos são como espectadores de teatro que chegam no meio do terceiro ato e vão embora antes da última cortina, ficando no local apenas o tempo suficiente para decidir quem é o herói, quem é o vilão", conclui Lippmann. O problema é que essa decisão também está condicionada.

O presidente George W. Bush foi um dos governantes que mais utilizou o maniqueísmo para manipular a opinião pública. Curiosamente, essa foi a mesma arma usada contra ele por seus inimigos. Bush usou o medo do terrorismo para fazer sua campanha à reeleição, diferenciando os que são a favor ou contra a América pelo critério de adesão ou não às decisões de seu governo. A imprensa americana embarcou na onda.

Um ano após a guerra do Iraque, o próprio *The New York Times* reconheceu que errou ao concordar com o presidente sobre a presença de armas químicas no país. Em editorial, o jornal admitiu que não ouviu opiniões discordantes e baseou sua "certeza" em altos funcionários da inteligência. Além disso, assim como quase todos os outros veículos de imprensa, também não publicou as declarações de jovens soldados dizendo que não queriam voltar para o Iraque, conforme mostrou o filme *Fahrenheit 11 de setembro*.

Aliás, esse filme também é um clássico exemplo de falta de ética. Acredito, no entanto, que não foi só a imprensa (ou o cineasta Michael Moore) a faltar com o decoro. Defendo a tese de que, em determinado momento, o próprio povo americano não estava interessado na verdade, mas sim em ter um inimigo para combater. A ética ficou em segundo plano. Da mesma forma, os inimigos de Bush não se preocuparam com a veracidade das informações veiculadas por Michael Moore, pois o objetivo era destruir o presidente. Ou seja, partiu-se da estúpida lógica de que os fins justificam os meios.

Quero deixar bem claro que não tenho a menor simpatia por Bush. Muito pelo contrário. Considero-o medíocre e estúpido, possivelmente influenciado pelo mesmo maniqueísmo que critico. Entretanto, sou capaz de citar pelo menos dez mentiras no filme de Moore. Mas vou ficar apenas com duas para não me alongar: 1. A informação de que Bush passou 42% dos primeiros oito meses de mandato em férias contabiliza os fins de semana em Camp David e até feriados. O número correto seria 13% (o jornalista Ali Kamel escreveu brilhante artigo sobre o tema); 2. A insinuação de que Bush recebeu delegados do Talibã quando era governador do Texas também não procede. Na verdade, eles visitaram a empresa Unocal para tratar de um projeto sobre um gasoduto, que, inclusive, foi apoiado pelo presidente Clinton.

O que desejo mostrar é a conivência da própria opinião pública com a falta de ética. E isso só aumenta o perigo. Com o suposto objetivo de fazer o que se considera justo (derrubar Bush, por exemplo), as mensagens valem-se dos próprios métodos que condenam. E a opinião pública "compra" essas mensagens até com mais facilidade, pois elas vêm carregadas de espetacularização e reforçam os preconceitos humanos. A verdade acaba esquecida, ofuscada pelo panfleto e pelo drama. A ética é pisoteada pelo maniqueísmo.

Foi assim também no processo Casa Pia, em Portugal, que apurou o envolvimento de personalidades em um escândalo de pedofilia. Durante o processo, apareceu uma carta anônima incriminando o presidente Jorge Sampaio. O *Jornal de Notícias*, um dos mais importantes do país, publicou a notícia e, em duas semanas, a popularidade do Chefe de Estado caiu dez pontos. A autoridade mais importante da

República, que também é uma instituição, pode e deve ser investigada. O que não pode é ficar à mercê de denúncias anônimas.

O caso teve tanta repercussão em Portugal que gerou discussões sobre alterações da lei de violação do segredo de justiça. A ex-presidente do sindicato dos jornalistas, Diana Andriga, chegou a dizer que o processo Casa Pia estava sendo julgado não pelos juízes, mas pelos profissionais da imprensa, "alguns dos quais orientados por critérios alucinados". Ela chamou os colegas de corporativistas e os acusou de "fazer a inquisição e encontrar pedófilos em todas as esquinas". Mas os jornais venderam como nunca. Ou seja, o povo era agendado pelos acontecimentos veiculados na mídia e se fascinava com eles.

A imprensa portuguesa também fez um *mea culpa*, assim como o *The New York Times*. Admitir o erro é obrigação, mas o bom mesmo seria evitá-lo. O assunto é complexo e tomaria um livro inteiro (ou mesmo uma coleção) para ser analisado. As abordagens deste item são apenas indicações. Fique com a íntegra do Código de Ética dos jornalistas brasileiros e faça sua própria interpretação.

### CÓDIGO DE ÉTICA DO JORNALISTA

O Código de Ética do jornalista fixa as normas a que deverá subordinar-se a atuação do profissional nas suas relações com a comunidade, com as fontes de informação e entre jornalistas.

I – DO DIREITO À INFORMAÇÃO

Art. 1 O acesso à informação pública é um direito inerente à condição de vida em sociedade, que não pode ser impedido por nenhum tipo de interesse.

Art. 2 A divulgação da informação, precisa e correta, é dever dos meios de comunicação pública, independente da natureza de sua propriedade.

Art. 3 A informação divulgada pelos meios de comunicação pública pautar-se-á pela real ocorrência dos fatos e terá por finalidade o interesse social e coletivo.

Art. 4 A prestação de informações pelas instituições públicas, privadas e particulares cujas atividades produzam efeito na vida em sociedade é uma obrigação social.

Art. 5 A obstrução direta ou indireta à livre divulgação da informação e a aplicação de censura ou autocensura constituem delito contra a sociedade.

II – DA CONDUTA PROFISSIONAL DO JORNALISTA

Art. 6 O exercício da profissão de jornalista é uma atividade de natureza social e de finalidade pública, subordinado ao presente Código de Ética.

Art. 7 O compromisso fundamental do jornalista é com a verdade dos fatos, e seu trabalho se pauta pela precisa apuração dos acontecimentos e sua correta divulgação.

Art. 8 Sempre que considerar correto e necessário, o jornalista resguardará a origem e identidade das suas fontes de informação.

Art. 9 É dever do jornalista:

I – divulgar todos os fatos que sejam de interesse público.

II – lutar pela liberdade de pensamento e expressão.

III – defender o livre exercício da profissão.

IV – valorizar, honrar e dignificar a profissão.

V – opor-se ao arbítrio, ao autoritarismo e à opressão, bem como defender os princípios expressos na Declaração Universal dos Direitos do Homem.

VI – combater e denunciar todas as formas de corrupção, em especial quando exercida com o objetivo de controlar a informação.

VII – respeitar o direito à privacidade do cidadão.

VIII – prestigiar as entidades representativas e democráticas da categoria.

Art. 10. O jornalista não pode:

I – aceitar oferta de trabalho remunerado em desacordo com o piso salarial da categoria ou com a tabela fixada pelo Conselho Regional de Jornalismo.

II – submeter-se a diretrizes contrárias à divulgação correta da informação.

III – frustrar a manifestação de opiniões divergentes ou impedir o livre debate.

IV – concordar com a prática de perseguição ou discriminação por motivos sociais, políticos, religiosos, raciais, de sexo e de orientação sexual.

V – exercer cobertura jornalística, pelo órgão em que trabalha, em instituições públicas e privadas onde seja funcionário, assessor ou empregado.

III – DA RESPONSABILIDADE PROFISSIONAL DO JORNALISTA

Art. 11. Observada a legislação, o jornalista é responsável por toda a informação que divulga, desde que seu trabalho não tenha sido alterado por terceiros.

Art. 12. Em todos os seus direitos e responsabilidades, o jornalista terá apoio e respaldo das entidades representativas da categoria.

Art. 13. O jornalista deve evitar a divulgação de fatos:

I – com interesse de favorecimento pessoal ou vantagens econômicas.

II – de caráter mórbido e contrário aos valores humanos.

Art. 14. O jornalista deve:

I – ouvir sempre, antes da divulgação dos fatos, todas as pessoas objeto de acusações não comprovadas, feitas por terceiros e não suficientemente demonstradas ou verificadas.

II – tratar com respeito a todas as pessoas mencionadas nas informações que divulgar.

Art. 15. O jornalista deve permitir o direito de resposta às pessoas envolvidas ou mencionadas em sua matéria, quando ficar demonstrada a existência de equívocos ou incorreções.

Art. 16. O jornalista deve pugnar pelo exercício da soberania nacional, em seus aspectos político, econômico e social, e pela prevalência da vontade da maioria da sociedade, respeitados os direitos das minorias.

Art. 17. O jornalista deve preservar a língua e a cultura nacionais.

## NOTAS

[1] César Aguillera Castilho, "Comunicação e informação antes da impressão", em Alejandro Quintero, História da imprensa, Lisboa, Planeta, 1996, p. 17.
[2] Idem, p. 14.
[3] Bill Kovach e Tom Rosenstiel, Os elementos do jornalismo, São Paulo, Geração, 2003, p. 36.
[4] Peter Burke, Asa Briggs e Maria Carmelita Pádua, Uma história social da mídia, Rio de Janeiro, Jorge Zahar, 2004, p. 38.
[5] Idem, p. 39.
[6] Bill Kovach e Tom Rosenstiel, op. cit., p. 37.
[7] Lúcia Santaella, Cultura das mídias, São Paulo, Experimento, 1996, p. 87.
[8] Idem, ibidem.
[9] Jürgen Habermas, Mudança estrutural na esfera política, Rio de Janeiro, Tempo Brasileiro, 1984, p. 14.
[10] Maria Celeste Mira, "Invasão de privacidade: reflexões sobre a intimidade na mídia", em Lugar comum, 2001, n. 5-6, p. 109.
[11] Idem, p. 113.
[12] Bill Kovach e Tom Rosenstiel, op. cit., p. 37.
[13] Ciro Marcondes Filho, Comunicação e jornalismo: a saga dos cães perdidos, São Paulo, Hacker, 2000, p. 48.
[14] Alejandro Quintero, História da imprensa, Lisboa, Planeta, 1996.
[15] Héris Arnt, O folhetim e a crônica, Rio de Janeiro, E-papers, 2002, p. 24.
[16] Alejandro Quintero, op. cit., p. 49.
[17] Michael Kunczik, Conceitos do jornalismo: norte e sul, São Paulo, Edusp, 1997, p. 23.
[18] Ricardo Kotscho, A prática da reportagem, São Paulo, Ática, 1995, p. 18.
[19] Michael Kunczik, op. cit., p. 220.
[20] Estou me referindo à década de 1950, no Brasil. Apesar de o conceito de objetividade já ser discutido desde o final do século xix nos Estados Unidos, sua aplicação não é tão imediata assim. Muito menos em países da América Latina.
[21] Disponível em <http://www.saladeprensa.org/art305.htm>.
[22] Michael Kunczik, op. cit., p. 223.
[23] David Mindich, Just the facts: how objectivity came to define americam journalism, New York, New York University Press, 1998, p. 10.

[24] Nelson Traquina, Teorias do jornalismo, Florianópolis, Insular, 2004, p. 135.
[25] Idem, p. 136.
[26] Bill Kovach e Tom Rosenstiel, op. cit., p. 114.
[27] Gaye Tuchman, Making news: a study in the construction of reality, New York, Free Press, 1978, p. 75.
[28] Sylvia Moretzsohn, Jornalismo em tempo real: o fetiche da velocidade, Rio de Janeiro, Revan, 2002, p. 101.
[29] David Mindich, op. cit., p. 7.
[30] Sylvia Moretzsohn, op. cit., p.103.
[31] Idem, ibidem.
[32] Nilson Lage, A reportagem: teoria e técnica de entrevista e pesquisa jornalística, Rio de Janeiro, Record, 2001, p. 53.
[33] Nilson Lage, op. cit., p. 54.
[34] Idem, ibidem.
[35] Felipe Pena, Televisão e sociedade, Rio de Janeiro, Sette Letras, 2002, p. 25
[36] Carlos Chaparro, Pragmática do jornalismo, São Paulo, Edusp, 2002, p. 67.
[37] Tratarei disso no item sobre jornalismo digital.
[38] Os jornais *O Globo* e *Folha de S.Paulo* descobriram o perfil de Tiago acessando o site no endereço <http://www.orkut.com/Profile.aspx?uid=2277279572306787828>.
[39] José Marques de Melo, Jornalismo opinativo: gêneros opinativos no jornalismo brasileiro, São Paulo, Mantiqueira, 2003, p. 41.
[40] Dominique Mainguenau e Cecília P. de Souza e Silva, Análise de textos de comunicação, São Paulo, Cortez, 2004, p. 59.
[41] José Marques de Melo, op. cit., p. 65.
[42] Não tenho a menor intenção de discutir a classificação proposta por José Marques, cuja competência para tratar do assunto é muito maior que a minha. Para maior aprofundamento sobre o tema, recomendo seu livro, já citado, e os textos do grupo de pesquisadores em comunicação da Universidade Federal da Bahia, disponíveis em <www.facom.ufba.br/jol>, em que os professores Marcus Palácios, Elias Machado e Lia Seixas se encarregam da árdua tarefa de propor uma teoria dos gêneros para o jornalismo digital.
[43] Luiz Amaral, Jornalismo: matéria de primeira página, Rio de Janeiro, Tempo Brasileiro, 1997, p. 39.
[44] Nilson Lage, Ideologia e técnica da notícia, Florianópolis, Insular, 2001, p. 83.
[45] Nelson Traquina, op. cit., p. 69.
[46] Ricardo Noblat, A arte de fazer um jornal diário, Contexto, 2004, p. 130.
[47] Nilson Lage, Estrutura da notícia, São Paulo, Ática, 1998, p. 47.
[48] O conceito de novidade tem que ser relativizado. Isso é feito no item Atualidade e novidade
[49] Leão Serva, Jornalismo e desinformação, São Paulo, Senac, 2001, p. 119.
[50] Neal Gabler, Vida, o filme, São Paulo, Companhia das Letras, 1999, p. 12.
[51] Idem, p. 17.
[52] G. D. F. Kitto, Os gregos, Coimbra, Armênio Amado Editor, 1970, p. 285.
[53] Idem, p. 96.
[54] Ciro Marcondes Filho, O capital da notícia, São Paulo, Ática, 1988, p. 13.

[55] Conceito em decadência e de definição cada vez mais anacrônica. Mas ainda válido na acepção que Norberto Bobbio consagrou pouco antes de morrer: "a busca pela solidariedade e justiça social".

[56] Nilson Lage, A reportagem: teoria e técnica de entrevista e pesquisa jornalística, Rio de Janeiro, Record, 2001, p. 150.

[57] Claro que estou usando a própria lógica capitalista para promover essa questão. Pois em um ambiente socialista ela não teria sentido, já que, pelo menos teoricamente, os meios de produção seriam de propriedade coletiva.

[58] Luis Gustavo Grandinetti, Direito de informação e liberdade de expressão, Rio de Janeiro, Renovar, 1999.

[59] Bill Kovach e Tom Rosenstiel, op. cit., p. 37.

[60] A tradução é minha.

[61] O que não se pode é confundir stalinismo com marxismo. Este se refere a uma filosofia, enquanto aquele, a uma aplicação errada dessa mesma filosofia.

[62] O texto completo do projeto de lei pode ser encontrado no site do professor Gerson Martins, da Universidade Federal do Rio Grande do Norte: <http://www.gersonmartins.jor.br>.

[63] Cláudio Abramo, A regra do jogo, 4. ed., São Paulo, Companhia das Letras, 1988, p. 109.

# TEORIAS E CRÍTICAS

*O vidro quebra mas não derrete. O plástico derrete mas não quebra.*
*Assim são os óculos. Estrutura plástica para lentes de vidro.*
*Um campo tem terra. E coisas plantadas nela. A terra pode ser chamada de chão.*
*É tudo que se vê se o campo for um campo de visão.*

Arnaldo Antunes

## TEORIA DO ESPELHO

A metáfora presente nessa teoria é autoexplicativa. Ela foi a primeira metodologia utilizada na tentativa de compreender porque as notícias são como são, ainda no século XIX. Sua base é ideia de que o jornalismo reflete a realidade. Ou seja, as notícias são do jeito que as conhecemos porque a realidade assim as determina. A imprensa funciona como um espelho do real, apresentando um reflexo claro dos acontecimentos do cotidiano.

Por essa teoria, o jornalista é um mediador desinteressado, cuja missão é observar a realidade e emitir um relato equilibrado e honesto sobre suas observações, com o cuidado de não apresentar opiniões pessoais. Seu dever é informar, e informar significa buscar a verdade acima de qualquer outra coisa. Mas, para isso, ele precisa entregar-se à objetividade, cujo princípio básico é a separação entre fatos e opiniões.

O aparecimento da teoria do espelho está atrelado às mudanças na imprensa americana na segunda metade do século XIX, conforme já mencionei no item sobre a objetividade. Os fatos substituem os comentários e assim acredita-se que a palavra pode refletir a realidade. O que será ainda mais reforçado a partir das regras de narração e dos procedimentos profissionais criados na década de 1920. Nas palavras de Walter Lippman, eles trariam o rigor do método científico aos jornalistas, evitando a subjetividade.

Até hoje, a comunidade jornalística defende a teoria do espelho com base na crença de que as notícias refletem a realidade. Isso acontece porque ela dá legitimidade e credibilidade aos jornalistas, tratando-os como imparciais, limitados por procedimentos profissionais e dotados de um saber de narração baseado em método científico que garante o relato objetivo dos fatos. Conforme mostrarei nas teorias a seguir, a metáfora do espelho é bastante limitada. Entretanto, não tenho nenhuma intenção de questionar a integridade dos jornalistas. Meu objetivo é apenas apresentar algumas das diversas teorias sobre o jornalismo.

Para começar, vale um pequeno olhar em direção à fonte da própria metáfora: os fundamentos óticos da física. Sei que, para muitos, um dos bons motivos para seguir qualquer profissão na área de humanas é não ter que voltar a estudar Física ou Matemática. Mas não vou me alongar muito. Além disso, meu caro leitor, a Física e a Matemática têm mais aspectos humanistas e artísticos do que imaginamos.

Bom, o fato é que existem quatro tipos de fenômenos óticos simples, comumente estudados no segundo grau do ensino médio: a reflexão regular, a reflexão difusa, a refração da luz e a absorção da luz. Esses fenômenos são considerados a partir de um feixe de raios de luz propagando-se em um meio e incidindo sobre a superfície de separação com outro meio. Por exemplo: a luz no ar (meio 1) incidindo sobre a superfície de um lago (meio 2). É a natureza do meio e da superfície que determina os fenômenos, segundo a explicação do professor Francisco Ramalho Júnior no livro *Os fundamentos da Física II*.

> *Reflexão regular*: o feixe de raios paralelos que se propaga no meio 1 incide sobre a superfície e retorna ao meio 1 mantendo o paralelismo. Exemplo: a luz incidindo sobre a superfície plana e polida de um metal, ou em um espelho mesmo.

*Reflexão difusa*: o feixe de raios paralelos que se propaga no meio incide sobre a superfície e retorna ao meio 1 perdendo o paralelismo e espalhando-se em todas as direções. Exemplo: vemos uma parede porque ela reflete a luz que vem de todo lado.

*Refração da luz*: o feixe de raios paralelos que se propaga no meio incide sobre a superfície e se propaga no meio 2. Exemplo: a luz incide sobre a água de uma piscina.

*Absorção da luz*: o feixe de raios paralelos que se propaga no meio 1 incide sobre a superfície e não retorna ao meio 1 nem se propaga no meio 2. Exemplo: a luz incidindo em uma cartolina preta.

Não é difícil perceber que a teoria do espelho no jornalismo baseia-se na reflexão regular. Mas se nos detivermos nos outros três fenômenos óticos também poderemos dar aplicações metafóricas. Na reflexão difusa, por exemplo, está a própria concepção do produto industrial chamado jornal. Vemos a "parede" de notícias porque ela reflete em diversas direções os mais variados tipos de informação, com variados ícones: textos, fotos, legendas, manchetes etc. Há também uma polifonia de vozes "refletindo a realidade" e voltando para o meio de forma difusa (a recepção do leitor).

Em raciocínio análogo, poderia dizer que a teoria do espelho refere-se à refração da luz no que diz respeito ao exemplo da água. Se é verdade que o jornalismo reflete os acontecimentos da realidade, também não seria falso concluir que a própria realidade acaba por se propagar pelas páginas dos jornais, toma novos rumos, e seu reflexo retorna ao meio sob novas formas. É a famosa repercussão do caso na imprensa. E, por último, o fenômeno mais recorrente é o da absorção da luz, pois se o número de acontecimentos é muito maior do que o espaço que a imprensa tem para divulgá-los, a maioria deles acaba nem retornando, nem se propagando no meio. Ou seja, a luz da maior parte dos fatos fica retida nas redações. É absorvida, não retorna ao meio.

Entretanto, se os defensores dessa teoria persistirem no argumento de que a metáfora refere-se somente à reflexão regular, é bom lembrar que há dois tipos de espelhos: os planos e os esféricos. E estes últimos dividem-se em côncavos, cuja superfície refletora é interna, e convexos, cuja superfície refletora é externa. Ou seja, em qualquer um deles há uma distorção do que é refletido. Dependendo do centro de curvatura, a imagem pode ser virtual, invertida, maior ou menor, em diversas combinações. E mesmo nos espelhos planos a imagem já aparece invertida. Uma pequena inclinação ou simples combinação de reflexos pode produzir distorções gigantescas.

Saindo da metáfora e voltando ao nosso objeto, o jornalismo, a simples argumentação de que a linguagem neutra é impossível já bastaria para refutar a teoria do espelho, pois não há como transmitir o significado direto (sem mediação) dos acontecimentos. Além disso, as notícias ajudam a construir a própria realidade, o que inviabiliza a existência de um simples reflexo do real. Na verdade, os próprios jornalistas estruturam representações do que supõem ser a realidade no interior de suas rotinas produtivas e dos limites dos próprios veículos de informação.

Enfim, cuidado com os reflexos da realidade. O que você vê pode não passar de uma ilusão de ótica. E não adianta limpar o espelho.

### Para ler mais

TRAQUINA, Nelson. *Teorias do jornalismo*. Florianópolis: Insular, 2004.
SCHUDSON, Michael. Discovering the news: a social history of american newspapers. New York: Basic books, 1978.
SHOEMAKER, Pámela J.; REESE, Stephen D. *Mediating the message*: theories of influence on mass media content. New York: Longman, 1991.

## TEORIA DO NEWSMAKING

O jornalismo está longe de ser o espelho do real. É, antes, a construção social de uma suposta realidade. Dessa forma, é no trabalho da enunciação que os jornalistas produzem os discursos, que, submetidos a uma série de operações e pressões sociais, constituem o que o senso comum das redações chama de notícia. Assim, a imprensa não reflete a realidade, mas ajuda a construí-la. Esses pressupostos estão incluídos no modelo teórico do *newsmaking*, cuja sistematização feita por autores como Mauro Wolf e Nelson Traquina, por exemplo, leva em consideração critérios como noticiabilidade, valores-notícia, constrangimentos organizacionais, construção da audiência e rotinas de produção. Ou seja, embora a notícia não se esgote na sua produção, é com ela que esse modelo está preocupado.

A perspectiva da teoria do *newsmaking* é construtivista e rejeita claramente a teoria do espelho. Mas isso não significa considerar as notícias ficcionais, sem correspondência com a realidade exterior. Na verdade, o método construtivista apenas enfatiza o caráter convencional das notícias, admitindo que elas informam e têm referência na realidade. Entretanto, também ajudam a construir essa mesma realidade e possuem uma lógica interna de constituição que influencia todo o processo de construção.

A socióloga Gaye Tuchman é uma das mais respeitadas pesquisadoras do *newsmaking*. Suas ideias são constantemente citadas no livro *Teorias da comunicação*, de Mauro Wolf, para quem a teoria articula-se em três vertentes principais: a cultura profissional dos jornalistas, a organização do trabalho e os processos produtivos. Para o autor, Tuchman enverada com competência pela análise da organização do ofício jornalístico, sem a qual seria impossível produzir notícias, já que há uma superabundância de fatos no cotidiano. De acordo com a socióloga, os órgãos de informação devem cumprir três obrigações para produzir o noticiário:[1]

- tornar possível o reconhecimento de um fato desconhecido como acontecimento notável;
- elaborar formas de relatar os acontecimentos que não tenham a pretensão de dar a cada fato ocorrido um tratamento idiossincrático;
- organizar, temporal e espacialmente, o trabalho de modo que os acontecimentos noticiáveis possam afluir e ser trabalhados de uma forma planificada.

Em outras palavras, Tuchman quer dizer que o processo de produção da notícia é planejado como uma rotina industrial. Tem procedimentos próprios e limites organizacionais. Portanto, embora o jornalista seja participante ativo na construção da realidade, não há uma autonomia incondicional em sua prática profissional, mas sim a submissão a um planejamento produtivo. O que diminui a pertinência de alguns enfoques conspiratórios na teoria do jornalismo, como, por exemplo, o paradigma da "manipulação da notícia". Assim, uma suposta intenção manipuladora por parte do jornalista seria superada pelas imposições da produção jornalística. Ou seja, as normas ocupacionais teriam maior importância do que as preferências pessoais na seleção e filtragem das notícias. Vou citar um exemplo para que o preceito fique mais claro.

Suponha que você é um repórter de TV e acaba de chegar à redação com uma reportagem sobre um assunto relacionado ao governo do seu estado. Entretanto, faltam apenas trinta minutos para o telejornal entrar no ar e você precisa editar a matéria. Naturalmente, sua edição dará prioridade à entrevista com o governador do estado. Mas isso não quer dizer que você esteja manipulando a reportagem a favor do governo. Apenas seguiu algumas das lógicas internas da rotina produtiva, como a hora de fechamento e a escolha da figura mais representativa (o governador), que é um critério de noticiabilidade.

Essa perspectiva abre espaço para uma interpretação de possíveis manipulações sob o paradigma produtivo, e não sob o paradigma intencional, o que não significa ignorar a existência de fatores extrajornalísticos e pressões externas. Apenas alerta para a possibilidade de uma "distorção inconsciente", vinculada à rotina de produção e aos valores compartilhados com os colegas e interiorizados pela cultura profissional. Como conclui o professor Afonso Albuquerque no artigo "Manipulação editorial e produção da notícia: dois paradigmas da análise da cobertura jornalística política", "o paradigma da manipulação da notícia tende a favorecer um enfoque moral/psicológico da imparcialidade [...] e dificulta enormemente a sua compreensão como um processo histórico e culturalmente situado".

**Diante da imprevisibilidade dos acontecimentos, as empresas jornalísticas precisam colocar ordem no tempo e no espaço. Para isso, estabelecem determinadas práticas unificadas na produção de notícias. É dessas práticas que se ocupa a teoria do *newsmaking*.** Como explica Tuchman, a atividade jornalística é extremamente complexa, apesar de seu objetivo parecer simples: fornecer relatos de acontecimentos significativos e interessantes.

Uma das práticas de que se ocupa a teoria do *newsmaking* é a noticiabilidade. Como conceito, posso dizer que ela é um conjunto de critérios, operações e instrumentos para escolher entre inúmeros fatos uma quantidade limitada de notícias. A noticiabilidade é negociada por repórteres, editores, diretores e outros atores do processo produtivo na redação. Sua aplicação baseia-se nos valores-notícia, que são os tais critérios e operações usados para definir quais acontecimentos são significativos e interessantes para serem transformados em notícia. Por exemplo: a importância do envolvido é um valor-notícia. Quanto mais famoso for o personagem do fato, mais chance este tem de virar notícia.

Outra prática é a sistematização do trabalho jornalístico. A divisão de tarefas é uma das rotinas: pauteiros, repórteres e editores têm funções específicas, embora estejam interligadas. A divisão em editorias também ajuda a organizar o trabalho. E o processo industrial, com hora de fechamento e cartão de ponto, encerra a trilogia organizacional.

Os próprios valores-notícia são usados para sistematizar o trabalho na redação. Eles são contextualizados no processo produtivo, adquirem significado e função, e tornam-se dados evidentes para os profissionais envolvidos no processo: o chamado senso comum das redações. Ou seja, qualquer jornalista sabe dizer o que é notícia e o que não é de acordo com esse senso comum.

Para Tuchman, no entanto, a notícia é elaborada de acordo com a lógica estabelecida pelo formato, e há sempre uma recontextualização de seu foco durante a edição. Mesmo assim, ele arrisca uma sistematização das notícias de acordo com o tipo de matéria (reportagem), embora admita que as fronteiras são frágeis e podem levar a uma falsa ideia de rigidez na redação. Veja o quadro a seguir.

**TIPIFICAÇÕES DE MATÉRIAS**
Gaye Tuchman

| Duras | Factuais (perecíveis) |
|---|---|
| Leves | Não perdem atualidade<br>ex.: uma exposição de quadros. |
| Súbitas | Sem previsão<br>ex.: um incêndio. |
| Em desenvolvimento | Os fatos vão acontecendo<br>ex.: o sequestro de uma embaixada |
| Em sequência | Fatos pré-programados<br>ex.: a votação das reformas |

Observação: Fronteiras frágeis. Falsa ideia de mecânica e rigidez na redação.

Essas tipificações apenas ajudam os profissionais a enfrentar suas tarefas diárias. Como já disse, são frágeis e imprecisas. Entretanto, são imprescindíveis na sistematização e no processo industrial. São uma maneira de pôr ordem no espaço e no tempo e diminuir os efeitos da imprevisibilidade. As matérias leves e em sequência, por exemplo, podem ser programadas pelos pauteiros e garantem um espaço previsível na produção do jornal.

Para finalizar, apenas um alerta. O paradigma da construção social da realidade, base da teoria do *newsmaking*, é tributário da sociologia do conhecimento. Entretanto, ao compreender a realidade humana como socialmente construída, é preciso analisar os os aspectos que interagem com esse paradigma. Conforme a conclusão de Peter Berger e Thomas Luckmann, no livro *A construção social da realidade*, "não posso existir na vida cotidiana sem estar continuamente em interação e comunicação com os outros".[2] E quando se referem aos outros, não estão falando apenas de indivíduos, mas de instituições, culturas e outras forças sociais.

Nesse sentido, **não é possível encarar os pressupostos de "rotinização" do trabalho, do processo de produção e da cultura jornalística como pontualmente deterministas. Eles não são módulos uniformes e imutáveis. Há espaços de manobra para os jornalistas e eles estão localizados na interação com os agentes sociais**. A rede de fontes, a capacidade de negociação e um talento para a investigação são trunfos utilizados para demonstrar que o processo de produção das notícias é interativo. Depende das rotinas profissionais, mas também de iniciativas dos jornalistas e de demandas da sociedade, entre outros fatores.

Na verdade, a divisão usualmente proposta pelos teóricos do jornalismo compreende a interação de seis forças ou ações, propostas por Michael Schudson e Shoemaker & Reese, e sistematizadas por Jorge Pedro Souza no livro *A notícia e seus efeitos*.[3]

*Ação pessoal*: as notícias resultam parcialmente das pessoas e de suas intenções.

*Ação social*: as notícias são fruto das dinâmicas e dos constrangimentos do sistema social.

*Ação ideológica*: as notícias têm origem nas forças de interesse que dão coesão aos grupos.

*Ação cultural*: as notícias são produto do sistema cultural em que são produzidas.

*Ação do meio físico*: as notícias dependem dos dispositivos tecnológicos que são usados na sua fabricação.

*Ação histórica*: as notícias são um produto da história, durante a qual interagem as outras cinco forças.

Souza ainda acrescenta a ação dos dispositivos tecnológicos usados no processo de produção e difusão das notícias. Como já disse, acredito na interação de todas essas forças. Entretanto, ao longo do tempo, as diversas perspectivas teóricas privilegiaram uma ou outra ação, mas, na maioria das vezes, combinaram mais de uma força, conforme veremos a seguir.

### Para ler mais

WOLF, Mauro. *Teorias da comunicação*. Lisboa: Presença, 2002.
TUCHMAN, Gaye. *Making news:* a study in the construction of reality. New York: Free Press, 1978.
SOUZA, Jorge Pedro. *As notícias e seus efeitos*. Coimbra: Minerva, 2000.
BERGER, Peter; LUCKMANN, Thomas. *A construção social da realidade*. Petrópolis: Vozes, 2003.
SCHUDSON, Michael. *The power of news*. Cambridge: Harvard University Press, 1996.

## TEORIA DO *GATEKEEPER*

O *gatekeeper* é um clássico exemplo de teoria que privilegia a ação pessoal. A metáfora é clara e direta. O conceito refere-se à pessoa que tem o poder de decidir se deixa passar a informação ou se a bloqueia. Ou seja, diante de um grande número de acontecimentos, só viram notícia aqueles que passam por uma cancela ou portão (*gate* em inglês). E quem decide isso é uma espécie de porteiro ou selecionador (o *gatekeeper*), que é o próprio jornalista. Ele é o responsável pela progressão da notícia ou por sua "morte", caso opte por não deixá-la prosseguir, o que significa evitar a publicação.

O termo surgiu pela primeira vez em 1947, mas não se referia ao jornalismo. Ele foi elaborado pelo psicólogo Kurt Lewin para estudar os problemas ligados à modificação dos hábitos alimentares em um determinado grupo social. Lewin percebeu que existem canais por onde flui a sequência de comportamentos relativos a um determinado tema. Esses canais desembocam em uma zona filtro (o *gate*), que é controlada por quem tem o poder de decidir (o *gatekeeper*). No caso dessa pesquisa específica, era a decisão doméstica sobre que alimentos deveriam ser adquiridos para o consumo da família.

O primeiro teórico a aplicar o conceito no jornalismo foi David Manning White, em 1950. Ele estudou o fluxo de notícias dentro dos canais de organização dos jornais com o objetivo de individualizar os pontos que funcionam como cancelas. Seu estudo de caso foi a observação da atividade de um jornalista de meia-idade, com 25 anos de experiência profissional, morador de uma cidade de cem mil habitantes, cuja função era determinar as notícias que deveriam ser selecionadas entre as centenas de despachos de agências que chegavam diariamente à redação. White chamou seu pesquisado de Mr. Gates e, durante uma semana, anotou os motivos que o levaram a rejeitar as notícias não utilizadas.

White concluiu que as decisões de Mr. Gates foram subjetivas e arbitrárias, dependentes de juízos de valor baseados no conjunto de experiências, atitudes e expectativas do *gatekeeper*. De cada dez despachos, nove foram rejeitados. Das 1.333 explicações para a recusa de uma notícia, cerca de oitocentas referiam-se à falta de espaço, trezentas foram consideradas repetidas (sobrepostas a outras histórias já selecionadas) ou não tinham interesse jornalístico, e 76 não estavam dentro da área de interesse do jornal. Além disso, o pesquisador também concluiu que o fator tempo teve uma importância significativa, conforme a citação registrada por Nelson Traquina: "É interessante observar que quanto mais tarde no dia chegaram as notícias, maior era a proporção da anotação 'sem espaço' ou 'serviria'".[4]

Nos anos seguintes, a teoria do *gatekeeper* foi perdendo prestígio, substituída por paradigmas como o da construção social da realidade, por exemplo. Os estudos posteriores chegaram à conclusão que as decisões do *gatekeeper* estavam mais influenciadas por critérios profissionais ligados às rotinas de produção da notícia e à eficiência e velocidade do que por uma avaliação individual de noticiabilidade.

Entretanto, nas palavras de Mauro Wolf, "o mérito destes primeiros estudos foi o de individualizar *onde*, em que ponto do aparelho, a ação do filtro é exercida *explícita* e *institucionalmente*".[5] A problemática do *gatekeeper* foi alargada e os estudos passaram a se concentrar na maneira como a seleção é exercida, ou seja, na análise dos contextos relativos à escolha do selecionador. E um desses contextos é o da organização profissional da redação, conforme será visto no próximo item.

> **Para ler mais**
>
> WHITE, David Manning. O gatekeeper: uma análise de caso na seleção de notícias. In: TRAQUINA, Nelson. *Jornalismo:* questões, teorias e estórias. Lisboa: Vega, 1993.
> SOEMAKER, Pamela J. *Communication concepts 3:* gatekeeping. Newbury Park: Ca. Sage, 1991.

## TEORIA ORGANIZACIONAL

Toda organização dispõe de meios específicos para realizar seu trabalho e eles influenciam diretamente o resultado desse trabalho, ou seja, o produto final. Em uma pizzaria, por exemplo, a qualidade do produto depende do tipo de farinha utilizada para fazer a massa, do molho de tomate, do queijo, do forno e de uma série de outros fatores. O *pizzaiolo* pode até ser muito talentoso, mas seu ofício está condicionado pelos meios.

A comparação com a pizza talvez não seja muito adequada ou, pelo contrário, pode até ser a mais exemplar se considerarmos a notícia como um objeto de consumo de massa (sem trocadilho). Mas o fato é que, pela teoria organizacional, o trabalho jornalístico é dependente dos meios utilizados pela organização. E o fator econômico é exatamente o mais influente de seus condicionantes. O que, para uma classificação genérica, coloca essa teoria como uma vertente da ação política.

O jornalismo é um negócio. E, como tal, busca o lucro. Por isso, a organização está fundamentalmente voltada para o balanço contábil. As receitas devem superar as despesas. Do contrário, haverá a falência da empresa e seus funcionários ficarão desempregados. Então, qual será o setor mais importante de uma empresa jornalística? Fácil: é o comercial. Esse setor é o responsável pela captação de anúncios para sustentar o jornal. E eles interferem diretamente na produção das notícias.

Para começar, o espaço para a publicidade é reservado na página antes das notícias. Os jornalistas só preenchem o que ficou vazio. E se vier um anúncio de última hora, qualquer matéria pode cair, ou seja, deixar de ser publicada. Na televisão, a lógica é a mesma. Embora o espaço para os anúncios já esteja determinado pelos intervalos comerciais, a lógica do veículo prioriza reportagens que atinjam o maior número de telespectadores, pois quanto maior a audiência, maiores as receitas publicitárias. Daí a opção pelo drama em detrimento da informação.

Diante desse quadro, como fica a atividade profissional dos jornalistas dentro das organizações? Para responder à pergunta, o teórico Mauro Wolf cita os estudos de Warren Breed sobre o controle social nas redações, realizados em 1955. Para Breed, o contexto profissional-organizativo-burocrático exerce influência decisiva nas escolhas do jornalista. Sua principal fonte de expectativas, orientações e valores profissionais não é o público, mas o grupo de referências constituído pelos colegas e pelos superiores. O jornalista, então, acaba socializado na política editorial da organização através de uma lógica de recompensas e punições. Em outras palavras, ele se conforma com as normas editoriais, que passam a ser mais importantes do que as crenças individuais. Segundo Breed, esse conformismo é causado por seis diferentes fatores.

> *A autoridade institucional e as sanções* — os chefes têm o poder de decidir quem fará as reportagens mais importantes, possuem a autoridade de mandar um redator reescrever o texto e até determinam se a matéria será assinada ou não. Na televisão, a famosa passagem, que é a parte da reportagem na qual o repórter aparece, pode ser substituída por imagens em *off*. Enfim, um jogo de diferentes possibilidades de punição.
>
> *Os sentimentos de dever e estima para com os chefes* — laços de amizade, respeito e admiração acabam unindo os profissionais a seus superiores, e eles se transformam em sentimentos de obrigação para com a empresa.
>
> *As aspirações de mobilidade profissional* — os jornalistas desejam ter uma posição de destaque na carreira. E acreditam que terão

dificuldades em obter uma promoção caso lutem contra a política editorial da organização.

*A ausência de fidelidades de grupo contrapostas* — as redações são locais relativamente pacíficos, com a prevalência de um senso comum e uma cultura própria, e sem fortes confrontos de classe ou interferência sindical.

*O caráter prazeroso da atividade* — os jornalistas consideram seu trabalho agradável, longe da rotina, com tarefas interessantes e essenciais para a sociedade. Eles testemunham acontecimentos importantes, convivem com pessoas notáveis e são "os primeiros a saber". Além disso, acreditam que há um ambiente de cooperação nas redações.

*As notícias representam um valor* — para os jornalistas, não há nada mais importante do que buscar as notícias. É nisso que eles investem tempo, em vez de contestar a linha editorial da empresa. A harmonia entre os jornalistas e seus superiores é sedimentada pela realização do trabalho comum a ambos: obter notícias.

A teoria dos constrangimentos organizacionais, formulada por Breed, pode parecer um tanto determinista. E, de fato, é. Mas o autor reconhece que os fatores apresentados acima, embora promovam o conformismo com a política editorial das empresas, podem ser amenizados pelo sentimento de autonomia profissional da maioria dos jornalistas. Segundo ele, há outros cinco fatores que ajudam a fugir do controle social da empresa.

• A falta de clareza de grande parte das normas presentes na política editorial, que costuma ser vaga e pouco estruturada.

• As rotinas de produção da notícia, muitas vezes, escapam ao controle dos chefes, que não estão presentes durante a coleta e redação das informações. O jornalista pode privilegiar determinado entrevistado ou dar enfoque específico a um assunto.

• Geralmente, o jornalista acaba se tornando especialista em uma determinada área. E o chefe vai pensar duas vezes antes de interferir na reportagem dele. Principalmente se a pauta foi sugerida pelo próprio repórter.

- O jornalista pode ameaçar a chefia com a pressão do furo, alegando que o jornal concorrente deve publicar a matéria.
- O "estatuto de jornalista", que é uma espécie de *star system* da profissão. Aqueles que têm estatuto de estrela, como colunistas ou repórteres especiais, podem transgredir com mais facilidade a política editorial.

No final das contas, a conclusão de Breed é que a linha editorial das empresas é quase sempre seguida, apesar das possibilidades de transgressão descritas. Outro autor, John Soloski, pensa do mesmo jeito. Para ele, o profissionalismo dos jornalistas em relação à sua atividade também é utilizado como uma forma de controle pelas organizações. Já para James Curran, a autonomia dos jornalistas é "consentida", ou seja, só pode ser exercida se estiver de acordo com os preceitos da empresa.

Mas um outro fator me parece fundamental na interação entre os profissionais e, consequentemente, na produção da notícia: a comunidade jornalística. A troca de experiências, o companheirismo, as dicas, as gírias próprias, o vocabulário específico e o ambiente de tribo são decisivos nas escolhas feitas pelos jornalistas e influenciam diretamente no noticiário. Para analisar os fatores que formam os processos de identidade da comunidade jornalística, proponho uma outra teoria, a gnóstica, conforme exposto no item a seguir.

### Para ler mais

SOLOSKI, John. O jornalismo e o profissionalismo: alguns constrangimentos no trabalho jornalístico. In: TRAQUINA, Nelson. *Jornalismo:* questões, teorias e estórias. Lisboa: Vega, 1993.

BREED, Warren. Controle social na redação: uma análise funcional. In: TRAQUINA, Nelson. *Jornalismo:* questões, teorias e estórias. Lisboa: Vega, 1993.

## TEORIA GNÓSTICA

O conceito de gnose (ou *gnosis*) pode ser traduzido por um tipo de conhecimento esotérico que se transmite por tradição e mediante ritos de iniciação. Muito poucos têm acesso a tal conhecimento, pois ele deve mesmo estar restrito ao grupo de iniciados. A gnose, portanto, é um conhecimento secreto, e sua forma de transmissão é fundamental para a formação da identidade do grupo. De acordo com o dicionário *Aurélio*, o gnosticismo é um ecletismo filosófico-religioso surgido nos primeiros séculos da nossa era e diversificado em numerosas seitas, cujo objetivo era conciliar todas as religiões e explicar-lhes o sentido mais profundo por meio da gnose, ou seja, através do conhecimento secreto. O gnosticismo é a base da cabala, do neoplatonismo, da maçonaria e das religiões orientais, entre outros grupos. Entretanto, a aplicação que quero dar aqui é um pouco menos transcendente.

**Acredito que a identidade da comunidade jornalística é formada por uma estrutura gnóstica. Não no sentido religioso, mas sim no caráter fáustico e restritivo de seus costumes, vocabulário e ritos de iniciação.** Há teses de mestrado e doutorado que se dedicam exclusivamente a tentar entender os códigos dessa inusitada tribo. São estudos dedicados, como o da professora Isabel Travancas, autora do livro *O mundo dos jornalistas*. Vou apenas analisar alguns dos procedimentos da comunidade jornalística para exemplificar a ideia gnóstica.

Começo pelos rituais de iniciação. O profissional novato recebe o nome de foca e tem uma espécie de batismo nas redações. Na televisão, os veteranos pedem que ele pegue a lâmina de corte para a edição. Nos jornais, mandam o sujeito até a calandra e pedem para entrevistá-la. Mas é na apreensão do que Ericson, Chan e Baranek chamam de vocabulário de precedentes que está o verdadeiro rito de passagem dos focas. Na interação com os jornalistas mais velhos, os neófitos passam pelo processo de acumulação de saberes específicos sobre a profissão. E só então começam a fazer parte da tribo. De acordo com os autores, o vocabulário de precedentes é formado por três saberes.

> *Saber de reconhecimento*: é a capacidade de saber quais são os fatos que merecem virar notícia. Ou seja, como atribuir valor a critérios de noticiabilidade segundo o que chamam de faro jornalístico.
>
> *Saber de procedimento*: são os conhecimentos necessários para obter as informações e elaborar a notícia.
>
> *Saber de narração*: é a capacidade de aglutinar as informações mais pertinentes em uma narrativa noticiosa de forma interessante para o público.

Não parece difícil identificar a transmissão por tradição nesses saberes, exatamente como nas práticas gnósticas. E são conhecimentos restritos ao grupo, uma espécie de manual de práticas específicas, cujos segredos são passados aos iniciantes pelos veteranos. Além disso, os saberes são ratificados com o famoso catálogo de histórias, proporcionando aos novatos a possibilidade de construir seus discursos a partir de outros relatos. Assim, forma-se o senso comum, o livro gnóstico da profissão.

O jornalista também tem a sensação de que é controlador do tempo e do espaço. Mesmo apertado pelos horários de fechamento ou por poucos centímetros em uma página, ele sabe como transcender esses limites para contar a sua história. Ou seja, não só possui a *gnosis*, o conhecimento secreto de sua tribo/seita, como é o próprio criador desse conhecimento. Nesse sentido, demonstra um impulso fáustico, e se vê divinizado, capaz de superar qualquer barreira narrativa. Além disso, ele tem o poder para decidir o que é ou não é notícia.

Vale lembrar que o principal objetivo do gnosticismo religioso era exatamente fornecer uma técnica para o controle do mundo espiritual, permitindo ao adepto a libertação das amarras corporais e do espaço material. De forma análoga, os jornalistas tentam colocar ordem no tempo e no espaço, em um claro desejo de controlá-los, ou seja, de organizar o que se apresenta como aleatório: os acontecimentos do cotidiano. Não há limites para o jornalismo e suas técnicas gnósticas de dominação da realidade.

Uma notícia do Alaska pode ser veiculada na África do Sul. Da mesma forma, as discussões sobre a complexidade de uma reforma constitucional podem caber nos poucos centímetros de uma página. Basta que se tenha a técnica específica para empreender a tarefa, seja ela o reconhecimento do que é noticiável ou a simples estruturação de uma narrativa na forma objetiva do lide. Para os membros do grupo, essa *gnosis* já está incorporada.

Outro fator importante é o comportamento da tribo. A cultura profissional é um elemento extratextual do discurso jornalístico, mas tem influência direta sobre ele. É claro que os discursos englobam suas condições discursivas, mas, nesse caso, a interferência no significado é ainda maior, pois há um fetichismo patente em torno de características da profissão, cuja compreensão efetiva só é possível para os detentores da *gnosis*, os jornalistas. As rotinas de trabalho carregam códigos específicos e também produzem sentido.

Como exemplo, posso citar a forma como os profissionais da imprensa constroem o próprio público. Se o repórter de TV estiver fazendo uma matéria para o jornal da tarde e outra para o da noite, elas certamente serão diferentes. A primeira terá um tom mais leve, pois ele imagina que o público é constituído por donas de casa e aposentados. E esse é apenas um dos conhecimentos interiorizados pela tribo gnóstica. Entretanto, para quem não se encaixa na descrição e está assistindo o jornal (um executivo em horário de almoço, por exemplo), ele não faz o menor sentido.

O lugar social da produção das notícias, a redação, funciona como um templo próprio. Sua hierarquização permite aos pajés da tribo um controle rígido sobre os súditos, no melhor estilo maçônico. Transitar pelas editorias só é possível para quem conhece o mapa de divindades, o lugar de cada santo. Em alguns casos, o "fumódromo" pode ser mais importante do que a sala do diretor de redação. Basta uma "oração coletiva" em torno de um novo conhecimento gnóstico. A rotinização da produção, dividida entre a apuração, captação e edição, passando por editorias distintas como arte, fotografia ou outra qualquer, também é um conhecimento específico, quase secreto. De acordo com Gaye Tuchman, citado por Traquina, o conhecimento das formas rotineiras de processar diferentes tipos de histórias noticiosas permite aos repórteres trabalhar com maior eficácia.

**Enfim, as notícias têm uma estrutura de valores que são compartilhados pelos jornalistas entre si, embora carreguem ecos da interação com a sociedade. Esse compartilhamento é nitidamente uma operação gnóstica, com ritos de passagem e forte conotação de conhecimento secreto, só acessível a uns poucos iniciados, os próprios jornalistas.** Nas palavras de Nelson Traquina, os membros da comunidade jornalística partilham não só uma maneira de ver, mas também uma maneira de agir e uma maneira de falar, o "jornalês", termo também explorado pela teórica Barbara Philips.

Focas, barrigas, calhau e outras idiossincrasias vocabulares são parte de nosso ritual gnóstico.

> **Para ler mais**
> WOLF, Mauro. *Teorias da comunicação.* Lisboa: Presença, 2003.
> FELINTO, Erick. *Por uma crítica do imaginário tecnológico:* novas tecnologias e imagens da transcendência. Rio de Janeiro: CD-ROM da Compós, 2002.
> PHILIPS, Barbara. What is news? Novelty without change? *Journal of Communication.* New York, 1976, v. 26, n.4

## TEORIA DO AGENDAMENTO

A teoria do agendamento defende a ideia de que os consumidores de notícias tendem a considerar mais importantes os assuntos que são veiculados na imprensa, sugerindo que os meios de comunicação agendam nossas conversas. Ou seja, a mídia nos diz sobre o que falar e pauta nossos relacionamentos. O *agenda setting*, como é chamado nos Estados Unidos, surgiu no começo da década de 1970 como uma reação a **uma outra teoria: a dos efeitos limitados**, que teve seu auge entre os anos 1940 e 1960. O agendamento representa a insatisfação da nova geração de pesquisadores em comunicação, que tinha experiência prática em redações, com o paradigma da limitação dos efeitos midiáticos na vida social.

Na verdade, é possível dizer que a teoria do agendamento foi antecipada em cinquenta anos pelo célebre livro de Walter Lippman, *Public Opinion*, publicado em 1922, quando foi sugerida uma relação causal entre a agenda midiática e a agenda pública. Nele, o autor mostra que a mídia é a principal ligação entre os acontecimentos do mundo e as imagens desses acontecimentos em nossa mente. Na perspectiva de Lippman, a imprensa funciona como agente modeladora do conhecimento, usando os estereótipos como forma simplificada e distorcida de entender a realidade.

Ainda no campo de estudos sobre os efeitos da mídia, há **a teoria hipodérmica**, cujo paradigma defende que cada elemento do público é pessoal e diretamente atingido pela mensagem. Nas palavras de Wright Mills, citado por Mauro Wolf no livro *Teorias da comunicação*, "cada indivíduo é um átomo isolado que reage isoladamente às ordens e sugestões dos meios de comunicação de massa monopolizados".[6] Pela teoria hipodérmica, os efeitos produzidos pela mídia atingem da mesma forma todas as pessoas, independente de suas características sociais, psicológicas ou culturais.

Isso significa que todos são membros idênticos de uma audiência de massas e respondem de forma igual a todos os estímulos. Daí o termo agulha hipodérmica, pois os medicamentos injetáveis tendem a ter o mesmo efeito nas diferentes pessoas. Entretanto, é preciso contextualizar essa teoria com o seu período histórico, entre as duas guerras mundiais, quando houve o enfraquecimento dos valores da família e da comunidade e a ascensão de regimes totalitários, que pareciam confirmar seus pressupostos. A teoria hipodérmica depende do isolamento dos indivíduos e de uma concepção de massa composta por pessoas que não se conhecem e têm poucas possibilidades de exercer uma influência recíproca. Ela também é chamada de teoria das balas mágicas, em uma referência à capacidade de atingir a todos da mesma maneira.

O modelo dos efeitos limitados contesta a perspectiva hipodérmica, e segue o paradigma funcionalista, baseado na concepção da sociedade como sistema. Ele foi criado por Lazarsfeld durante um estudo sobre a influência da mídia no voto dos americanos durante a campanha eleitoral de 1940. O autor valeu-se de uma pesquisa de campo para concluir que a imprensa não alterou a opinião dos eleitores e ainda contribuiu para cristalizar as escolhas já existentes. As conclusões do autor serviram para estabelecer três premissas teóricas: 1. A mensagem será rejeitada quando entrar em conflito com as normas do grupo. 2. O consumo das mensagens é feito de forma seletiva. 3. Os efeitos da mídia são, portanto, limitados. No livro *O poder do jornalismo*, Nelson Traquina ainda cita a **teoria da dissonância cognitiva** como reforço a esse modelo.

Já Mauro Wolf refere-se ao **esquema de Lasswell**, proposto em 1948, cuja análise sociopolítica defende que "uma forma adequada para se descrever um ato de comunicação é responder às seguintes perguntas: 1- quem; 2- diz o quê; 3- através de que canal; 4- com que efeito". Para o autor, qualquer uma dessas variáveis define e organiza um setor específico da pesquisa. O objeto de estudo, então, deve ser bem definido e ordenado. A primeira variável estuda o emissor e a própria emissão da mensagem. A segunda analisa o conteúdo. A terceira aborda a característica do meio e sua influência na mensagem. E a quarta, o efeito propriamente dito.

Entretanto, cabe dizer que falta ainda um quinto elemento: **a quem**. Sobre ele recairia a análise da audiência e da recepção da mensagem. Por outro lado, Harold Lasswell também é citado como um dos autores decisivos para a fundamentação da teoria das balas mágicas pelo crítico português Jorge Pedro Souza, principalmente no que concerne ao livro *Propaganda técnica na Guerra Mundial*, publicado pelo autor em 1927, em que defende que os comportamentos coletivos da sociedade poderiam ser manipulados, tomando como base uma pesquisa sobre a função propagandística da imprensa durante a Primeira Guerra Mundial.

Em 1972, quando a teoria do agendamento toma corpo a partir dos trabalhos de McCombs e Shaw, o estudo dos efeitos assume outra direção. O objetivo não é mais analisar o papel da mídia na mudança de opiniões, mas sim sua influência na formação e mudança de cognições, ou seja, na forma como as pessoas apreendem (e aprendem) as informações e formam seu conhecimento sobre o mundo.

A preocupação não está centrada apenas no que as pessoas conversam, mas também em como elas conversam. Um veículo como a televisão, por exemplo, certamente muda nossas formas de aprendizado, pois passamos a nos acostumar com a velocidade das edições e a telegrafia da linguagem. Reflexões profundas e demoradas tornam-se mais difíceis para as gerações que crescem em frente aos aparelhos de TV. O tempo da cognição é outro.

A hipótese do *agenda setting* não defende que a imprensa pretende persuadir. A influência da mídia nas conversas dos cidadãos advém da dinâmica organizacional das empresas de comunicação, com sua cultura própria e critérios de noticiabilidade, conforme já visto nos itens anteriores. Nas palavras de Shaw, citado por Wolf, "as pessoas têm tendência para incluir ou excluir de seus próprios conhecimentos aquilo que os *mass media* incluem ou excluem do seu próprio conteúdo".[7] É disso que trata o agendamento.

Na maioria dos casos, estudos baseados nessa teoria referem-se à confluência entre a agenda midiática e a agenda pública. Entretanto, seus objetivos não são verificar mudanças de voto ou de atitude, mas sim a influência da mídia na opinião dos cidadãos sobre que assuntos devem ser prioritariamente abordados pelos políticos. No Rio de Janeiro, por exemplo, o assunto violência tem espaço diário nos jornais. Adivinhem de que tema os políticos mais falam?

A temática da teoria do agendamento também representa a evolução de uma perspectiva quantitativa para uma abordagem representativa dos efeitos. O que vale é o significado daquilo a que as pessoas estão expostas e, também, o impacto acumulativo dessa exposição, cuja frequência continuada e cotidiana influencia na cognição. Nas palavras de Mauro Wolf, a passagem dos efeitos limitados para os efeitos cumulativos implica a substituição do modelo transmissivo da comunicação por um modelo centrado no processo de significação. "A influência da mídia é admitida na medida em que ajuda a estruturar a imagem da realidade social, a longo prazo, a organizar novos elementos dessa mesma imagem, a formar opiniões e crenças novas."[8]

A ação da mídia no conjunto de conhecimentos sobre a realidade social forma a cultura e age sobre ela. Para Noelle Neumann, citado por Wolf, essa ação tem três características básicas.

*Acumulação*: é a capacidade da mídia para criar e manter a relevância de um tema.

*Consonância*: as semelhanças nos processos produtivos de informação tendem a ser mais significativas do que as diferenças.

*Onipresença*: o fato de a mídia estar em todos os lugares com o consentimento do público, que conhece sua influência.

Todas essas características apontam para uma relativização dos pressupostos originais da teoria do agendamento, o que é demonstrado pelas pesquisas de campo mais recentes. Elas continuam confirmando o efeito da agenda, mas não de forma tão determinista. Uma relativa consciência pública do fenômeno talvez contribua para diminuir sua eficácia. Além disso, se o paradigma recente é o do acúmulo, é preciso um longo espaço de tempo para fazer uma avaliação lúcida sobre a influência da imprensa no modo de hierarquizar os acontecimentos importantes e agendar nossos assuntos e concepções sobre eles, o que é o fator mais importante.

---
**Para ler mais**

TRAQUINA, Nelson. *O poder do jornalismo:* análise e textos da teoria do agendamento. Coimbra: Minerva, 2000.

LIPPMANN, Walter. *Public Opinion.* New York: Free Press,1922.

McCOMBS; SHAW. *The emergence of american political issues:* the agenda-setting function of the press. Saint Paul: West Publishing Co., 1977.

---

## TEORIA INSTRUMENTALISTA

Pela teoria instrumentalista, as notícias servem objetivamente a determinados interesses políticos. O instrumentalismo parte de um paradigma de pesquisa baseado nos chamados estudos da parcialidade, cujo objetivo é verificar a existência ou não de distorções nos textos noticiosos. Entretanto, há duas interpretações diferentes para a mesma teoria. Na versão da "esquerda",[9] as notícias são vistas como instrumentos para manter o *status quo* capitalista. Na versão da "direita", elas são usadas para questionar o mesmo sistema.

Não é preciso uma análise mais aprofundada para verificar que a teoria instrumentalista, seja qual for a versão, parte de princípios epistemológicos presentes na teoria do espelho, pois se o objetivo é verificar distorções, ela aceita que é possível refletir a realidade. Assim, os estudos da parcialidade, também conhecidos como *news bias studies*, não estão ligados a pressupostos de construção social da realidade, mas sim à factível possibilidade de sua reprodução.

Eu mesmo já confessei neste livro minha perspectiva marxista de análise, ligada a fatores macroeconômicos e sociológicos. E ela talvez pareça anacrônica diante das teorias que já foram expostas. Entretanto, mesmo considerando o paradigma da construção social como mais adequado, ainda me influencio pelas ideias de teóricos como Chomsky e Herman, notoriamente marxistas, para quem as notícias são parte da publicidade que sustenta o sistema capitalista. Isso fica claro nas páginas que escrevi sobre as fontes e os estereótipos, só para citar dois exemplos. Realmente, é difícil não perceber que valores como individualismo, competição e liberalismo aparecem consolidados nas páginas de jornais e telas de TVs. E não quero nem entrar no mérito sobre a validade desses conceitos, apenas identifico sua predominância na mídia e sua referência ao capitalismo.

Chomsky, no entanto, vai ainda mais longe. Ele é um dos mais famosos representantes da teoria instrumentalista de esquerda e acredita que a imprensa está subordinada aos interesses da elite política e econômica dos Estados Unidos. Já pela versão da direita, os autores não são tão conhecidos, mas defendem a ideia de que os jornalistas formam uma classe social específica e distorcem as notícias com o objetivo exatamente inverso: veicular ideias anticapitalistas.

No livro *Teorias do jornalismo*, o professor português Nelson Traquina relaciona alguns dos teóricos de direita: Efron, Kristol, Lichter e Rothman. Os dois primeiros argumentam que os burocratas e intelectuais das grandes cadeias americanas de televisão (geralmente jornalistas) têm interesse em expandir a atividade reguladora do Estado através das empresas privadas. Já os dois últimos foram responsáveis por uma pesquisa sobre os valores dos jornalistas americanos e concluíram que eles estão muito mais à esquerda do que a maioria da população dos Estados Unidos. Os quatro teóricos dizem que os jornalistas formam uma nova classe social, são anticapitalistas e distorcem as notícias para difundir essas ideias.

Na visão da esquerda, a distorção é inversa: o jornalismo reforça a visão de mundo da sociedade capitalista. O conteúdo das notícias é imposto aos jornalistas pelos dirigentes das empresas de comunicação e condicionado pela estrutura macroeconômica. Citando Chomsky e Herman, Traquina relaciona os cinco fatores que explicam a submissão do jornalismo aos interesses do sistema capitalista:[10]

- a estrutura de propriedade das empresas jornalísticas;
- a sua natureza capitalista;
- a dependência dos jornalistas das fontes governamentais e empresariais;
- as ações punitivas dos poderosos;
- a ideologia anticomunista dominante entre a comunidade jornalística americana.

Os autores também se referem à concentração das empresas de mídia nas mãos de poucos grupos como uma influência direta na veiculação de valores capitalistas, estreitando as margens para opiniões contraditórias e algum pluralismo democrático. De fato, as pesquisas de críticos como Denis Moraes e Ignácio Ramonet confirmam que os megaconglomerados de mídia controlam dois terços de toda a informação divulgada no mundo, embora deva considerar que esses autores rezam pela mesma cartilha dos instrumentalistas de esquerda.

As principais denúncias dessa corrente referem-se às desregulamentações neoliberais e ao isolamento da sociedade civil, deixando para o mercado a função de ordenar as relações sociais. Dessa forma, os jornalistas pertencentes aos megaconglomerados são pressionados a reproduzir os valores hegemônicos que sustentam todo o sistema capitalista: consumo desenfreado, cultura sem fronteiras, competição, individualismo e privatização.

No livro *Padrões de manipulação na grande imprensa*, o jornalista Perseu Abramo relacionou cinco estratégias para distorcer as notícias. Perseu também era sociólogo, professor universitário e foi um dos fundadores do Partido dos Trabalhadores. Estava obviamente engajado na chamada esquerda brasileira e acreditava que "os órgãos de imprensa não refletiam a realidade".[11] Ou seja, partia do paradigma presente na teoria do espelho. Eis os cinco padrões de manipulação estudados por ele.

*Padrão de ocultação*: refere-se à ausência de fatos reais na produção da imprensa.

*Padrão de fragmentação*: o real é estilhaçado e dividido em milhões de fatos desconectados entre si, desligados de seus antecedentes e das consequências, evitando assim a consciência crítica do contexto.

*Padrão de inversão*: após a descontextualização, há a troca de lugares e de importância dos fatos. São quatro as formas de inversão: da relevância dos aspectos, da forma pelo conteúdo, da versão pelo fato e da opinião pela informação.

*Padrão de indução*: combinação de graus de distorção para induzir a população a enxergar uma realidade artificialmente inventada.

*Padrão global*: refere-se à ilusão de apresentar a realidade de forma completa, total, global, definida e acabada.

Herman e Chomsky consideram as reportagens campanhas de publicidade maciça, pois priorizam interesses específicos e servem para mobilizar a opinião pública em uma determinada direção. Os donos de jornal dizem aos seus diretores que assuntos querem em pauta e estes mobilizam os repórteres. É o "modelo de propaganda" (*propaganda framework*), cuja hipótese principal sustenta que por trás das notícias factuais escondem-se estratégias de relações públicas e reforço de seu conteúdo e objetivo (capitalista, é claro) por intermédio de artigos de opinião e outros artifícios.

Para Nelson Traquina, o problema central desse modelo é sua visão determinista sobre os jornalistas, considerando-os colaboradores da utilização instrumentalista da imprensa ou submissos ao capital. Ele cita três argumentos para refutá-lo:[12]

- em muitas empresas jornalística, raramente os donos de jornal se encontram com os diretores;

- a maioria dos jornalistas não faz ideia de quem senta no conselho de administração das empresas onde trabalham;

- os jornalistas têm um grau de autonomia e iniciativa que muitas vezes incomodam a elite.

O determinismo, no entanto, não é privilégio da versão de esquerda da teoria instrumentalista. Na versão de direita, que atribui ao jornalista um papel ativo na distorção das notícias em favor da causa anticapitalista, isso também é verificado. Ambas as versões trabalham com pressupostos bem marcados. Entretanto, enquanto uma defende que o papel dos profissionais da imprensa está reduzido à função de cumpridor de ordens patronais, a outra acredita que os jornalistas têm controle pessoal sobre a produção da notícia e estão dispostos a influenciar o noticiário com a defesa de suas ideias. Visões diferentes, mas limitações muito parecidas.

**Para ler mais**

ABRAMO, Perseu. *Padrões de manipulação na grande imprensa.* São Paulo: Fundação Perseu Abramo, 1996.

LICHTER, Robert; ROTHMAN, Stanley, LICHETER, Linda. *The media elite:* america's new powerbrokers. Bethesda: Adler & Adler, 1986.

CHOMSKY, Noam; HERMAN, Edward. *The political economy of human rights.* Boston: South End Press, 1979, v. 1.

## TEORIA ETNOGRÁFICA

Um dos maiores desafios de qualquer jornalista é tentar enxergar os fatos por diferentes pontos de vista. Em outras palavras, ele deve despir-se de suas visões estereotipadas e conceitos "pré-formados" para enxergar diferentes angulações e contextos. A famosa metáfora dos óculos é perfeita para o jornalismo. Ver com as lentes do outro é fundamental nessa profissão.

Entretanto, estamos condicionados por nossa própria cultura. Ela é a nossa lente. Temos linguagem, costumes, rituais, valores etc. E não me refiro apenas ao tecido social macro, que norteia um determinado espaço geográfico, como um país ou uma cidade, por exemplo. Há culturas dentro de culturas. Um evangélico negro, morador de Nova York, cantor de rap e empregado das docas está submetido a diferentes influências culturais. Cada uma delas responsável por um foco específico, um filtro singular para suas interpretações do mundo.

O difícil é tirar nossos óculos culturais e conseguir enxergar com os dos outros. A imagem parece embaçada, turva, quase opaca. Mas não há outra maneira de subverter a lógica unilateral de nossos próprios limites conceituais e evitar o que os antropólogos chamam de etnocentrismo, ou seja, tomar o mundo pelo centro de nossa própria cultura. Para usar outro termo antropológico, é preciso relativizar.

Com esse espírito, a antropologia social conseguiu seus melhores resultados. A compreensão de culturas tão distantes da ocidental só foi possível graças ao trabalho de campo de cientistas que se dedicaram ao esforço da relativização, passando por rigorosos ritos de passagem, com o intuito de se desligar de suas culturas de origem para poder mergulhar em um novo universo de significados e símbolos. O antropólogo Roberto DaMatta descreve esse esforço no livro *Relativizando*:

> Antropólogo e noviço são retirados de sua sociedade. Tornam-se, a seguir, invisíveis socialmente, realizando uma viagem para os limites do seu mundo diário e, em pleno isolamento num universo marginal e perigoso, ficam individualizados, contando muitas vezes com seus próprios recursos. Finalmente, retornam à sua aldeia com uma nova perspectiva [...]. Vivendo fora da sociedade por algum tempo, acabaram por ter o direito de nela entrar de modo mais profundo, para perpetuá-la com dignidade e firmeza.[13]

Talvez a grande dificuldade que os jornalistas têm em aceitar que as notícias não são o reflexo preciso da realidade seja fruto da ausência de uma observação distanciada sobre sua profissão. Eles enxergam o mundo sob as lentes de sua própria cultura profissional, o que também é uma forma de etnocentrismo. Suas rotinas produtivas acabam absorvendo todo o tempo disponível, contribuindo ainda mais para aprofundar seus próprios estereótipos e preconceitos. Por outro lado, para que qualquer pesquisador tenha sucesso em uma análise etnográfica sobre o jornalismo, é preciso justamente mergulhar nesse universo, ou seja, "entrar na pele das pessoas observadas e compreender a atitude do 'nativo'", para usar as palavras de Schlesinger. Nesse caso, o nativo é o próprio jornalista.

A palavra *etno* quer dizer cultura. A metodologia etnográfica pressupõe que o pesquisador não só conheça profundamente a cultura que está estudando, como se aproprie dela, ou melhor, faça parte de sua dinâmica. Só assim é possível a tal compreensão das atitudes do nativo. E o instrumento para isso é a pesquisa de campo.

O método também é conhecido como trabalho de campo e ganha corpo nos estudos antropológicos a partir do começo de século xx, quando a abordagem evolucionista da ciência entra em declínio. Na maioria das vezes, é utilizado para estudar tribos indígenas e outras sociedades distantes do paradigma ocidental de civilização, com a preocupação de não classificar suas atitudes e ritos sociais como exóticos e relacioná-los em listas descontextualizadas.

Pelo contrário, o objetivo é colocar-se do lado de lá e estudar o conjunto de ações dos nativos de outra cultura como um sistema, ou seja, um coletivo coerente em si mesmo. "O papel da antropologia é produzir interpretações das diferenças enquanto elas formam sistemas integrados", defende Roberto DaMatta, citando Malinowski, para quem "deter-se diante de uma fato singular e estranho e olhá-lo como curiosidade é uma atitude repugnante".[14] Para o autor, tal atitude faz os antropólogos parecerem idiotas.

O trabalho de campo arranca o pesquisador do conforto das bibliotecas e o coloca em contato direto com seus pesquisados. O tempo do trabalho deve ser suficientemente longo para que o estudioso se integre em outros modos de vida, com outros valores e outros sistemas de relações sociais, longe de sua cultura de origem. Malinowski acredita que ao captar a visão essencial dos outros com reverência e verdadeira compreensão, o pesquisador contribui para alargar a visão sobre sua própria sociedade.

Claro que um trabalho de campo sobre a cultura jornalística não chega a ser uma pesquisa sobre uma outra sociedade, mas o método etnográfico me parece pertinente na tentativa de entender por que as notícias são como são, pois a "tribo" dos jornalistas tem efetivamente seus próprios costumes e ritos. Nesse sentido, só vejo duas maneiras de empreender um estudo etnológico sobre o jornalismo: 1. Se o pesquisador não tem afinidade com a cultura das redações, deve se integrar como um de seus membros antes de iniciar a pesquisa. 2. Se o pesquisador é jornalista, deve retirar-se do ambiente das redações por um bom tempo, adquirir uma visão externa sobre a profissão e, só então, retornar à redação para fazer a pesquisa de campo. Nas palavras de Roberto DaMatta, para vestir a capa de etnólogo, é preciso realizar uma dupla tarefa: transformar o exótico em familiar e o familiar em exótico.

O professor Alfredo Vizeu Pereira Júnior é um dos pesquisadores brasileiros que utiliza o método etnográfico. Ele se enquadra na segunda opção. Jornalista de televisão, Vizeu afastou-se das redações para fazer mestrado e doutorado e desenvolveu sua perspectiva sobre o trabalho jornalístico através da pesquisa de campo. Ao estudar as rotinas dos jornalistas e sua influência sobre a informação, o professor gaúcho usou o método da observação participante e das entrevistas, tomando como paradigmas teóricos as reflexões do *newsmaking*, a teoria da enunciação e a análise do discurso. Ou seja, na sua volta às redações para fazer o trabalho de campo, já tinha adquirido o distanciamento necessário, sem, entretanto, deixar de saber que cultura específica era aquela, pois, originariamente, era a sua própria. A academia lhe mostrou um novo universo de significados e símbolos e viabilizou a pesquisa. Mas ele não precisou se adequar ao grupo pesquisado, pois já o conhecia muito bem.

Em sua dissertação de mestrado, Vizeu estudou as rotinas de produção dos editores de texto do RJ TV 1, o telejornal local da Rede Globo de Televisão no Rio de Janeiro, e concluiu que elas influenciam fortemente na decisão do que é notícia ou não. Já em sua tese de doutorado, o professor acompanhou o cotidiano das atividades dos jornalistas nas redações do ESTV 2 e do *Tribuna de Notícias*, dois telejornais do Espírito Santo, para identificar marcas textuais, nas informações jornalísticas, que remetessem à atitude profissional de presumir, construir, antecipar ou "presentificar" a audiência. Nos dois casos, passou meses mergulhado nas redações dos telejornais estudados como efetivo membro daquela "tribo". O que, na verdade, sempre fora.

Nos Estados Unidos, também há muitos teóricos enveredando pelo método etnográfico na teoria do jornalismo. Além de Schlesinger, também posso destacar Tuchman e Fishman, entre outros. O método etnológico, acoplado à perspectiva teórica do *newsmaking*, parece colocar uma pá de cal na teoria instrumentalista ao perceber que as rotinas profissionais têm muito mais influência na produção das notícias do que uma possível conspiração manipuladora da imprensa. Além disso, os jornalistas têm códigos e operações específicas, com padrões preexistentes de produção de sentidos, para contar as suas histórias. E essas operações estão inseridas em uma cultura profissional própria, com símbolos e valores determinados, que constituem a própria narrativa jornalística.

Uma narrativa que não reflete o chamado mundo real, mas, na verdade, ajuda a constituí-lo. As notícias são a construção social daquilo que entendemos como realidade.

### Para ler mais

VIZEU, Alfredo. *Decidindo o que é notícia*: os bastidores do telejornalismo. Porto Alegre: EDIPUCRS, 2000.
DAMATTA, Roberto. *Relativizando*. Rio de Janeiro: Rocco, 1987.

## TEORIA DOS DEFINIDORES PRIMÁRIOS E A ESPIRAL DO SILÊNCIO

A teoria dos definidores primários aproxima-se da concepção instrumentalista sobre a atividade jornalística, mas reconhece que ela também está sob a decisiva influência das rotinas produtivas. Sua perspectiva de análise não está centrada na possibilidade de manipulação das notícias por parte dos jornalistas, mas sim no poder que fontes privilegiadas têm na construção dessas mesmas notícias.

As possíveis distorções do noticiário não seriam fruto de uma simples conspiração dos profissionais da imprensa com os dirigentes da classe hegemônica, mas, na verdade, uma subordinação às opiniões das fontes que têm posições institucionalizadas, também chamadas de definidores primários.

Dessa forma, a interpretação primária das fontes institucionalizadas define o rumo de qualquer notícia. Nas palavras de Stuart Hall, citado por Traquina, "esta interpretação comanda a ação em todo o tratamento subsequente e impõe os termos de referência que nortearão todas as futuras coberturas ou debates".[15] Não é difícil relacionar exemplos dessa teoria. Pessoas em cargos institucionais, como governadores, prefeitos, presidentes de empresas, delegados de polícia ou diplomatas funcionam como definidores primários. Eles norteiam o trabalho da imprensa em casos específicos, pois são os primeiros a serem procurados para entrevistas, por darem uma certa "legitimidade" ao depoimento, segundo a lógica dos jornalistas.

Se, por exemplo, houver uma enchente em sua cidade, quem será a primeira pessoa ouvida? O prefeito, é claro. E o que ele disser influencia o restante da cobertura, inclusive a busca de causas para o incidente. Da mesma forma, são autoridades institucionais que analisam o rumo da economia e acabam perpetuando os próprios valores em vigor. Basta olhar o noticiário econômico de qualquer jornal para perceber o enfoque homogêneo das coberturas: redução de déficit, ajuste fiscal, controle da inflação, corte de investimentos sociais etc. Ou seja, valores do neoliberalismo.

É bom lembrar de que forma as rotinas produtivas e a busca pela objetividade também influenciam esse processo. A preferência pela opinião dos poderosos funciona, na verdade, como uma defesa para o jornalista. Ao colher um depoimento que legitima a informação, ele se esconde atrás da palavra do outro. Se o ministro disser que a violência caiu, o repórter já está protegido, não precisa procurar a confirmação. No máximo, entrevista alguém da oposição que defenda uma interpretação contrária. Assim, ele demonstra objetividade, mas quem perde é o leitor, que não sabe qual é a informação exata. Além disso, as pressões do *deadline* também privilegiam os definidores primários. Na hora do fechamento, o jornalista dará preferência a uma fonte que considere avalizada e não se arriscará a perder a reportagem ou reproduzir a opinião de quem não tem um epíteto institucional à frente do nome. E essa fonte fornecerá as primeiras definições sobre o assunto. Ou seja, será o definidor primário.

Os próprios defensores da teoria tratam de relativizá-la. Para Stuart Hall, os jornalistas têm uma lógica específica (cultura profissional) e podem entrar em conflito com os definidores primários. Além disso, há sempre uma disputa pelo poder entre as instituições, o que pode levar a versões contraditórias sobre o mesmo assunto. As reportagens investigativas, por exemplo, podem desafiar fontes poderosas. Em outras palavras, não há como ser tão determinista, encarando a teoria dos definidores primários de forma estruturalista, com preceitos imutáveis e atemporais. Muito menos limitá-la ao paradigma instrumentalista de servir aos interesses de uma classe. Mesmo assim, Hall insiste em classificar esses fatores como secundários, pois o ponto-chave da teoria é que a mídia reproduz a ideologia dominante e perpetua o *status quo*.

Entretanto, essa reprodução da ideologia dominante também pode ser explicada pela própria relação entre a mídia e a opinião pública, como inscrito na teoria da espiral do silêncio. De forma resumida, essa teoria defende que os indivíduos buscam a integração social através da observação da opinião dos outros e procuram se expressar dentro dos parâmetros da maioria para evitar o isolamento. A primeira vez que se ouviu esse conceito foi em 1972, durante o 20º Congresso Internacional de Psicologia, em Tóquio, no *paper* intitulado *Return to the concept of powerful mass media. Studies of broadcasting 9*, da alemã Elisabeth Noelle-Neuman. Mas somente em 1984 a pesquisadora relacionou suas ideias em um único livro, publicado nos Estados Unidos com o nome de *A espiral do silêncio*.

Para Noelle-Neuman, as pessoas tendem a esconder opiniões contrárias à ideologia majoritária, o que dificulta a mudança de hábitos e ajuda a manter o *status quo*. A opção pelo silêncio é causada pelo medo da solidão social, que se propaga em espiral e, algumas vezes, pode até esconder desejos de mudança presentes na maioria silenciosa. Só que esses desejos acabam sufocados pela espiral do silêncio. Ou seja, as pessoas não só são influenciadas pelo que os outros dizem como também pelo que imaginam que eles poderiam dizer. Se acharem que suas opiniões podem não ter receptividade, optam pelo silêncio.

A mudança só ocorre se houver um sentimento de que ela já é dominante, o que, nessa lógica, não só demora muito a ocorrer como depende fundamentalmente da mídia. Nas palavras da autora, citada por Jorge Pedro Souza,

> o resultado é um processo em espiral que incita os indivíduos a perceber as mudanças de opinião e a segui-las até que uma opinião se estabelece como atitude prevalecente, enquanto as outras opiniões são rejeitadas ou evitadas por todos, à exceção dos duros de espírito. Propus o termo espiral do silêncio para descrever este mecanismo psicológico.[16]

Os meios de comunicação tendem a priorizar as opiniões dominantes, ou melhor, as opiniões que parecem dominantes, consolidando-as e ajudando a calar as minorias (na verdade, maiorias) isoladas. Nesse ponto, a teoria da espiral do silêncio aproxima-se da teoria dos definidores primários, pois ambas defendem que a tal prioridade é causada pela facilidade de acesso de uma minoria privilegiada (as fontes institucionais) aos veículos de informação. Assim, opiniões que parecem consensuais se perpetuam, pois a maioria silenciosa não se expressa e não é ouvida pela mídia, o que leva à conclusão de que o conceito de opinião pública está distorcido.

Um caso clássico de espiral do silêncio pode ser verificado nas eleições. Muitas vezes, os candidatos que estão à frente nas pesquisas recebem mais votos ainda graças à percepção popular de que eles devem ter a preferência da maioria e provavelmente serão eleitos. Além disso, essa mecânica também aparece nas próprias relações de bairro, quando muitas pessoas evitam discordar dos vizinhos com medo de ficarem isoladas. É o que Noelle-Neuman chama de clima de opinião. Ou seja, as pessoas imaginam que pensam diferente da maioria, calam-se e, posteriormente, adaptam-se à opinião contrária. Assim, aquela ideia que talvez não fosse majoritária acaba prevalecendo.

A teoria da espiral do silêncio trabalha com três mecanismos condicionantes:

- a acumulação, que é o excesso de exposição de determinados temas na mídia;
- a consonância, que é forma semelhante como as notícias são produzidas e veiculadas;
- a ubiquidade, que é a presença da mídia em todos os lugares.

Juntos, esses mecanismos determinam uma forte influência da mídia sobre o público, que não chega a ser tão absoluta como na teoria hipodérmica, mas é decisiva para consolidar os valores da classe dominante e formar nossa percepção da realidade.

### Para ler mais

Souza, Jorge Pedro. *As notícias e seus efeitos*. Coimbra: Minerva, 2000.

Thompson, John B. A natureza do escândalo político. In: Thompson, John B., *O escândalo político*: poder e visibilidade na era da mídia. Petrópolis: Vozes, 2002.

Noelle-Neumann, E. *La espiral del silencio:* opinión pública – nuestra piel social. Barcelona: Paidós, 1995.

## TEORIA DA NOVA HISTÓRIA

Os teóricos da Nova História, reunidos na Escola dos Anais, na França, defendem uma nova atitude dos historiadores diante dos acontecimentos. Eles questionam fontes, arquivos e até documentos considerados oficiais. Seu método consiste em interpretar a história não a partir dos eventos, mas tomando como referências os pressupostos de formação desses mesmos eventos. Uma prática que pode ser estendida ao jornalismo.

O teórico Michel de Certeau, em debate com outros integrantes da Nova História, chama a atenção para a necessidade de refletir sobre a produção dos fatos, alertando que a metodologia histórica sempre insistiu mais no inventário, na classificação e no tratamento das fontes do que na construção do discurso. Para Certeau, a história é a arte da encenação, uma operação que compreende a relação entre o lugar do discurso, os procedimentos de análise e a construção de um texto. Ou seja, a combinação de um lugar social, de práticas científicas e de uma escrita.

A História, assim como o jornalismo, não reconstitui a verdade, interpreta-a. Certeau defende o modelo subjetivo, pelo qual toda interpretação histórica depende de um sistema de referência. O lugar de onde se fala está no centro das discussões. Mais do que o público, são os pares do historiador os destinatários da obra. Coisa parecida ocorre com os jornalistas, apesar da preocupação com o público, já que eles estão subordinados a regras institucionais e sempre verificam o que os "coleguinhas" fizeram. Uma prática ligada a métodos que protegem um determinado grupo de conhecedores das rotinas profissionais. O saber está ligado ao lugar e deve submeter-se às suas imposições, à lei do grupo. Para Certeau, é impossível analisar o discurso histórico fora da instituição em torno da qual ele se organiza.

Nesse sentido, pode parecer que a operação jornalística envereda por um caminho contrário, pois é destinada ao grande público, mas suas leis também são regidas por um grupo, que se organiza em preceitos epistemológicos e padroniza o trabalho em manuais de redação e códigos entre os pares. A História é lacuna. O jornalismo também. Não podemos ignorar que desconhecemos a maior parte do passado. A História é o que ainda podemos saber dela, nada além disso. A história da Grécia, por exemplo, não é a história da Grécia, mas apenas o que conseguimos saber sobre a história da Grécia. A maior parte é lacuna, não foi revelada. Qualquer matéria jornalística segue a mesma lógica.

A proximidade temporal e o envolvimento material fazem do jornalista praticante e reflexo do acontecimento, aproximando-o dos problemas comuns àqueles que os historiadores chamam de "imediatistas", como, por exemplo, o desconhecimento do final da história, o excesso de informações, a falta de confiabilidade das fontes e a impossibilidade de acesso a alguns arquivos. Além disso, a mídia influencia o ideário coletivo, que não se reduz ao significado intelectual, sendo também estritamente ligado a nuanças emocionais. O que "a realidade propõe, o imaginário dispõe", analisa Pierre Nora, tomando como exemplo o suicídio de Marilyn Monroe, que, para tornar-se um acontecimento, precisou que milhões de pessoas vissem nele o drama do *star system* e a tragédia da beleza interrompida.

Os acontecimentos na contemporaneidade juntam as forças da informação e da mudança, agregando o fato cotidiano e o evento, o real e o ficcional. São construídos pelos meios de comunicação, mas também os constroem. Um duplo movimento, que só faz aumentar a crise epistemológica da operação jornalística.

Cada vez mais tênue, a fronteira entre o imaginário e o real caminha para a dissolução, forçando o jornalista a pensar em formas alternativas de representação do acontecimento. Como afirma Hayden White, é preciso "produzir novos critérios sobre o lugar de suspensão entre a história e a ficção". Devemos repensar conceitos éticos e estéticos, refletindo sobre as forças simbólicas de condução e construção dos eventos, e sobre suas próprias demandas. As representações feitas através de imagens sensacionalistas e cortes na ilha de edição não são situações isoladas, não se produzem sozinhas. São, na verdade, aspirações da própria sociedade, ávida por consumir esse tipo de produto. Este sim é um movimento perigoso, em que o consumo determina o produto e o produto determina o consumo, em um ciclo vicioso interminável.

No cotidiano de uma redação jornalística, o espaço para reflexão é mínimo. Espremido pelos *deadlines* e pela busca incessante do furo de reportagem, o jornalista é mais uma peça da engrenagem produtiva. O evento é sua matéria-prima e o tempo curto, seu campo de atuação. Uma visão falaciosa, como afirma Fernand Braudel, para quem o tempo curto é a mais caprichosa, a mais enganadora das durações. Para Braudel, em oposição a essa narrativa de fôlego curto, dramática e precipitada, está uma história longa, de respiração contida e de amplitude secular.

O que Braudel quer nos trazer não é o fim do evento, mas a ideia de que ele anexa um tempo muito superior à sua própria duração. Para ele, a história é a soma de todas as histórias e de todos os tempos possíveis e todas as ciências são contaminadas umas pelas outras, sendo, portanto, impossível prescindir de qualquer uma delas. Braudel desconfia da história puramente factualista e defende a longa duração como a linha mais útil para a reflexão comum às ciências sociais.

Novamente, voltamos ao problema do imediatismo, que para Lacouture é enfrentado tanto por jornalistas como por historiadores, aproximados pela forma de abordagem do acontecimento, cuja opção pela crítica seria a melhor maneira de manter uma postura analítica e reflexiva:

> O que garante a autoridade crítica é a racionalização do fabuloso, é a operação que consiste em extrair do acontecimento, que muda abruptamente os dados do jogo, os elementos da nova distribuição de cartas para o prosseguimento do jogo até o momento em que seu desenrolar, se não suas regras, for abalado pela apoplexia de um jogador ou pela invenção de novas cartas.[17]

Antes de Lacouture, ainda no começo da década de 1970, Pierre Nora já apontara para a volta do acontecimento como "o ponto de vista privilegiado, a via de acesso real à História do Presente".[18] Na verdade, na proposição de Nora, mais do que a volta, está a elaboração de um novo estatuto para o evento, já que ele próprio faz uma crítica contundente à mídia, que transforma *fait divers* em acontecimentos, misturando informação, consumo e espetacularização. Entretanto, não deixa de sinalizar que "é necessário auscultar o acontecimento, porque é ele que une, como num feixe, os significados sociais que o rodeiam".

O que parece claro na abordagem da Nova História e talvez possa ser o elemento mais proveitoso para a atividade jornalística é, então, a implementação de uma nova atitude em relação ao evento, que obrigue o jornalista a ler não a partir de sua realização, mas tomando como base seus pressupostos de formação. E isto quer dizer definir métodos, reavaliar fontes, escolher unidades de observação, estabelecer relações entre os elementos e chegar a modelos de estudo, sem, entretanto, deixar de considerar as múltiplas variáveis.

O que chamamos de realidade constitui-se fundamentalmente de construções possíveis em formas infinitas e variáveis. O próprio indivíduo é coconstrutor da realidade em que vive e que, às vezes, quer modificar. Diversas vozes e múltiplos olhares formam o acontecimento. Para Peter Burke, a apresentação sequencial dos eventos toma de empréstimo técnicas da literatura e do cinema, como, por exemplo, a ênfase sobre estruturas narrativas e construções de visibilidades. A montagem parece ser a linguagem mais adequada, com suas inúmeras possibilidades, entre as quais a própria subversão da cronologia.

A mídia reconstrói o acontecimento na operação jornalística, mas, junto com ela, vende a crença de que a montagem não interfere na construção da realidade. O jornalismo é um dos principais agentes da comunicação de massas, mas parece perdido diante das mudanças paradigmáticas das diversas disciplinas da atualidade, que, entre outros fatores, rediscutem "a fidelidade aos fatos", tão apregoada pelos manuais de redação.

Escolhendo caminhos, assumindo opções, cometendo erros, o jornalista envereda por um terreno escorregadio, sem equipamentos de segurança. A totalidade está nas lacunas. As certezas, nas antíteses. Pode não estar em busca do tempo perdido, mas, nas palavras de Proust, "a única viagem verdadeira, o único banho de rejuvenescimento, não é partir para novas aventuras, mas ter outros olhos".

### Para ler mais

LACOUTURE, Jean. A história imediata. In: LE GOFF, Jacques. *A história nova*. São Paulo: Martins Fontes, 1990.
NORA, Pierre. O retorno do fato. In: NORA, Pierre e LE GOFF, JACQUES. *História*: novos problemas. Rio de Janeiro: Francisco Alves, 1988.
CERTEAU, Michel de. *A escrita da história*. Rio de Janeiro: Forense, 1982.

## TEORIA DOS FRACTAIS BIOGRÁFICOS OU A BIOGRAFIA SEM-FIM

A teoria da biografia sem-fim foi desenvolvida durante meu doutorado na PUC do Rio de Janeiro entre 1999 e 2002. Meu objetivo foi estudar um filão editorial muito explorado pelos meus colegas jornalistas, especialmente aqueles cansados da rotina das redações e do pouco espaço para se aprofundar nos assuntos. Ou seja, refere-se às biografias, um gênero narrativo que utiliza técnicas jornalísticas e vale-se de um pacto referencial de expressão da verdade com o leitor. Entretanto, tive a preocupação de desenvolver uma teoria alternativa ao que Pierre Bourdieu chama de ilusão biográfica, aquela que trata a história de uma vida como "o relato coerente de uma sequência de acontecimentos com significado e direção".

O relato biográfico produzido pelos jornalistas, na maioria das vezes, tenta ordenar os acontecimentos de uma vida de forma diacrônica, na ilusão de que eles formem uma narrativa autônoma e estável, ou seja, uma história com princípio, meio e fim, formando um conjunto coerente. Para Bourdieu, o biógrafo é cúmplice dessa ilusão. Ele tenta satisfazer o leitor tradicional, que espera uma suposta verdade, uma suposta realidade. Mas o máximo que a biografia pode oferecer é uma reconstrução, um efeito de real.

O biógrafo é responsável pela criação artificial de sentido, já que tem interesse em aceitar a coerência da existência narrada, pois seu discurso baseia-se na preocupação de "tornar razoável, de extrair uma lógica ao mesmo tempo retrospectiva e prospectiva, uma consistência e uma constância, estabelecendo relações inteligíveis, como a do efeito à causa eficiente ou final".[19] Ao organizar a vida como uma história linear, o biógrafo fornece uma razão de ser ao seu objeto e tranquiliza o leitor, que se identifica no passeio pela estrada percorrida.

Associar a vida a um caminho ou estrada facilita a compreensão, facilita a narração, facilita a venda. O sucesso das biografias no mercado editorial está certamente relacionado à opção da maioria dos autores em reconstruir o passado atribuindo significado aos fatos dispersos de uma vida, alocando-os em ordem cronológica. Somos seduzidos pela memória, diria Andréas Huyssen. Mas a sedução vive de um modelo epistemológico anacrônico e não contempla as transformações na experiência espacial e temporal.

Cada vez mais, os profissionais da imprensa enveredam pelo jornalismo não cotidiano, buscando narrativas de fôlego em que reconstroem histórias e identidades. Mas, para isso, utilizam o mesmo referencial epistemológico de sua atividade diária nas redações. Daí a minha inquietação. É possível construir histórias e identidades com coerência e estabilidade numa época em que a realidade se apresenta em formas múltiplas e desconexas, deixando clara a sua complexidade? É possível escrever biografias como relatos diacrônicos de acontecimentos com significado e direção? É possível ignorar que os atuais espaços de produção, circulação e recepção desses textos estão inseridos numa teia de conexões permeada por conceitos como indeterminação, caos, complementaridade e tolerância às ambiguidades?

Não, não é possível. A matriz da teoria da biografia sem-fim está comprometida em responder negativamente a todas essas perguntas. Longe das análises dicotômicas e da ineficiência de explicações unilaterais e totalizadoras, o tapete da reflexão proposta é justamente a aguda consciência da complexidade. O objetivo é propor uma análise crítica sobre o discurso biográfico e também a possibilidade de aplicação dessa mesma teoria na própria produção de biografias por jornalistas, historiadores e outros biógrafos da atualidade.

A ideia é organizar uma biografia em capítulos nominais (fractais) que reflitam as múltiplas identidades do personagem (por exemplo: o judeu, o gráfico, o pai, o patrão etc.). No interior de cada capítulo, o biógrafo relaciona pequenas histórias/fractais fora da ordem diacrônica. Sem início, meio e fim, o leitor pode começar o texto de qualquer página. Cada fractal traz nas notas de rodapé a referência de sua fonte, mas não há nenhum cruzamento de dados para uma suposta verificação de veracidade, pois isso inviabilizaria o próprio compromisso epistemológico da metodologia. Quando a mesma história é contada de maneira diferente por duas fontes, a opção é registrar as duas versões, destacando a autoria de cada uma delas.

A interatividade pode ser conseguida ao lançar a obra junto com um site em que qualquer leitor possa contar sua própria história sobre o personagem para ser publicada na edição seguinte. Ou seja, o leitor é coautor e o biógrafo, apenas um mediador, o responsável pela reconstrução das histórias dos outros. Enfim, uma função realmente coerente com o seu ofício. Como aplicação e exemplo dessa teoria, realizei trabalho de campo e elaborei uma biografia em fractais de Adolpho Bloch, dono da revista e da extinta TV Manchete, que morreu em 1995. O texto está dividido em dezenove grandes fractais/capítulos. Cada um deles contém outros pequenos fractais/histórias que tomam o maior como referência, em um total de 158 abordagens sobre o personagem.

Os capítulos sobre a vida de Bloch foram escritos fora da ordem cronológica e referem-se a características centrais do indivíduo, com o propósito de abordar as múltiplas e complexas identidades do biografado. Dessa forma, um capítulo conta histórias sobre o judeu; outro, sobre o empresário; outro, sobre o editor; e assim por diante. Cada história traz a referência de sua fonte, seja ela um livro, um amigo de Adolpho, um arquivo ou, simplesmente, um leitor. E cada edição da biografia é lançada junto com um site, em que qualquer leitor pode deixar registrada sua própria história sobre Bloch. Nas edições seguintes, o biógrafo faz a mediação e as coloca no livro. Ou seja, é, de fato, uma biografia sem-fim.

Ao construir a biografia de um indivíduo tão complexo (se é que existe alguém que não o seja) como Adolpho Bloch, fundador de um império de comunicações e de dezenas de outros empreendimentos, a análise totalizadora já seria, por si própria, ineficiente. A elaboração de uma biografia em fractais não só confirma a opção pela complexidade como procura refletir a multiplicidade de identidades do biografado. Além disso, a própria opção pela interatividade, transformando o leitor em coautor, já destrói a concepção totalizante do escritor como o dono da história e também privilegia a diversidade.

O conceito de fractal está ligado ao de autossemelhança. Dessa forma, ele também está inserido no conceito de infinitude, pois é possível verificar que a realocação das histórias sobre o personagem em outros fractais de referência também seria viável, já que a ideia básica é a de que cada pequeno fractal é uma cópia reduzida do grande, que, por sua vez, seria uma cópia reduzida do biografado. E, além de serem complementares e irregulares, essas subdivisões poderiam continuar de forma infinita, revelando novas e inexploradas visões sobre o indivíduo. Nas palavras do zen-budismo, "tudo é um, um é nada, nada é tudo".

A autossemelhança também significa recorrência, ou seja, um padrão dentro de outro padrão, o que vai aumentando o nível de complexidade. Mas o conceito de padrão não significa necessariamente coerência ou regularidade. Os padrões podem ser incoerentes e irregulares, e essa pode ser a sua própria ordem. Há lógica na aparente ilógica, o que nada mais é do que o desenvolvimento de uma ordem de recriação no epicentro da desordem.

Assim como no estudo da Física Quântica o universo renova-se e estabelece novos sistemas a partir da instabilidade de partículas elementares, também as interpretações sobre os fractais biográficos caminham para reconstruções e reordenações no interior de sua própria irregularidade. Não existe um verdadeiro biografado, apenas complexos pontos de vista sobre ele. O biógrafo assume que privilegia alguns desses pontos de vista, mas os privilégios são aleatórios, baseados na própria viabilidade de acesso às informações. Tudo o que temos são lacunas, e elas são infinitas. Não é possível contar essas histórias como elas realmente ocorreram, então limite-se a torná-las interessantes e divida seu trabalho com o leitor.

A biografia prova que a palavra é mais perigosa que a espada e mais inebriante que o ópio. O biógrafo, então, deve ter consciência da falta de consciência, ou seja, deve saber que pode se cortar com a própria pena, um objeto sádico, incorrigível, incontrolável.

Não se preocupe em desvendar as páginas da vida alheia. Contemple-as. O rastro de sangue na folha de papel é o que identifica a biografia e os biógrafos.

## Para ler mais

BOURDIEU, Pierre. A ilusão biográfica. In: FERREIRA, Marieta de Moraes e AMADO, Janaína. *Usos e abusos da história oral*. Rio de Janeiro: FGV, 1998.

PENA, Felipe. *Teoria da biografia sem-fim*. Rio de Janeiro: Mauad, 2004.

## NOTAS

[1] Mauro Wolf, Teorias da comunicação, Lisboa, Presença, 2002, p. 189.

[2] Peter Berger e Thomas Luckmann, A construção social da realidade, Petrópolis, Vozes, 2003, p. 40.

[3] Jorge Pedro Souza, As notícias e seus efeitos, Coimbra, Minerva, 2000, p. 18.

[4] Nelson Traquina, Teorias do jornalismo, Florianópolis, Insular, 2004, p. 151.

[5] Mauro Wolf, op. cit., p. 181.

[6] Idem.

[7] Idem, p. 144.

[8] Idem, p. 143.

[9] Embora a dicotomia direita e esquerda seja bastante contestada, ela serve, nesse caso, para identificar as abordagens pró e contra o sistema capitalista de produção das notícias.

[10] Nelson Traquina, op. cit., p. 165.

[11] Perseu Abramo, Padrões de manipulação na grande imprensa, São Paulo, Fundação Perseu Abramo, 1996, p. 23.

[12] Nelson Traquina, op. cit., p. 167.

[13] Roberto DaMatta, Relativizando, Rio de Janeiro, Rocco, 1987, p. 151.

[14] Idem, p. 145.

[15] Nelson Traquina, O poder do jornalismo: análise e textos da teoria do agendamento, Coimbra, Minerva, 2000, p. 178.

[16] Jorge Pedro de Souza, op. cit., p. 177.

[17] Jean Lacouture, "A história imediata", em Jacques Le Goff, A história nova, São Paulo, Martins Fontes, 1990, p. 224.

[18] Pierre Nora, "O retorno do fato", em Pierre Nora e Jacques Le Goff, História: novos problemas, Rio de Janeiro, Francisco Alves, 1988, p. 48.

[19] Pierre Bourdieu, "A ilusão biográfica", em Marieta de Moraes Ferreira e Janaína Amado, Usos e abusos da história oral, Rio de Janeiro, FGV, 1998, p. 185.

# TENDÊNCIAS E ALTERNATIVAS

*Pretendo que a poesia tenha a virtude de, em meio ao sofrimento e ao desamparo, acender uma luz qualquer, uma luz que não nos é dada, que não desce dos céus, mas que nasce das mãos e do espírito dos homens.*

Ferreira Gullar

## JORNALISMO DE RESISTÊNCIA

Na *pólis* grega não havia separação entre o indivíduo e o Estado. Todos eram responsáveis pela vida pública, ou seja, cada um defendia o todo e o todo defendia cada um. O homem da praça ateniense exerce a democracia direta por meio de três pressupostos: a **isonomia**, a igualdade de todos na política; a **isotimia**, o livre acesso de todos às funções públicas; e a **isagoria**, o direito à palavra nas assembleias populares que debatiam publicamente os negócios do Estado.

O termo pólis, então, significa vida na cidade, que nada mais é do que a expressão coletiva dos anseios individuais. Viver tem o sentido de construir o bem comum. E é esse o sentido que parece nortear a maioria dos jovens que escolhem a profissão de jornalista. Mas será que ele sobrevive à rotina das redações? Como aliar prática e teoria? Se há alternativas, onde elas estão?

Mesmo fazendo a ressalva de que, na Grécia, a democracia direta era privilégio de uma elite, é no conceito de construção coletiva que quero me fixar. Pois é isso que falta na política e no jornalismo dos dias atuais. Os jornalistas podem e devem ser os empreiteiros de sua própria pólis. E isso não significa abrir mão da carreira profissional. Muito pelo contrário. O que se propõe é fazer dela um exercício comum de solidariedade e ativismo. Em cada jornalista uma cidade de ideias e ideais.

O que chamo de jornalismo de resistência consiste na aplicação prática de preceitos ligados à função social da profissão. Ou seja, resistir à concepção mercadológica de jornalismo. Nada a ver com a pretensão de transformar a sociedade pela via revolucionária, o que produziria distorções e recairia numa concepção teórica instrumentalista. Muito menos com a interpretação messiânica de alçar o jornalista à categoria de salvador da pátria. Não estou defendendo uma prática marxista de produção noticiosa, embora o marxismo seja confessadamente a minha orientação epistemológica. Mas também não me contento com a classificação da notícia como simples mercadoria ou com as limitações das rotinas produtivas. Acredito nas possibilidades de construção social da realidade através do jornalismo e ainda vejo no profissional da imprensa um papel importante nessa dinâmica.

Vou expor um exemplo prático antes de relacionar os preceitos do jornalismo de resistência. Suponha que você foi escalado para fazer uma reportagem sobre o aumento da violência na Zona Sul do Rio de Janeiro, onde estão os bairros da classe média alta. A pauta foi sugerida porque um cinegrafista amador gravou imagens de um grupo de menores praticando assaltos na praia do Leblon. Qual será o seu enfoque e quem serão os entrevistados? A maioria dos repórteres vai mostrar o clima de insegurança dos moradores, que pedirão o aumento do policiamento na região. O comandante da polícia será entrevistado e a repercussão na mídia talvez obrigue o governador do estado a aumentar o efetivo policial. Só que a reportagem não mostra a realidade cotidiana dos bairros de classe baixa, onde os assaltos são constantes e a violência é muito maior. Um jornalista engajado, resistente, não só abordaria essa questão como perguntaria ao governador de onde serão retirados os policiais transferidos para a Zona Sul. O mais lógico é que a situação nos outros bairros seja agravada. Além disso, há uma infinidade de aspectos que devem ser considerados nessa mesma pauta: quem são os menores que praticam os assaltos? De onde vêm? Qual é a sua situação social? Enfim, o compromisso do jornalista não deve limitar-se à reprodução das demandas mais óbvias.

Vários teóricos deram-se ao trabalho de produzir listas de procedimentos específicos para os jornalistas. Talvez a melhor delas esteja no próprio código de ética da profissão. Entretanto, o que vale mesmo é apropriação subjetiva dos procedimentos, ou seja, a capacidade de reflexão crítica de cada profissional. Este é, então, o meu primeiro preceito, que engloba todos os outros: **sempre faça uma autocrítica antes e depois da reportagem. Questione sua interpretação dos fatos, seus conceitos preconcebidos, seus estereótipos, suas limitações**. E, para isso, sua arma é a perene atualização do cabedal intelectual e emocional. Dispensável dizer que o volume de leitura está diretamente relacionado com a capacidade crítica. Antes de continuar, então, vou relacionar os preceitos de outros dois teóricos, Bill Kovach e Tom Resenstiel, presentes no livro *Os elementos do jornalismo*. Os autores não se referem especificamente ao jornalismo de resistência, apenas elaboram uma lista de procedimentos que os jornalistas devem saber e o público, exigir:[1]

- a primeira obrigação do jornalismo é com a verdade;
- sua primeira lealdade é com os cidadãos;
- sua essência é a disciplina da checagem;
- seus praticantes devem manter independência de quem estão cobrindo;
- deve funcionar como um monitor independente do poder;
- deve apresentar um fórum para a crítica pública e o compromisso;
- deve lutar para transformar o fato significante em interessante e relevante;
- deve manter as notícias compreensíveis e equilibradas;
- seus praticantes devem ter liberdade para exercer a consciência pessoal.

Kovach e Rosenstiel integram o Comitê dos Jornalistas Preocupados, um grupo de 25 profissionais americanos que se reúne desde 1997 para discutir os rumos da imprensa. O livro é resultado das pesquisas do próprio comitê e baseou-se em entrevistas com centenas de jornalistas e editores ao longo de cinco anos. A sua lista de procedimentos, no entanto, está condicionada pela visão norte-americana sobre o tema e pelas próprias rotinas produtivas, embora também possa apontar para alguns dos preceitos que norteiam o jornalismo de resistência. Ou seja, apesar das limitações, os nove pontos têm validade e são um bom começo para exercer a profissão com dignidade.

Para avançar um pouco mais em direção ao jornalismo de resistência, outra alternativa é o jornalismo cívico, centrado na segunda proposta de Kovach e Rosenstiel, que é a lealdade com o cidadão. O termo foi proposto por David Craig e Edmund Lambeth, mas incorporado pelo professor Nelson Traquina um livro publicado no Brasil em 2001, sob o título *O estudo do jornalismo no século XX*. Segundo Traquina, o movimento também recebeu outros nomes, como jornalismo público ou de serviço. Entretanto, o foco principal é o mesmo, encontrar uma saída para a crise da profissão e a falta de confiança da população na mídia. Nas palavras de Jay Rosen, citado por Traquina, "o jornalismo pode e deve ter um papel no reforço da cidadania, melhorando o debate público e revendo a vida pública".[2]

Nos Estados Unidos, a emergência do jornalismo cívico é associada ao ano de 1996 devido à frustração com a cobertura da eleição presidencial, que foi marcada pela publicidade negativa e pela polêmica em torno de questões secundárias e superficiais. Traquina, no entanto, situa a primeira experiência americana no jornal *Columbus Ledger Enquirer*, na Geórgia, que em 1988 abandonou o noticiário tradicional, encomendou uma pesquisa sobre os principais problemas da comunidade e passou a se dedicar a eles. O jornal participou da organização de associações de cidadãos e abriu mais espaço para as cartas dos leitores, além de direcionar a maior parte de seus artigos para as questões regionais.

Há ainda outros exemplos, como os jornais *Wichita Eagle* e *Charlotte Observer*, mas Traquina dedica parte de seu artigo para indexar alguns dos conceitos fundamentais do jornalismo cívico, com base nos autores já citados. Em linhas gerais, eles são os seguintes:[3]

- o jornalismo deve ser uma força de revitalização da vida pública;
- o jornalismo deve redefinir seus valores e aproximá-los da comunidade;
- a objetividade é o primeiro conceito a ser abatido, pois conduz os jornalistas a enquadramentos viciados;
- deve-se evitar o excessivo negativismo e concentrar-se em uma agenda propositiva;
- a missão de dar as notícias deve ser substituída por outra: ajudar a melhorar a vida pública;
- o jornalista deixa de ser observador desprendido e assume o papel de participante justo;
- o público não deve ser concebido como consumidor, mas como cidadão;
- o próprio jornalista é um ator político;
- as velhas rotinas devem ser quebradas.

O jornalismo cívico aproxima-se muito da concepção de jornalismo de resistência. A diferença está na abordagem. Enquanto o primeiro concentra-se na atividade, o segundo aponta o foco para os ativistas, embora os itens 6 e 8 sejam comuns às duas interpretações. Dessa forma, verifica-se que os jornalistas têm duas opções para exercer a profissão com base nos preceitos da resistência. A primeira é dentro das próprias empresas de comunicação, sem abandonar as redações dos megaconglomerados de mídia e as próprias práticas jornalísticas que as sustentam, apenas adaptando-as. E a segunda, em veículos alternativos, em que a mudança é radical.

Vou começar pela primeira. Lembra do exemplo da onda de assaltos na Zona Sul do Rio de Janeiro? O jornalista de resistência consegue dar um enfoque comunitário e mais democrático à reportagem sem abandonar a objetividade e outros valores de uma grande redação. Entretanto, introduz um elemento novo, que é abordagem do tema sob o ponto de vista invertido, ligado aos moradores da zona pobre da cidade, onde a violência é maior e o policiamento, muito menos intensivo. É o que se chama inversão de eixo, o segundo preceito da lista que apresento a seguir. Assim, o jornalismo de resistência em uma empresa de comunicação, dentro de sua lógica comercial, é exercido a partir de nove pressupostos:

- o jornalista realiza a autocrítica antes e depois da reportagem, procurando enxergar preconceitos, estereótipos e limitações;
- busca sempre o elemento novo e as possibilidades de inversão de eixo na abordagem da matéria;
- trabalha com a objetividade, mas insere opiniões de setores representativos da comunidade, evitando ressaltar os definidores primários, como autoridades e experts;
- enxerga a matéria sob a ótica do serviço que ela presta à comunidade e não pelo valor de mercado, embora trabalhe para convencer a chefia de que uma coisa corresponde a outra;
- utiliza a linguagem com sutileza e precisão, procurando as entrelinhas e os discursos não verbais como estratégias de resistência;
- pauta suas entrevistas com perguntas que privilegiem as demandas da comunidade, procurando dar um tratamento que as torne interessantes até para os indivíduos que não fazem parte dela;
- negocia constantemente com seus pares e chefes no sentido de mudar a cultura profissional e produzir novos valores para determinar o que é ou não é notícia;
- propõe pautas relacionadas a uma agenda positiva para as questões sociais, com a preocupação de manter o interesse do grande público;
- não é mais o observador neutro. Envolve-se com a reportagem e procura seu foco social, através da aplicação dos itens anteriores.

A outra forma de atuar como jornalista de resistência é defendendo ideias específicas em veículos que assumem claramente suas posições. É o caso de jornais de partidos, sindicatos ou ONGs. Nesse caso, a mensagem confunde-se com a própria ideologia do grupo. O engajamento é direto e predefinido. Há ideias discutidas *a priori* e sua divulgação é a própria razão para a existência dos referidos jornais. Eles são uma forma de militância e tradução de preceitos políticos.

Só que jornais, TVs, rádios e outras mídias tradicionais custam muito caro, o que inviabiliza projetos que rompam radicalmente com o modelo comercial de jornalismo. Talvez esse seja o principal motivo para a migração desses veículos para a internet, onde as despesas são bem menores. E a criação de um site jornalístico ou de um *blog* não significa necessariamente ficar escondido nas infindáveis malhas da rede mundial de computadores. Veja o exemplo do IMC (*Independent Media Center*) e o conceito de mídia sob demanda, só para citar dois casos.

Mídia sob demanda é um conceito criado por ONGs ligadas à análise de mídia para classificar os veículos alternativos que fazem a cobertura jornalística de manifestações populares exprimindo os pontos de vista e interesses dos manifestantes, ou seja, atendendo suas demandas específicas. Embora tenha surgido nesse formato, o IMC logo radicalizou o conceito e ultrapassou seus limites através da utilização de sistemas hipermídia.

O IMC foi criado em 1999 por ativistas políticos e ONGs com o objetivo de oferecer uma cobertura jornalística alternativa sobre os protestos contra a reunião da Organização Mundial do Comércio, ocorrida em Seatlle, em novembro do mesmo ano. Todo o trabalho jornalístico foi feito por meio do sistema de edição aberta *open-publishing*, que permitiu fazer uma cobertura minuto a minuto dos eventos disponibilizando áudio, fotos, textos e vídeo na internet por intermédio de uma câmara de compensação de informações para jornalistas.

Ao contrário do jornalismo tradicional, para o IMC cobrir um acontecimento significa participar ativamente de sua elaboração e não apenas noticiar os fatos que se desenrolam. Como conclui o filósofo Henrique Antoun, para o ativismo do IMC a cobertura também inclui preparar, invocar e mimar o acontecimento, abandonando a atitude de *press release* e prognóstico da mídia industrial. Para Henrique, no entanto, não basta recolher as informações do IMC para compreender o que o faz tão diferente. É preciso acompanhar a atividade do grupo no calor das próprias manifestações, "no minuto a minuto de seu embate contra a arrogância dos que se julgam dirigentes do mundo globalizado e seus agentes, voluntários ou não, que produzem a mídia corporativa".

As palavras do filósofo são um clamor ao ativismo. Na verdade, a proposta do IMC é exatamente essa: assinalar a fusão da mídia com o ativismo: "O IMC é uma rede de comunicação de protestos dirigida coletivamente visando a criação de narrações radicais, acuradas e apaixonadas da verdade. Nós funcionamos através do amor e inspiração de pessoas que continuam a trabalhar por um mundo melhor, apesar das distorções e má vontade da mídia corporativa para cobrir os esforços para libertar a humanidade".[4]

Os acontecimentos de Seatlle deram ampla visibilidade ao IMC. Ao final da cobertura, sua página na internet havia sido visitada por mais de dois milhões de pessoas. Um ano depois, já havia outros trinta centros de mídia independente espalhados pelo mundo. Todos reproduzindo a ideia básica do movimento: informar também é participar. Ativismo e jornalismo caminham juntos.

Recuperar a pólis no interior da *ágora* contemporânea. Missão para alguns *aedos* do novo espaço público. Nas palavras do poeta Carlos Nejar:

> A vós que me despejastes,
> nesta loucura sem telhas
> e neste chão de desastres,
> com a resistência das penas,
> aceitarei o combate.

### Para ler mais

ANTOUN, Henrique. *Jornalismo e ativismo na hipermídia.* Rio de Janeiro. CD-ROM da Compós, 2000.

FÍGARO, Roseli. *Comunicação e trabalho.* São Paulo: Fapesp, 2001.

## REPORTAGEM ASSISTIDA POR COMPUTADOR (RAC)

A Reportagem Assistida por Computador (a sigla CAR corresponde ao inglês *Computer Assisted Report,* mas prefiro o português RAC) consiste na utilização de instrumentos tecnológicos com o objetivo de aproximar ao máximo o jornalista da informação primária, proporcionando-lhe condições mais adequadas para interpretar a realidade. Informação primária significa informação mais confiável. Informação mais confiável possibilita um jornalismo melhor.

Bancos de dados e planilhas de cálculo são as ferramentas mais utilizadas pela RAC. Por meio delas, os jornalistas contextualizam informações, conferem números, encontram novos indícios, ilustram reportagens com gráficos e tabelas, checam dados e até produzem pesquisas qualitativas. Essas técnicas, aliadas a métodos científicos de investigação social e psicossocial, formam o que o professor Philip Meyer chama de jornalismo de precisão, cuja base conceitual é considerar o profissional da informação não apenas intérprete e transmissor, mas administrador e analista de dados.

O que se espera, então, de um jornalista inserido no contexto da RAC é um rigor científico capaz de fornecer uma organização da informação realmente alinhada com a necessidade do público, além da substituição da objetividade baseada em depoimentos contraditórios pela objetividade baseada em investigação contextualizada. A tarefa não é fácil e encontra barreiras até entre jornalistas experientes. Os problemas estão na base epistemológica da profissão. Conferir ao jornalismo o epíteto de ciência está longe de ser uma unanimidade. Entretanto, o próprio desenvolvimento tecnológico contribui para a diminuição das resistências. Com o vertiginoso aumento da disponibilidade de informações pelo mundo, sua administração só pode ser viabilizada por métodos científicos. Não há outro caminho. O jornalista precisa aproximar-se ao máximo da precisão e a mediação das estruturas tecnológicas é imprescindível nesse processo.

As principais planilhas de cálculo à disposição no mercado são a Lótus, a Quatro Pro e a Excell. Com elas os jornalistas podem fazer complexos cálculos matemáticos e comparar informações numéricas através de gráficos. Suponha, por exemplo, que você esteja fazendo uma reportagem sobre a violência em São Paulo e tenha acesso a dados da Secretaria de Segurança montados a partir do tipo de crime praticado. Com uma planilha, você pode reorganizar os dados para melhor informar o público, montando gráficos sobre os locais de incidência dos delitos, quais os horários mais perigosos, perfis dos criminosos, quantos foram presos etc. Assim, a informação terá mais utilidade e poderá ser analisada com muito mais critério por quem precisa dela. As planilhas também dão credibilidade à informação. Uma declaração do secretário de segurança dizendo que a causa dos arrastões nas praias da Zona Sul do Rio é social parece um jogo político. Mas se ela vier acrescida de registros do juizado de menores identificando os assaltantes como crianças de oito a doze anos, de renda familiar inferior a um salário mínimo, talvez possa ser interpretada de maneira diferente.

Os bancos de dados funcionam com base na mesma ideia. Eles permitem armazenar e, principalmente, ordenar grande número de informações. Os mais populares são o Aproach, o FoxPro e o Access. É na forma como o jornalista utiliza o conteúdo que está a grande revolução dessa ferramenta. Gráficos, fotos, tabelas e textos podem ser agrupados ou comparados em infinitas variações para sustentar incontáveis possibilidades de análise sobre fatos jornalísticos. Além disso, servem como um arquivo imediato. Partindo do pressuposto de que os valores-notícia determinam que os fatos se repitam, os bancos de dados funcionam como a melhor arma para os repórteres especializados.

Se um repórter de política, por exemplo, estiver fazendo uma reportagem sobre a disposição do governo em retirar o direito à aposentadoria integral dos funcionários públicos, uma análise sobre as posições dos integrantes desse mesmo governo quando eram de oposição será muito útil. Alguns deles certamente já ocuparam cargos legislativos e podem ter votado de maneira diferente quando o assunto esteve em pauta no passado.[5]

**Para ler mais**

MEYER, Philip. *The new precision journalism*. Bloomington: Indiana University Press, 1991.
LAGE, Nilson. *A reportagem:* teoria e técnica de entrevista e pesquisa jornalística. Rio de Janeiro: Record, 2001.

## JORNALISMO DIGITAL

A teoria dos gêneros no jornalismo ainda encontra dificuldades para definir jornalismo digital. A confusão conceitual envolve os termos webjornalismo, jornalismo *on-line* e ciberjornalismo, entre outros. Entretanto, sem entrar no mérito desse problema, um aspecto parece obter a unanimidade dos teóricos: foi o advento da internet que possibilitou o novo gênero, e ele veio para revolucionar as relações profissionais e as próprias rotinas produtivas. **Jornalismo digital, então, pode ser precariamente definido como a disponibilização de informações jornalísticas em ambiente virtual, o ciberespaço, organizadas de forma hipertextual com potencial multimidiático e interativo.**

Na segunda metade da década de 1990, houve o famoso *boom* da internet e muitos jornalistas migraram para a nova mídia, alguns com salários bem acima do mercado. Mas a bolha estourou e uma boa parte deles perdeu o emprego. As empresas se retraíram e houve um redimensionamento da viabilidade comercial do jornalismo digital. Entretanto, o exagero dos profetas do ciberespaço, como diz Manuel Castells, não pode levar-nos a subestimar sua verdadeira importância.

O ambiente virtual modificou vários aspectos da vida humana. No jornalismo, influenciou todos os tipos de veículo, em todas as fases de produção e recepção da notícia. Na própria internet, os conceitos mudam a uma velocidade impressionante, embora a linguagem para congregar todas as suas potencialidades pareça ainda não ter sido encontrada. Portais, websites e blogs descentralizam a informação. Estes últimos, pela facilidade de acesso, vêm formando o que os medalhões do jornalismo americano chamam pejorativamente de jornalistas de pijama. A alegação é que a grande quantidade de blogs inviabiliza a verificação de suas informações, o que os torna pouco confiáveis.

Entretanto, os blogueiros já conseguiram questionar os gigantes da mídia americana. Foi assim, por exemplo, com o escândalo conhecido com Rathergate, quando o famoso apresentador Dan Rather divulgou informações inverídicas sobre o presidente Bush no conceituado programa *60 minutes* em setembro de 2004. Mesmo com a antipatia pelo presidente em alta, os blogueiros enviaram ininterruptas mensagens apontando falhas de autenticidade nos quatro documentos apresentados pela emissora para provar como o então tenente da reserva George W. Bush havia conseguido escapar da Guerra do Vietnã graças a pressões familiares. Ou seja, tornaram-se os vigilantes da grande mídia. Por causa do escândalo, Rather demitiu-se da função que exercia há três décadas, a de âncora do principal telejornal do país, o CBS *News*. E essa é apenas uma das potencialidades apontadas pelos teóricos da cibercultura.

Para o professor Elias Machado, presidente da Sociedade Brasileira de Pesquisadores em Jornalismo (SBJJOR), a matriz tecnológica do jornalismo digital implode o modelo de conteúdos centrado no profissional, pois grande parte das tarefas de apuração, atualização e monitoramento dos fatos fica por conta dos agentes inteligentes, programas de busca especializados capazes de uma rotina ininterrupta de trabalho durante 24 horas por dia. Já para Antonio Fidalgo, catedrático da Universidade da Beira Interior, em Portugal, presenciamos uma nova sintaxe das notícias, organizadas em níveis de profundidade a partir do hipertexto e influenciadas pelas bases de dados.

Ambos os teóricos apontam para a necessidade profissional de se adaptar às novas tecnologias. A jornalista Polyana Ferrari, autora do livro *Jornalismo digital*, afirma ser preciso preparar as redações e os jornalistas para as transformações da profissão, desenvolvendo uma visão multidisciplinar e a capacidade de trabalhar com diversas mídias. Ferrari cita o curso de pós-graduação em jornalismo digital da Universidade Estácio de Sá, no Rio de Janeiro, fundado por mim e pela professora Marta Dantas, como um exemplo de especialização na área. Infelizmente, o curso não existe mais, embora a jornalista Lucienne Setta tenha continuado o trabalho por algum tempo, mas há outras experiências em andamento.

Aliás, com base na experiência que tivemos naquele curso, é possível dizer que o perfil da disciplina é muito eclético, o que dificulta uma definição clara do perfil do aluno. Alguns buscam a especialização prática, outros, uma visão mais conceitual. Há estudantes recém-formados e jornalistas com experiência. Enfim, uma babel de interesses que reflete o próprio meio digital, ainda muito novo para uma definição clara de seu perfil. Mesmo assim, Marta Dantas procurou alocar como objetivos do curso ensinar os alunos a criar textos para as novas mídias, desenvolver e avaliar páginas da web, encontrar e organizar a informação, explorar as novas tecnologias e seus aspectos legais, analisando o impacto nas áreas culturais e comerciais.

O que mais me preocupa, no entanto, é um certo exagero nas potencialidades da área. Claro que a internet revoluciona a atividade jornalística, mas daí a acreditar que o jornalista é um ser dispensável e as novas tecnologias acabarão de vez com as barreiras de tempo e espaço, produzindo uma sociedade que os teóricos chamam de pós-humana, já é demais. É o que eu chamo de perna coxa da tecnologia, numa alusão ao deus grego Hefestos, que dominava a técnica, mas era coxo, mancava de uma perna. No mesmo raciocínio, também me incomoda a famosa metáfora dos mares polissêmicos da internet, que defende a potencialidade de múltiplos significados para as mensagens. Às vezes, sinto-me como um náufrago da polissemia, sem conseguir uma interpretação adequada para determinados contextos.

Por isso, recorro a Hefestos, o deus artesão, o deus da técnica, cuja etimologia se transcreve por *água que queima*. Habilidoso e requintado, ele tinha como principal atributo o dom de ligar e desligar, de atar e desatar, e foi o paradigma divino do *complexo oppositorum*, encontrado também nos heróis. O deus da ambiguidade é quem ata Prometeu à coluna e também o consola; tem grande habilidade, mas é coxo; é o mais feio e repelente dos deuses, porém casado com a mais bela do Olimpo, Afrodite, que o trai com o pernicioso Ares, seu companheiro na *Ilíada*.

São quatro suas principais criações: o trono de ouro para sua mãe, Hera; Pandora, instrumento de punição para os homens; a rede mágica, em que prende os adúlteros Ares e Afrodite; e a famosa armadura de Aquiles, que fez do melhor dos aqueus o portador do fogo de Hefestos.

Depois da briga com Agamêmnon pela escrava Briseida, no primeiro canto da *Ilíada*, Aquiles, aviltado em sua honra (timé, para os gregos), retira-se do campo de batalha, só retornando no décimo oitavo canto, sob o pretexto da morte de Pátroclo, seu melhor amigo. O afastamento serve de tempo ritual para que se prepare o retorno do herói, que pede à mãe, a deusa Tétis, uma nova armadura, pois a sua tombara junto com o amigo. Tétis, então, se dirige a Hefestos, que confecciona a famosa peça.

É interessante notar as ligações entre deus e herói. Aquiles gravita na órbita simbólica de Hefestos, ambas as figuras marcadas pela marginalidade. À *areté* (excelência) do primeiro corresponde a *tekhné*, a habilidade artesanal, do segundo. Hefestos é um deus coxo e o único que tem ofício no Olimpo.

A armadura torna possível a volta de Aquiles. Não só para a defesa do herói, mas, principalmente, como instrumento de sua glorificação. Hefestos assume o papel de paraninfo para que ele possa se tornar o melhor dos aqueus. No gigantesco escudo, confeccionado com uma liga de vários metais nobres, ele imprimirá doze figuras que representam a civilização grega.

Dessa forma, Aquiles será o representante de todos os valores culturais e civilizacionais inscritos no escudo, cuja técnica usada para forjá-lo torna-o quase indestrutível. Ele carrega todos os motivos da cultura aqueia segundo a representação criada por Hefestos: a genealogia cósmica, a agricultura, a pecuária, a vidicultura, o casamento, a guerra, os cultos, a vida palaciana etc. A cultura está escudando o herói, que, dessa forma, não volta sozinho ao campo de batalha.

É interessante notar como o grande herói grego entrega sua vida ao deus da técnica. É ela que marcará sua triunfante volta ao campo de batalha e o protegerá dos perigos da guerra. Ao mesmo tempo, entretanto, a narrativa mitológica alerta que o deus é coxo, ambíguo. Sua técnica gera beleza, mas sua própria aparência é horripilante. Ele não consegue usar a habilidade para mudar a si mesmo, ou seja, apesar de dominar a tecnologia, a natureza ainda continuará impondo-lhe limites.

O alerta da perna coxa permite verificar que algumas das críticas ao jornalismo "tradicional" permanecem atuais no universo *on-line*, como, por exemplo, a velocidade, a simplificação, a superficialidade e a banalização. Entretanto, além de essas críticas serem potencializadas no ambiente digital (o tempo real e a própria linguagem são exemplos, embora limitados pelos suportes de *hardware*), o universo da cibercultura também os relaciona com as fantasias de supressão do tempo e do espaço. Mas o devaneio começa antes da própria veiculação da notícia *on-line*.

A partir da imagem de que o ciberespaço é um mar polissêmico, abre-se a navegação para o exercício das múltiplas possibilidades de identidade, em que a atemporalidade e a imaterialidade presentes nos fluxos de informação que formam o ciberespaço permitem a realização de desejos de forma virtual, em um verdadeiro laboratório existencial, liberto de qualquer tipo de obstrução. Parece o fim dos limites impostos ao humano pelo corpo. No ambiente virtual, tudo é possível. Um deficiente físico pode correr a maratona, um sujeito com acrofobia pode pilotar um avião, homens podem ser mulheres e vice-versa, em um exercício lúdico de todas as possibilidades que possam se apresentar.

Em outras palavras, há a crença de que qualquer um pode intervir em enredos preestabelecidos e transformá-los conforme sua própria conveniência, construindo-os e reconstruindo-os, em uma interação inesgotável, com a possibilidade de assumir as mais variadas identidades: sexuais, religiosas, ideológicas etc. Ou melhor, essas diferenças deixam de existir, pois não determinam as relações. Entretanto, o que, aparentemente, seria uma nova utopia igualitária, viabilizada por uma suposta democracia digital, é, na verdade, uma proposta totalizadora.

Além disso, um dos aspectos multiplicadores dessas possibilidades identitárias é a imagem de que o anonimato diminui o potencial segregador e as inibições. E ela (a imagem) não trata apenas da possibilidade de, em um mesmo *chat*, estarem presentes um padre e um cafetão, por exemplo. O anonimato vai além, funcionando como libertador não só dos padrões morais, mas também dos políticos e, principalmente, dos estéticos, da sociedade de consumo contemporânea. Como afirma Margaret Wertheim, no livro *Uma história do espaço: de Dante à internet*, "um dos atrativos do ciberespaço é precisamente o alívio do inexorável escrutínio físico que se tornou uma marca registrada da vida de hoje".[6]

Uma das consequências dessas fantasias de produção da identidade é a crença de que qualquer um pode ser mediador com a mesma eficiência e preparo. Nesse caso, não haveria, por exemplo, a necessidade de jornalistas, ideia abordada por alguns teóricos, entre eles Pierre Lévy, que, no livro *Cibercultura*, pergunta: "seria ainda necessário, para se manter atualizado, recorrer a esses especialistas da redução ao menor denominador comum que são os jornalistas clássicos?"[7]

Em artigo apresentado no I Congresso da SBPJOR, em 2003, a professora Sylvia Moretzsohn chama a atenção para os perigos dessa proposta, que, por trás da aparente abertura democrática, esconde uma ideia totalizadora. A pesquisadora usa como exemplo a sugestão de um professor de telejornalismo e coordenador de um telejornal *on-line*, que defende uma TV do telespectador, em que "representantes do próprio público se tornam editores ao selecionar o que vai ao ar". O mesmo professor chega a imaginar um bloco inteiro do *Jornal Nacional* produzido pelos telespectadores e conclui com a previsão de que "tudo isso é só uma questão de tempo".

Para Sylvia, o convite à imaginação sobre um espaço no *Jornal Nacional* gerido pelo próprio público, na verdade, esconde três perigosas premissas. Primeira, a de desprezo pelos profissionais do jornalismo e a rejeição da imprensa como instituição e referência de credibilidade no trabalho de mediação discursiva. Segunda, a de que estaríamos diante de um jornalismo "*as you like*", como convém ao neoliberalismo. E, terceira, a falsa suposição de que, uma vez que o povo fala, falará com a própria voz, ignorando que todo discurso é mediado.

Para ela, o tal "faça você mesmo" reproduz as fórmulas aprendidas no convívio cotidiano com a programação televisiva e resultaem um "faça como a Globo". Ou seja, exatamente a repetição de todas as estratégias mercadológicas que já abordamos aqui. O defensor dessa proposta desconhece a perspectiva das rotinas produtivas estudadas pelo enfoque do *newsmaking*, conforme já apresentamos neste livro, e a da comunicação como produção de classe, defendida por Canclini.

Às premissas de Sylvia, acrescento mais uma, que me parece a mais grave: a ilusão da ausência de limites no imaginário tecnológico. As fantasias presentes em algumas propostas de implementação do jornalismo digital refletem os temas existentes na produção de subjetividades do próprio discurso da cibercultura. Na sociedade do pós-humano, não há barreiras. Tudo parece se resolver por obra da tecnologia.

Até mesmo o Governo Federal, no Decreto 4.901, de 27 de novembro de 2003, que institui o Sistema Brasileiro de Televisão Digital, revela suas fantasias. Principalmente no artigo primeiro, em que registra como um de seus objetivos promover a inclusão digital, sem, entretanto, deixar claro quais serão os recursos alocados para tal fim. Como se a inclusão pudesse vir por decreto. Ou, quem sabe, carregada pela mão generosa e mágica do avanço tecnológico.

Quando se trata de tecnologia, os conceitos ainda são abordados de forma muito superficial, influenciados pela crença na superioridade ontológica da técnica sobre a ciência. O conceito de televisão digital, por exemplo, está diretamente ligado ao de convergência tecnológica. E ambos, ao de interatividade. Mas de que interatividade estamos falando? Da interação mútua, "caracterizada por relações interdependentes e processos de negociação em que cada interagente participa da construção inventiva e afeta-se mutuamente", conforme a classificação proposta pelo professor gaúcho Alex Primo? Ou o da interação reativa, "limitada por relações determinísticas de estímulo e resposta?" Tudo isso sem levar em conta outras classificações possíveis, que remetem à teoria geral dos sistemas e abordam conceitos como organização, equilíbrio e estrutura, tornando ainda mais complexa a análise sobre a interatividade.

O fato é que, tanto nos círculos acadêmicos como na imprensa, os três conceitos quase sempre são abordados de forma unificada, como em Woodard, citado por Adriana dos Santos:

> a convergência tecnológica trará consigo mudanças significativas para a televisão devido à mídia interativa. A ideia padronizada que se tem é que a TV será incorporada à mídia interativa não sendo mais vista como um meio isolado.[8]

O próprio título do artigo em questão confirma a ideia da unificação conceitual: "Reflexões sobre a convergência tecnológica: a TV digital interativa no Brasil". Mas não é preciso pesquisar na academia para obter essa confirmação. Nas páginas dos principais cadernos de informática dos maiores jornais em todo mundo, TV digital é sempre sinônimo de interatividade e convergência tecnológica. E, no senso comum, esta última significa a simbiose de mídias e a combinação de redes de telefonia, internet, televisões etc.

Entretanto, são poucos os artigos que discutem a produção de significados conduzida pela convergência e qual a sua relação com a interatividade na formação da televisão digital. São poucos os que entram no verdadeiro mérito da questão, que é analisar as possibilidades de interface e suas representações, ou seja, pesquisar linguagens. Como alerta Steven Johnson, "estamos em um ponto de transição, em que algumas mensagens podem evoluir mais depressa que seu meio. E, ao fazê-lo, antecipam um outro meio, que ainda está em embrião".[9]

Johnson chama de formas parasitas as linguagens que se adaptam ao novo meio sem uma concreta evolução em sua concepção. Ele cita como exemplo os velhos programas de televisão que imitavam o rádio e diz que, na atualidade, "estão todos se esforçando para fazer dentro do aparelho de TV algo que não pode ser feito ali". Em suma, ainda estamos desorientados em nossas pesquisas.

**O grande desafio do jornalismo digital é encontrar sua linguagem e democratizar suas interfaces**.

> **Para ler mais**
>
> FERRARI, Pollyana. *Jornalismo digital.* São Paulo: Contexto, 2003.
> MACHADO, Elias. *O ciberespaço como fonte para os jornalistas.* Salvador: Calandra, 2003.
> JOHNSON, Steven. *Cultura da interface.* Rio de Janeiro: Zahar, 2001.
> PRIMO, Alex. Sistemas de interação. In: FRAGOSO, Suely; SILVA, Dinorá. *Comunicação na cibercultura.* São Leopoldo: Unisinos, 2001.
> STOVALL, James Glen. *Web journalism:* pratice and promise of a new medium. Boston: Pearson, 2004.

## JORNALISMO COMUNITÁRIO

O jornalismo comunitário poderia estar inserido no tópico sobre a resistência. Entretanto, optei por separá-lo porque acredito que é uma das formas mais factíveis de democratizar o acesso à informação. Para o professor Muniz Sodré, que utiliza o conceito de vínculo, a verdadeira comunicação só ocorre na comunidade. Já para Sennett, a resistência à atomização do indivíduo na sociedade contemporânea só ocorre naqueles segmentos que mantêm vínculos de comunidade, como rituais e tradições.

Mas a professora Elaine Tavares adverte:

> para falar em jornalismo comunitário precisamos antes pensar o que vem a ser comunidade. Segundo o dicionário *Aurélio,* é qualidade do que é comum, sociedade, lugar onde residem indivíduos agremiados, comuna. Se é assim, então todo o jornalismo é comunitário, afinal um jornal é lido por centenas de sociedades, de indivíduos agremiados.

A definição de Elaine não é incorreta, mas, diante da apropriação mercadológica da grande imprensa, torna-se um pouco mais complexa.

Para Spencer, a comunidade está atrelada ao conceito de cooperação. Já para Durkheim, ela representa ideias e tendências comuns a todos. E para Marx Weber, sua expressão está na conduta coletiva. A diferença entre sociedade e comunidade é que a primeira nasce de um pacto, um contrato entre os indivíduos, enquanto a segunda se desenvolve a partir da participação e da identidade comum. Então, que tal acrescentar o termo mobilização social ao conceito?

Vou recomeçar. **O jornalismo comunitário atende às demandas da cidadania e serve como instrumento de mobilização social.** Ficou melhor? Mas de que tipo de mobilização estamos falando? Um jornal de uma grande emissora de TV também pode mobilizar pessoas. Ou seja, é preciso definir objetivos. No site da faculdade de comunicação da Universidade Católica Dom Bosco, por exemplo, o jornalismo comunitário tem por missão desvendar as causas e consequências que justificam a condição de vida de uma determinada comunidade. O compromisso não é apenas factual mas também social.

Como missão também é objetivo, acredito ter encontrado uma boa definição, mas os acadêmicos ainda dirão que a concepção é por demais instrumentalista, e as críticas a esse tipo de teoria já foram feitas no capítulo anterior. O mesmo pode ser dito com relação ao jornalismo de resistência. O que fazer, então? Bom, primeiro: dizer que os defensores do jornalismo comunitário não se preocupam com as críticas ao seu instrumentalismo. Na verdade, eles o assumem, e acreditam que a conscientização não está apenas na mensagem, mas em todo o processo participativo de produção. Segundo: prefiro abandonar a tentativa de definição e partir logo para um exemplo.

No ano 2000, fui coordenador do Grupo de Trabalho de Comunicação e Política do X Encontro Latino Americano de Faculdades de Comunicação Social, em São Paulo, no Memorial da América Latina. O evento, realizado de três em três anos, foi promovido pela Felafacs (*Federación Latinoamericana de Facultades de Comunicación Social*), em parceria com a ABECOM (Associação Brasileira de Faculdades de Comunicação Social) e a ECA-USP (Escola de Comunicação e Artes da Universidade de São Paulo).

O tema dos trabalhos daquele ano era Comunicação e Cultura da Paz. Foram quatro painéis, seis mesas de estudos e vinte e um grupos de trabalho, com a participação dos principais teóricos e professores de comunicação da América Latina, além de jornalistas, produtores culturais, políticos, artistas e representantes de organizações não governamentais. Houve ainda onze eventos paralelos, entre eles o III Prêmio Latino Americano de Teses de Comunicação e os painéis dos estudantes de graduação e pós-graduação. Mas o grande destaque ficou por conta do I Simpósio de Rádio e Cidadania na América Latina, cuja programação foi comandada pelo professor Sérgio Gomes, coordenador da organização Oboré, uma instituição que congrega diversos veículos de comunicação comunitária.

Oboré é um instrumento tupi utilizado para chamar a tribo dispersa para lutar em legítima defesa. Os fundadores da organização não poderiam ter escolhido um nome melhor, já que, nesses 27 anos de existência, a Oboré vem exercendo com brilhantismo sua vocação para trabalhar com a comunicação popular. Entre seus inúmeros projetos, estão:

- o *clipping* eletrônico semanal *O Mundo do trabalho*, que divulga informações sobre a imprensa sindical;
- o inventário dos meios de comunicação dos sindicatos de trabalhadores urbanos, que concentra dados sobre 324 entidades com imprensa própria;
- a Hemeroteca Sindical Brasileira, que já catalogou e microfilmou 519 títulos e mais de seis mil páginas de revistas, jornais e boletins sindicais de todo o Brasil.

A atuação da Oboré é ainda mais presente no rádio. A organização desenvolveu um núcleo de criação, produção e distribuição de programas especiais para rádios cidadãs, que abastece pequenas e médias emissoras do interior do Brasil com produções voltadas para a educação, meio ambiente, agricultura e saúde. Além disso, implantou o sistema Contag de Comunicação, uma rede formada por 421 programas de rádio mantidos pelos sindicatos e por 103 emissoras da Igreja Católica. E para abastecer esses veículos de bons profissionais, a Oboré também exerce sua vocação educacional, através de cursos de qualificação e complementação universitária para estudantes de jornalismo.

Por tudo isso, a Oboré foi contemplada, naquele ano, com o prêmio Luiz Beltrão de Comunicação, oferecido pela Intercom — Sociedade Brasileira de Estudos Interdisciplinares da Comunicação. A premiação foi em Manaus, capital do Amazonas, durante o congresso anual da entidade. Na ocasião, houve um debate do professor Sérgio Gomes com a então presidente da Intercom, professora Cicilia Peruzzo, e a professora da UERJ Sônia Virgínia Moreira, que seria sua sucessora. Foi uma verdadeira aula de cidadania, daquelas que nos faz rever paradigmas e linhas de pesquisa.

Para começar, a grande vedete do debate foi um rádio de manivela, utilizado pela Oboré para divulgar seus programas em lugares onde a luz elétrica ainda não chegou. Quando o professor Sérgio nos mostrou o aparelho, foi fácil identificar o brilho nos olhos das professoras Cicilia e Sônia, estudiosas da comunicação popular e do rádio. Mas, para alguns dos teóricos da plateia (eu, inclusive), foi como um soco na boca do estômago, uma ducha fria em nossas pesquisas sobre tecnologia de informação. Enquanto discursávamos sobre as maravilhas da internet, uma tecnologia rudimentar era apresentada como o verdadeiro veículo de democratização da comunicação. No auditório da Universidade do Amazonas, pudemos ouvir os programas produzidos pela Rede de Comunicadores da Saúde, que, de maneira extremamente simples, falavam sobre prevenção de doenças como aids, tuberculose e malária, entre outras.

Da palestra do professor Sérgio, pude tirar a lição de como é restrita e limitada a minha linha de pesquisa. Uma pequena parcela da população brasileira tem acesso à internet, enquanto a maioria sofre com a falta de informações sobre itens básicos, como saúde e alimentação. Naquele momento, pensei: para nós, que pesquisamos novas tecnologias, talvez esteja na hora de redirecionar nossos objetivos. Enquanto bites e bytes não estiverem a serviço da comunicação popular, só nos resta girar a manivela das rádios comunitárias. Pelo menos, a força física estará sendo útil.

O exemplo anterior é melhor do que qualquer definição. Não encerrei minhas pesquisas sobre novas tecnologias, mas enriqueci minhas perspectivas de análise. Desde então, o jornalismo comunitário tem estado em minha pauta diária, sem a preocupação com o patrulhamento teórico. O compromisso com as questões ligadas à cidadania sempre esteve presente em minhas análises, mas o rádio de manivela funcionou como um grande reforço em minhas convicções, uma injeção de ativismo na medula. Parece que é disso que trata o jornalismo comunitário: disposição. Disposição de levar informação de real importância para comunidades que precisam dela.

Outra característica importante é o completo afastamento do ranço etnocêntrico. O jornalista de um veículo comunitário deve enxergar com os olhos da comunidade. Mesmo que já pertença a ela, deve fazer um esforço no sentido de verificar uma real apropriação dos processos de mediação pelo grupo. Isso quer dizer substituir modelos padronizados e estereotipados de apreensão da realidade por estratégias simbólico-discursivas que ressaltem a visão da comunidade sobre si mesma, reforçando suas identidades e valores.

Só para citar alguns exemplos brasileiros, além da própria Oboré, vale uma olhada nas TVs Rocinha e Pinel, no Rio de Janeiro, ou na Bem TV, em Niterói. Isso sem falar nas inúmeras rádios comunitárias que povoam o dial pelo país. Modelos que evitam a lógica comercial e garantem a manifestação da alteridade.

Nas palavras de Pablo Neruda, "a luta será dura, a vida será dura, mas tu virás comigo".

### Para ler mais

PAIVA, Raquel. *O espírito comum:* comunidade, mídia e globalismo. Petrópolis: Vozes, 1999.
PERUZZO, Cicilia. *Comunicação nos movimentos populares.* Petrópolis: Vozes, 1999.
HALLIN, Daniel. *We keep America on top of the world:* television and the public sphere. London/New York: Routedge, 1994.

## CORRESPONDENTES EM GUERRA

A função de correspondente de guerra sempre foi encarada com uma alta dose de romantismo. Os riscos inerentes a ela acabam ofuscados por suas representações midiáticas, que são glamourizadas e estereotipadas. A imagem que o grande público tem de John Reed, por exemplo, não é a do livro *Dez dias que abalaram o mundo*, o mais célebre relato jornalístico de uma revolução. Ela corresponde ao ator e diretor Warren Beatty, que interpretou o jornalista no filme *Reds*, um dos maiores sucessos de Hollywood. Da mesma forma, apesar de não ficcional, o Peter Arnett que conhecemos refere-se à tela da CNN durante a Guerra do Golfo, o que é muito distante do repórter que cruzou a nado o rio Mekong, no Vietnã, após um naufrágio.

Nos anos de 2001 e 2002, Peter Arnett esteve no Brasil, a meu convite, para uma série de palestras na Universidade Estácio de Sá. Em 2003, foi a vez de Josh Friedman, professor de jornalismo internacional da

Universidade de Columbia, em Nova York, e ex-presidente do CPJ, o Comitê de Proteção aos Jornalistas. Da conversa com os dois e de uma série de leituras referentes à atual situação dos correspondentes de guerra pelo mundo, tirei algumas conclusões que servem de norte para uma abordagem teórica sobre o tema. Nenhuma delas, obviamente, substitui a experiência de ambos nos campos de batalha.

Para começar, se você está lendo estas linhas pensando em se tornar um correspondente de guerra, saiba que isso não pode ser uma meta, mas um amadurecimento. O primeiro requisito para exercer a função é ter uma ampla experiência em redação, e, com ela, você aprende que o convite só virá como consequência de um brilhante trabalho no dia a dia da profissão. Em seguida, tenha em mente que todos os jornalistas de veículos responsáveis passam por um longo treinamento antes de irem para o *front*. E o treinamento não é só jornalístico: inclui técnicas de sobrevivência e até manuais de guerrilha. Além disso, há algumas cidades de países aparentemente pacíficos em que determinados trechos já são considerados zonas de guerra. E você pode estar vivendo em uma delas. Ou seja, segura a onda e acompanha um pouco a reflexão.

O primeiro relato de guerra da cultura ocidental foi a *Ilíada*, de Homero. O texto, um dos maiores clássicos da literatura mundial, narra a sangrenta luta entre gregos e troianos, liderados por grandes guerreiros, como Aquiles e Heitor. Na Grécia antiga, as narrativas eram orais, transmitidas pelos aedos, poetas que se encarregavam de contar histórias nas praças. Portanto, não há registro de que Homero tenha escrito qualquer palavra, mas o título de primeiro narrador de guerra é dele. E também da primeira narrativa sobre uma estratégia militar, o famoso cavalo de Troia, que permitiu aos gregos dominar a cidade inimiga.

Na Europa, a partir de Gutemberg, há registros de coberturas jornalísticas desde a Guerra Civil da Grã-Bretanha, em meados do século XVII, passando pela Revolução Francesa, no final do século XVIII, pela Guerra de Independência Espanhola, no começo do século XIX, e pelas duas grandes guerras do século XX. Os relatos de Ernest Hemingway sobre a Guerra Civil Espanhola e a Segunda Guerra Mundial tornaram-se famosos, confirmando a tese da glamourização do trabalho do correspondente. No caso de Hemingway, isso ainda foi potencializado por sua vida na boemia e pelos romances que imortalizaram frases ligadas à esbórnia na capital francesa, como a célebre "Paris é uma festa".

O Brasil, por sua vez, foi descoberto por um correspondente de guerra. Em *Os sertões*, Euclides da Cunha coloca em livro tudo que não pôde contar como repórter do jornal *O Estado de S. Paulo*, escalado para cobrir a Guerra de Canudos. O jornalista, influenciado pela ideia de ilegalidade do movimento de Antonio Conselheiro, acabou se transformando no escritor indignado com o massacre patrocinado pelas tropas do exército. Com o texto de Euclides, o país passa a ter uma nova visão sobre si. É uma redescoberta, um encontro com um novo Brasil, escondido pelas distâncias geográficas, mas desnudado pelo relato do livro.

Também é pelas linhas e lentes de repórteres de guerra que os Estados Unidos enxergam a barbárie de suas tropas no Vietnã e ficam sabendo que milhares de americanos morreram no *front*. A imprensa força o governo dos Estados Unidos a desistir da guerra. Não é por acaso que as autoridades americanas mudam radicalmente sua relação com os jornalistas nos conflitos seguintes, censurando reportagens e impedindo o acesso de repórteres a locais estratégicos. Como já disse, nada mais vergonhoso do que cobrir uma guerra a bordo dos tanques de uma das partes, mesmo que ela seja a sua própria nação. Foi o que aconteceu no Iraque, em 2003, quando as informações jornalísticas ficaram obviamente comprometidas.

Vou repetir a situação que expus na introdução: tente se colocar no lugar desses repórteres. Seu país está em guerra, seus chefes dão suporte ao governo, a maioria da população, cega pelo medo, apoia o presidente, e, ainda por cima, você está no meio de tiros e explosões, em um país estranho, sendo protegido por "Rambos" que falam a sua língua e também comem bacon no café da manhã. Mesmo para um profissional sério e bem intencionado, é muita pressão e muito constrangimento.

Um dos poucos repórteres americanos que não se submeteram aos ditames do Pentágono foi execrado durante a guerra. Veterano da cobertura do Vietnã, com 50 anos de profissão, sendo 45 como correspondente de guerra, o experiente Peter Arnett foi demitido de sua emissora após dar uma entrevista para a rede iraquiana de televisão criticando a imprensa americana. A pressão, portanto, atingiu até mesmo aqueles jornalistas que evitaram o passeio no deserto a bordo das carruagens blindadas de George W. Bush.

O repórter não é vidente, mas não pode prescindir da sensibilidade e do faro jornalístico, mesmo que essa expressão pareça um clichê. Acredite: não é. No último capítulo de sua autobiografia, Peter Arnett relata a cobertura que fez da guerra civil do Afeganistão, em 1993, dando ênfase à conexão com o atentado a bomba no World Trade Center, ocorrido no mesmo ano. Eis as últimas frases do livro: "Acondicionamos nosso equipamento e entramos no táxi. Eu estava feliz por sair do Afeganistão, mas sabia que a história não tinha terminado. Provavelmente, terei de voltar".

E ele realmente teve que voltar. Em 1998, para entrevistar Osama bin Laden e, anos depois, para cobrir a invasão americana e a queda do regime talibã. Durante a Guerra do Iraque, Arnett tinha setenta anos e continuava sendo um dos mais importantes correspondentes de guerra do mundo. Não perdeu a sensibilidade do jovem repórter da Associated Press, que passou dez anos no Vietnã cobrindo a barbárie humana, nem o faro do experiente repórter da CNN, que entrevistou Saddam Hussein durante a Guerra do Golfo.

No Vietnã, Arnett teve a companhia de outro corajoso repórter, o brasileiro Luís Edgar de Andrade. Demitido do jornal em que trabalhava, Edgar juntou o dinheiro da indenização e embarcou para o sudeste asiático como *freelancer*. Chegou a Saigon em 1968, um dos anos mais sangrentos da guerra. Ele cobriu o cerco vietcong à base americana de Khe Sanh e assistiu à tragédia de outro correspondente brasileiro, José Hamilton Ribeiro, que perdeu a perna ao pisar numa mina. Três décadas depois, o também septuagenário Edgar continuava na ativa, como diretor de projetos jornalísticos da TVE, após ter sido editor-chefe do *Jornal Nacional* e diretor de redação da Rede Manchete.

Em maio do 2001, Peter Arnett e Luís Edgar de Andrade estiveram juntos pela primeira vez durante o I Seminário Internacional de Jornalismo, promovido pela Universidade Estácio de Sá. Além de relembrar o passado no *front* vietnamita, eles brindaram os alunos da Faculdade de Comunicação Social com uma singular aula de jornalismo. Peter e Edgar deram todos os detalhes da preparação de um jornalista para ir à guerra, desde a manutenção do equipamento técnico até a preocupação com a segurança e as formas de evitar uma cobertura etnocêntrica.

Em sua palestra, Peter Arnett mostrou a foto da entrevista com Osama bin Laden e detalhou sua capacidade de articulação nos diversos grupos islâmicos que pregam uma *jihad* contra o Ocidente, alertando para a iminência de um ataque terrorista sem precedentes na história dos Estados Unidos. Meses depois, houve o atentado às torres gêmeas. Não, o homem não é vidente, mas não foi à toa que ele ganhou o prêmio Pulitzer, o Emmy, o George Polk Memorial e o President's Award. Basta lembrar que, depois da queda de Saigon, quando quase todos os jornalistas deixaram o Vietnã, Arnett continuou no país para contar o final da história.

Em 2002, o novo encontro de Peter e Edgar no Brasil, durante o II Seminário Internacional, ultrapassou os limites de uma boa aula de jornalismo. Foram depoimentos de vida, relatos apaixonados de uma profissão, mas também um alerta sobre seus riscos. No mesmo dia, o repórter neozelandês recebeu o título de Doutor *Honoris Causa*, pela relevância de sua atuação no jornalismo mundial, e o brasileiro lançou o livro *Bao Chi Bao Chi*, um romance autobiográfico que mistura ficção e realidade para contar histórias da Guerra do Vietnã.

O livro de Edgar, apesar de ficcional, contém uma série de instruções para repórteres no *front*. Não há obra teórica que o supere. O leitor pode perceber, além do talento, a generosidade do autor. Generosidade que transcende as páginas do livro. Quando era diretor de redação da TV Manchete, Luís Edgar tinha o hábito de ler atentamente os *scripts* dos repórteres.

Uma vez, o script de um repórter novato, que fazia sua estreia na TV, chegou à mesa do diretor. Acostumado a escrever para jornal e nervoso com o novo veículo, o repórter errara não só na linguagem como no tamanho da reportagem. Edgar corrigiu o texto e, pacientemente, passou duas horas ensinando técnicas de TV ao novato. O repórter aprendeu a lição e, nos anos seguintes, fez algumas boas matérias. Esse repórter deve sua carreira a Luís Edgar de Andrade e jamais o esquecerá. *Cam on lam*, Edgar.

O muito obrigado, em vietnamita, é mais do que meu reconhecimento público. Na verdade, ilustra a primeira característica de um correspondente, a parte fundamental, única, sem a qual nada é possível:

a solidariedade. Você vive longe de casa, do seu mundo, dos seus amigos, da sua família. E vive em uma situação de alto risco. Mas não está só. Outros repórteres do mundo todo estão na mesma situação que você. Nesse caso, a solidariedade é mais do que um valor humano, é uma questão de sobrevivência. Aprender a ser solidário te mantém vivo: física e emocionalmente falando.

Vale relembrar os dados do CPJ: de 1993 a 2002, 366 jornalistas foram assassinados durante o exercício da profissão. Desse total, sessenta foram mortos em zonas de guerra e 277 em represália às suas reportagens. Desses 277, 50 foram torturados antes de morrer e apenas 21 tiveram seus assassinos presos e processados. O que significa que 94% das mortes ficaram impunes. O CPJ inclui nesses números os casos dos repórteres Daniel Pearl e Tim Lopes. Aliás, o principal alerta do guia profissional da entidade diz que os jornalistas submetidos a maior risco não são os estrangeiros, mas os locais, porque as empresas não fornecem equipamento de segurança ou treinamento de guerra. Esses profissionais tornam-se os verdadeiros estrangeiros, pois não têm nenhum tipo de garantia.

Como moro no Rio de Janeiro, não posso deixar de concordar com o alerta. Por isso, uso o termo correspondentes em guerra, já que os repórteres cariocas parecem estrangeiros nas zonas de conflito entre a polícia e os traficantes. De fato, os morros da cidade configuram-se como um Estado autônomo, com leis próprias e poder estabelecido. Então, os jornalistas saem da redação, localizada na República Federativa do Brasil, e cruzam a fronteira de outros países, as favelas controladas pelo tráfico. São, portanto, correspondentes internacionais. E como a guerra é permanente, viram, de fato, correspondentes em guerra. Além disso, também estão literalmente em guerra, pois, na maioria das vezes, são considerados inimigos por ambas as partes do conflito. Tanto a polícia como os bandidos detestam a imprensa. O caso Tim Lopes confirma essa tese.

Tim foi torturado e assassinado por traficantes do Complexo do Alemão, no Rio de Janeiro. Ele fazia uma matéria sobre a exploração sexual em bailes funk para a Rede Globo de Televisão, com uma câmera escondida, quando foi descoberto pelos bandidos. Após seu desaparecimento, houve grande pressão da imprensa e a polícia carioca intensificou as investigações, mas as primeiras conclusões foram decepcionantes. Os policiais colocaram a culpa no próprio Tim, que teria sido descuidado.

O relatório de investigação do inspetor Daniel Gomes de Lima Freire sobre o assassinato do jornalista foi a prova de que se pode matar alguém mais de uma vez. Quando o inspetor disse que Tim "se colocou muito perto do perigo, não vislumbrando a diferença da emoção para a razão, fato que ocasionou sua detenção e morte", ele quis matar a reputação profissional do repórter e torturar sua família e amigos. Mas estou longe de acreditar que Daniel Freire seja o verdadeiro (ou, pelo menos, o único) culpado nessa história.

O governo do estado afastou o inspetor e exonerou o delegado, mas não deu satisfações sobre os recursos que foram fornecidos para a investigação do caso. Muito menos sobre a orientação dada à polícia. O relatório do inspetor deixou claro que a polícia do Rio de Janeiro parte do pressuposto equivocado de que o cidadão deve evitar locais perigosos, em vez de garantir para ele, cidadão, a segurança necessária para exercer seu direito constitucional de ir e vir. Uma total inversão de valores.

Dias depois, a polícia protegeu a fuga de uma família acuada por traficantes de uma determinada comunidade em vez de garantir que ela pudesse permanecer em seu domicílio, confirmando a inversão de valores. Infelizmente, esse é o pensamento dos policiais da cidade. O inspetor Daniel só confirmou a regra. Uma regra que, aliás, ele não criou. Os profissionais da segurança pública sabem que levam desvantagem na guerra contra os soldados do tráfico, armados de fuzis automáticos, granadas e até lança-mísseis. Eles próprios têm suas limitações e o Estado não trata de saná-las. Por isso, antes de mais nada, procuram proteger a si próprios. Uma triste realidade.

Em seu relatório, o inspetor Daniel disse que Tim se colocou muito perto do perigo "no afã de efetuar melhores imagens dos traficantes". Sem absolver o relatório do inspetor, vale a pergunta: havia outro motivo para o repórter voltar à favela? Tim era um jornalista experiente, com muitas fontes. Será que as anteriores incursões à favela não foram suficientes para ele apurar a matéria? E se a reportagem fosse para um jornal, já não haveria imagens suficientes para ilustrá-la? E mesmo que não houvesse imagens, as informações apuradas já não teriam cumprido o objetivo de denunciar a exploração sexual nos bailes funk?

Dificilmente teremos essas respostas. Mas todos sabemos que a televisão trata os telespectadores como consumidores e não como cidadãos. A imagem espetacular vale mais do que a informação. E não vale culpar apenas a televisão, pois somos nós, telespectadores, que estamos ávidos por consumir imagens sensacionais. Somos nós que não exercemos a cidadania, não fiscalizamos o veículo, não exigimos qualidade na programação. Somos nós que damos audiência a programas escatológicos e privilegiamos o sensacionalismo em detrimento da informação. Como diz o poeta Affonso Romano de Sant'anna, fomos nós que matamos Tim Lopes.

O desabafo sobre a morte de Tim, de quem fui foca no jornal *O Dia*, também serve de alerta. Em nosso campo de batalha diário, nós, jornalistas, estamos longe da imunidade. Já acabou (se é que existiu) o tempo em que a instituição imprensa era respeitada pelos dois lados de um conflito armado. Como em qualquer guerra a primeira vítima é a verdade, aqueles que teriam o compromisso com ela são considerados inimigos. Cada lado quer que a história seja contada conforme a sua versão, portanto a versão dos jornalistas não é bem-vinda, pois o bom jornalismo é independente e só tem compromissos com o público. Para Peter Arnett, desde o Vietnã, não há uma cobertura realmente contestadora, e isso se deve ao controle cada vez maior dos governos. Nos próximos parágrafos, deixo registradas algumas de suas reflexões, gravadas durante o I Seminário Internacional de Jornalismo, em 2001 (a tradução é do professor Erick Felinto):

> Eu estava em Saigon nos anos 60, um jovem repórter nos meus vinte e poucos anos, atuando junto com outros jovens repórteres, e nós olhávamos para a guerra do Vietnã de outra maneira, pois analisando os dados, as mortes dos jovens americanos, o grande número de baixas, as perdas também do lado vietnamita, nós perguntávamos: "por que essa luta está sendo travada?". "Essa política é boa ou ruim?"; "E os políticos e diplomatas, estão fazendo um trabalho bom ou ruim?". Nós tínhamos perguntas sobre o que o governo dos EUA fazia. Assim, para responder a essas perguntas nós íamos para a frente de batalha investigar. Nós não ficávamos em Saigon e falávamos com diplomatas.

Nós íamos ao campo para descobrir as respostas por nossa própria conta. Eu saía diariamente para o campo. Por mais de dez anos eu viajei por todo o país, escrevi três mil histórias e todas elas vinham do campo de batalha. Eu fui para onde estava a ação, fui a vilas, conheci soldados, vietnamitas, camponeses — o que significava que a informação que eu conseguia era incontestavelmente precisa.

Nesse sentido, a primeira lição para todo jornalista do Vietnã é que é preciso ter informação acurada. Na guerra, você arrisca sua vida — foram mortos sessenta jornalistas lá — porque é preciso ir ao campo de batalha; vários governos americanos nos contestavam e confrontavam, e nós respondíamos que estávamos lá, que havíamos apurado os fatos *in loco* e visto as cenas com nossos próprios olhos. Portanto, vocês do governo não podem nos contestar.

Nós éramos capazes de informar o público americano e o mundo da necessidade de reavaliar a política americana para o Vietnã. Dizíamos que não apenas o que acontecia lá não era bom, mas também que o próprio governo mentia, pois afirmava que tudo estava bem, que estávamos ganhando a guerra. Mas nós dizíamos que não havia luz no fim do túnel. Bem, como se cobre uma guerra como a do Vietnã?

Uma das vantagens lá é que não havia censura de espécie alguma, mas a razão disso, de não haver nenhuma censura, é que o governo dos EUA não queria admitir que era uma guerra real. O governo dizia que nós estávamos no Vietnã para ajudar os sul-vietnamitas, e eles não nos impuseram censura, pois fazê-lo seria dar uma indicação de que se tratava de um conflito sério. E nós, jornalistas, tiramos vantagem disso. Íamos onde queríamos, e um dos principais meios de transporte eram os helicópteros.

No filme *Apocalipse Now* vemos helicópteros em todo lugar, e realmente eles estavam lá em toda parte. A segunda lição do Vietnã, portanto, é que era preciso conhecer as pessoas importantes que poderiam ajudar-nos, e os pilotos eram muito importantes. Nós ficávamos próximos dos pilotos de helicóptero, nós os levávamos a bares, restaurantes, e assim havia muitos americanos e vietnamitas dos quais fazíamos questão de sermos amigos. Era importante fazer essas amizades, pois eles nos conheciam, gostavam de nós, eram "fontes", e se você quiser ter uma boa história deve ter fontes.

A lição da Guerra do Vietnã para a mídia é que ela se tornou uma guerra impopular e, na sequência, o público americano ficou com muita raiva do Vietnã, até mesmo dos soldados que voltavam da guerra, ainda que a vasta maioria desses soldados fossem jovens rapazes que fizeram o melhor pela sua nação. Quando voltaram para casa, o público virou as costas para eles. O público sentiu também que o governo havia falhado e estava zangado até mesmo com a mídia. Eu pessoalmente fui criticado por causa da minha cobertura.

Em 1968, eu visitei uma cidade chamada Metre, que os vietcongues haviam ocupado. Em função disso, o exército americano havia ordenado ataques constantes à cidade para expulsar os vietcongues. Assim fazendo, eles destruíram quase toda a cidade e mataram quatrocentos civis. Quando falei com o oficial responsável, um major, e perguntei-lhe o que haviam feito, ele disse: "Bem, nós tivemos de destruir a cidade para salvá-la", e essa se tornou uma frase muito famosa da guerra. É uma frase tola, certo? Mas frases e histórias como essa não me tornaram muito popular junto ao governo e ao público.

**A despeito de tudo isso, os jornalistas não estão no negócio para serem populares.** De fato, como jornalista, você pode ter uma vida muito solitária. Você escreve sobre a verdade e pode até ter o apoio de seus colegas e família, mas a sociedade frequentemente vira as costas para o jornalista, pois a verdade nem sempre é popular. Portanto, como jornalista, é seu dever encontrar a verdade, e você não vai ser popular por isso. No caso do Vietnã eu acho que nossas reportagens ajudaram a acabar com a guerra antes que mais pessoas morressem.

Vamos para outra guerra que foi controversa na minha carreira, a Guerra do Golfo. Eu cobri o conflito pela CNN e entrevistei Saddam Hussein dez dias após o início do bombardeio de Bagdá. Eu estava no hotel Al-Hashid, e fui chamado ao *lobby* por um oficial iraquiano. Ele me disse: "Peter, ponha seu terno e prepare-se, você tem uma entrevista importante". Eu pensei que talvez fosse o ministro da informação ou do exterior. Mas cheguei ao local e encontrei quatro seguranças com expressões inamistosas em suas faces. Disseram que teriam de me fazer uma revista por razões de segurança.

Então me despiram, fizeram uma revista em cavidades do corpo, verificaram minhas roupas, minha caneta, tudo nos mínimos detalhes. Eu estava inteiramente nu. Fizeram-me lavar as mãos e desinfetá-las, mas não me obrigaram a lavar minha boca, daí eu concluí que não teria de beijá-lo. Então, fui entrevistar Saddam Hussein. Na época havia bombardeio intenso sobre a cidade, vários prédios haviam sido destruídos e no caminho para o local da entrevista não havia ninguém nas ruas.

Dirigimo-nos a um subúrbio por entre várias casas e entramos numa pequena casa humilde, mas cujo interior parecia o palácio presidencial, pois havia grandes painéis nas paredes e havia três câmeras da tevê iraquiana lá — o palácio, é claro, já havia sido destruído há algum tempo. Então, Saddam Hussein entrou. Normalmente ele vestia uniforme com quepe militar, mas naquela ocasião estava vestido como um diplomata.

Ele foi muito agradável comigo. Perguntou-me o que eu fazia lá, e eu disse que era minha vida, que eu sempre ia a lugares perigosos. Ele respondeu: "Bom, eu espero que você sobreviva". E eles disseram: "Nós temos uma lista de perguntas", ao que respondi: "Não, eu quero fazer apenas as perguntas que o mundo deseja lhe fazer". Ele disse: "Vá em frente". Sentamo-nos com o intérprete entre nós e falamos por uma hora e quinze minutos, e falamos sobre todas as questões possíveis: armas de destruição massiva, seu arrependimento por haver começado a guerra, e sobre as acusações de violação de direitos humanos.

Ele respondeu a todas as questões, posamos para fotos e ele saiu. Ele tinha vários oficiais no quarto e eu podia ver que eles não estavam satisfeitos com algumas das minhas questões. Mais tarde, quando a televisão iraquiana me deu as fitas da entrevista, o ministro da informação me disse que necessitava levar a fita para fazer uma cópia, mas eu me recusei a entregá-la. Eu a tinha em minhas mãos abraçado; eu sabia que ele ia editá-la. Ele tentava retirá-la de mim e nós brigávamos pelas fitas, mas eu não estava disposto a entregá-la, pois aquela fora a entrevista mais importante da minha vida. Nós transmitimos a entrevista algumas horas depois ao vivo, e o resto é história.

Não é preciso dizer que a Guerra do Golfo, em 1991, foi uma guerra controversa. Por um lado, o mundo apoiava a coalizão americana, pois Saddam Hussein havia invadido um território vizinho, coisa que só havia acontecido na época da Segunda Guerra, quando Hitler invadiu a Europa. Desde então não havia acontecido um ato de guerra tão agressivo, tomar um país vizinho. O mundo estava preocupado, principalmente com a importância estratégica do lugar: era dali que vinha 70% do petróleo do mundo naquela década.

Também havia as ambições de Saddam Hussein: ele queria ser o governante do Oriente Médio, o líder árabe dominante na região, e, claramente, ele era um homem perigoso, pois havia desenvolvido armas biológicas. Desse modo, a guerra contra Saddam Hussein foi aceita como algo necessário mundialmente (a do Golfo, em 1991). Em termos de jornalismo, contudo, houve muita preocupação quando a CNN e eu decidimos ficar em Bagdá.

Na época da Guerra do Golfo se presumia que se seu país entrasse em guerra com uma nação, você deveria tomar o lado de seu país. Assim, os jornalistas na segunda guerra mundial não cobriram Hitler. Portanto, houve um grande alvoroço quando a CNN decidiu ficar em Bagdá. E houve grandes pressões internacionais no sentido de fazer a CNN sair de Bagdá. O presidente George Bush ligou para Ted Turner várias vezes para tentar nos convencer a sair, disseram que era impatriótico e perigoso, e por isso devíamos deixar Bagdá.

Mas qual era a principal razão pela qual queriam que deixássemos Bagdá? A razão era nossa credibilidade. Se você entra numa guerra, sempre acaba matando um monte de gente, inclusive gente inocente. E o governo americano não queria uma agência de notícias confiável dando informações sobre mortes de civis em Bagdá. Eu fiz uma matéria sobre uma fábrica de leite para bebês que havia sido bombardeada. Esse foi um dos primeiros alvos dos americanos em Bagdá. Ora, o general Colin Powell disse que a fábrica era apenas uma fachada para um laboratório de guerra bacteriológica. Disseram que era um alvo militar disfarçado de fábrica de leite em pó para bebês.

Eu fiz a matéria e visitei a fábrica. Peguei um monte de colheres de plástico que achei no chão, investiguei o local, fiz entrevistas e conclui que ali funcionava realmente uma fábrica de leite. Mesmo assim, disseram que era uma fábrica de armas. O governo americano ficou furioso com minha cobertura da história. Disseram que eu estava sendo comprado por Saddam Hussein. Por que ficaram tão furiosos? Eles não queriam que nenhuma informação sobre erros militares pudesse chegar ao público, sobre alvos civis sendo atingidos por engano. Fui muito atacado em Bagdá por trazer informação verdadeira sobre a fábrica de leite, e houve uma campanha nos EUA contra mim e a CNN pela nossa cobertura.

Meu ponto de vista é de que a Guerra do Golfo não foi uma guerra de sobrevivência, não foi como a Segunda Guerra Mundial em que Hitler ameaçava tomar toda a Europa e trazer uma nova idade das trevas no mundo. Não era essa a situação, não se justificava uma atitude de censura ou crítica à cobertura de fatos de guerra, como na Segunda Guerra Mundial. Saddam Hussein era perigoso, claro, mas a situação era diferente, ele certamente não oferecia perigo aos EUA. E esse já era um novo momento de comunicações instantâneas, em que se podia navegar livremente pelo mundo.

Hoje o mundo necessita de um livre fluxo de informação, de muito mais informação. É uma época de tecnologia avançada, em que se pode bombardear com precisão um alvo. E eu sentia que nada devia barrar o livre fluxo de informação. Sentia que devíamos ficar em Bagdá, mesmo que nossa cobertura pudesse refletir mal no governo americano. Era fato que o governo às vezes bombardeava alvos civis e matava civis. O mundo devia saber da verdade. Era importante para o mundo ter a visão do lado do inimigo.

No *Guia para repórteres em situações perigosas*, o Comitê de Proteção aos Jornalistas faz uma série de recomendações. Vou enumerar algumas delas,[10] e sem esquecer da primeira e mais importante: a solidariedade. Aí vão:

- treinamento intensivo de situações de guerra antes sair para qualquer cobertura;
- identificação clara e visível para todos saberem que você é jornalista e não tem lado no conflito;
- uso de equipamento de segurança, como máscaras e coletes à prova de balas;
- uso de equipamento de primeiros socorros, estudo de conhecimentos médicos básicos e vacinação completa;
- identificação de seu tipo sanguíneo e outras informações pessoais que possam salvar sua vida, como possíveis alergias, por exemplo;
- conhecimentos da cultura, dos costumes e dos códigos locais;
- profundo conhecimento da geografia local;
- montagem de uma rede de fontes locais que também possa servir como recurso de sobrevivência;
- manutenção diária da comunicação com a redação, mesmo que o repórter trabalhe para uma revista semanal;
- conhecimentos sobre a Convenção de Genebra e sobre as leis dos países em conflito. O artigo 79 do Protocolo I, de 1977, considera os jornalistas em zonas de guerra como civis;
- ter eficientes meios de transporte com proteção blindada.

Lembre-se sempre de que os governos são os inimigos naturais da verdade durante uma guerra. Seus relatos nunca serão simpáticos para os governantes. E, se forem, algo está errado com sua cobertura. Se isso acontecer, tenha em mãos este pequeno poema de Bertold Brecht:

> Quando me fizeram deixar o país, lia-se nos jornais que isto acontecia porque, num poema, eu havia zombado dos soldados da Primeira Guerra.
> Realmente, no penúltimo ano da guerra, quando aquele regime, para adiar sua derrota, já enviava os mutilados novamente para o fogo, ao lado dos velhos e meninos de dezessete anos, descrevi em um poema como um soldado morto era desenterrado e, sob o júbilo de todos os enganadores do povo, sanguessugas e opressores, conduzido de volta ao campo de batalha.
> Agora que preparam uma nova Grande Guerra, resolvidos inclusive a superar as barbaridades da última, eles matam ou denunciam gente como eu, que denuncia seus golpes.

**Para ler mais**

ARNETT, Peter. *Ao vivo do campo de batalha*. Rio de Janeiro: Rocco, 1998.
PARKS, Michael. *In the danger zone*: weighing risks. Columbia Journalism Review, New York, maio/jun., 2002.

## JORNALISMO INVESTIGATIVO

O jornalismo investigativo busca a informação primária. Não se contenta com as versões ou com as fontes secundárias. Seu objetivo é transitar pelos bastidores das notícias, arrancando o véu opaco de acontecimentos obscuros, cujos protagonistas fazem de tudo para escondê-los. Investigar significa pesquisar, confrontar, verificar, analisar, insistir. Todos esses verbos no mesmo processo de produção jornalística.

Watergate, PC Farias, anões do orçamento. Grandes reportagens investigativas cujos desdobramentos muito contribuíram para a cidadania. Aliás, esse deve ser o grande benefício do jornalismo investigativo: promover questionamentos e debates sobre as consequências das matérias produzidas e, assim, contribuir para o aperfeiçoamento da democracia. Repórteres insistentes, editores crédulos e jornais influentes formam a combinação ideal para levar a tarefa adiante. No Brasil, já existe até uma associação de jornalismo investigativo, a Abraji,[11] que foi inspirada na americana IRE *Investigative Reporters & Editors*,[12] criada por jornalistas dos Estados Unidos, cuja parceria com a Universidade do Texas em Austin é paradigmática.

Mas já que falamos em questionamento, vou começar pelo próprio conceito. Nos últimos anos, uma onda de denuncismo tomou conta da imprensa em todo mundo. Na busca incessante pelo furo, repórteres antecipam-se ao trabalho do judiciário e acabam produzindo julgamentos públicos. Isso não é jornalismo investigativo. Na maioria das vezes, as reportagens apenas reproduzem declarações de pessoas interessadas nas denúncias e se escondem em uma pretensa objetividade, ouvindo a defesa dos acusados. Só que a denúncia toma corpo e, mesmo que as investigações revelem que ela é mentirosa, a informação continua no imaginário do público. **Por isso, é bom deixar bem claro: jornalismo investigativo não se baseia em denúncias, apenas começa com elas. A base mesmo é uma sólida pesquisa por parte do repórter.**

Outro questionamento diz respeito aos métodos da reportagem investigativa. Será que a utilização de câmeras escondidas, por exemplo, é eticamente viável? E o que dizer do uso de falsa identidade, quando os jornalistas se infiltram em grupos específicos ou simplesmente conseguem informações fazendo-se passar por outras pessoas? O ato ilícito pode ser justificável pelo serviço público que está prestando?

Não é fácil obter as respostas adequadas. Pessoalmente, não consigo acreditar no sórdido argumento de que os fins justificam os meios. Denunciar uma ilegalidade por meio de outra ilegalidade me parece uma lógica idiota. Ao contrário do ditado popular, ladrão que rouba ladrão não deve ter cem anos de perdão. Deve é ir para a cadeia. Mas o assunto não é tão simples assim.

Há repórteres que vão além do papel da polícia, praticando atos que são proibidos aos próprios policiais. A falsidade ideológica é a mais comum. Já as escutas telefônicas ou as gravações com câmeras escondidas só podem ser feitas com autorização judicial. Mas como os jornalistas não podem recorrer ao judiciário, gravam primeiro, assumem as consequências depois. Nesse caso, acredito que o recurso pode até ser válido, desde que o jornalista não tenha se passado por outra pessoa e que sua investigação seja realmente profunda, com conclusões precisas e uma rigorosa checagem de informações. Mas há muitas vozes dissonantes.

Para a advogada Juliana Fogaça Pantaleão, pós-graduanda em Direito Processual Penal na Escola Paulista da Magistratura, as atividades do jornalismo investigativo continuam atravessando barreiras constitucionais, em busca de matérias de "interesse público". Segundo Juliana, "a utilização de gravações de conversas telefônicas por parte dos jornalistas que, além de não se identificarem, não comunicam que a conversa está sendo gravada, é tão inconstitucional quanto sua divulgação ou publicação sem a permissão do interlocutor. E o mesmo ocorre com a utilização de microfones ou câmeras ocultas utilizadas para invadir a privacidade alheia e a intimidade das pessoas. A sua exibição também viola o direito à imagem e, por vezes, à honra".

Alguns teóricos chamam essa prática de jornalismo judicial. Para Juliana, os indivíduos atingidos pelo denuncismo muitas vezes sentem-se desencorajados de pleitear seu ressarcimento, pois já foram "taxados" como criminosos, restando-lhes, apenas, buscar um esconderijo.

> E não só os ofendidos permanecem de mãos atadas, mas a própria sociedade que, perante um festival de inconstitucionalidades, não tem legitimidade para impedi-las, visto que só ao ofendido e ao órgão ministerial cabe essa tarefa. O jornalismo investigativo, da maneira como que vem sido exercido, conseguirá, além de causar danos irreparáveis aos indivíduos, frustrar toda uma persecução penal, papel do Poder Judiciário, atingindo a injustiça ao invés da justiça e amedrontando cada vez mais a sociedade, deixando de lado o interesse público de manter o bem-estar social e a paz pública.

Os jornalistas precisam estar atentos para a interpretação jurídica, mas não podem deixar de argumentar que o jornalismo investigativo não trata apenas de casos policiais. Uma das grandes bandeiras desse tipo de reportagem é lutar pelo direito de acesso a informações públicas. Deputados, senadores, governadores, presidente e todos os funcionários das mais variadas repartições são, em última instância, empregados da população. E devem satisfações a ela. Não podem nem sonegar nem dificultar o acesso às informações. Há um clamor por transparência no setor público e essa é uma das missões mais importantes do jornalismo investigativo. Mas que armas devem ser utilizadas?

Com relação às escutas e câmeras escondidas, a lei realmente precisa ser observada, mas não há como negar que determinadas reportagens que utilizaram esses recursos prestam, de fato, um serviço público. Lembra dos policiais que espancavam cidadãos na Favela Naval, em Diadema, São Paulo? As cenas foram gravadas por um cinegrafista amador, sem que os policiais soubessem. E da máfia do propinoduto, no Rio de Janeiro, em que fiscais desviavam dinheiro público? Grampos telefônicos que comprovavam o esquema foram divulgados pela imprensa.

Houve também o caso dos cinco policiais britânicos que renunciaram depois que um documentário da BBC na TV britânica revelou práticas de racismo entre os profissionais. Pelo menos um dos recrutas, Robert Pulling, da polícia do norte do País de Gales, foi filmado usando um capuz improvisado semelhante aos dos membros da organização racista Ku Klux Klan. Assim como os outros policiais iniciantes, ele foi filmado secretamente por um repórter da BBC que trabalhava disfarçado.

Para sair da editoria policial e política, o que, nesses casos, acaba sendo a mesma coisa, vale lembrar o escândalo da clínica Santa Genoveva, no Rio de Janeiro, onde velhinhos eram maltratados enquanto os donos da clínica recebiam dinheiro público para administrar o local. Havia até pacientes mortos que estavam cadastrados como vivos. O fato só chegou ao conhecimento público depois que um repórter gravou imagens com uma câmera escondida. O mesmo recurso já foi utilizado para denunciar o péssimo atendimento em hospitais públicos e até as precárias condições de escolas municipais e estaduais.

Como os resultados dessas reportagens contribuíram para o aperfeiçoamento da democracia, os limites éticos foram muito pouco discutidos. Mas precisam ser. O jornalismo investigativo é uma das formas mais eficazes que a imprensa tem para se aproximar da cidadania. Se for exercido com responsabilidade, pode ser mais do que uma prática profissional: pode ser um instrumento cívico.

## Para ler mais

LOPES, Dirceu; PROENÇA, José Luiz (orgs.). *Jornalismo investigativo*. São Paulo: Publisher, 2003.
BARCELOS, Caco. *Abusado*. Rio de Janeiro: Record, 2003.
MOLICA, Fernando. *O homem que morreu três vezes*. Rio de Janeiro: Record, 2003.

## IMPRENSA UNIVERSITÁRIA E JORNALISMO CIENTÍFICO

No mundo todo, há um grande fosso entre a universidade e a sociedade. Intelectuais colocam-se em pedestais, dizem-se incompreendidos e reclamam da superficialidade da imprensa. Cientistas isolam-se em laboratórios, usam uma linguagem hermética e, claro, também voltam suas críticas contra a falta de uma divulgação aprofundada de suas pesquisas. Parece um conflito insolúvel, como conclui a professora Fabíola de Oliveira, no livro *Jornalismo científico*, publicado pela editora Contexto em 2002. Mas não é. A própria autora trata de esclarecer que essa suposta dicotomia carrega ranços positivistas, separando de forma irremediável a ciência, considerada um saber profundo e imutável, e o jornalismo, tratado como uma fábrica de produtos perecíveis, as notícias.

Neste item, não só quero combater essa dicotomia, como indicar caminhos de convergência. Minha proposta é mostrar que um jornalismo científico eficiente começa na própria universidade, com a criação de uma imprensa própria, articulada com a lógica interna da academia e com as rotinas produtivas dos veículos de informação, unindo-as, e não as separando. É preciso entender o funcionamento de ambas (imprensa e universidade)[13] e encontrar pontos em comum, além de viabilizar o funcionamento de jornais, rádios e TVs universitárias. Ou seja, entender a lógica dos meios de comunicação de massa, mas, ao mesmo tempo, valorizar a lógica da produção científica, a partir da criação de veículos próprios. E não me refiro a revistas acadêmicas, com espaço para a linguagem prolixa, mas sim a uma comunicação ampla, acessível ao conjunto da sociedade.

Começo pelas diferenças. Fabíola de Oliveira destaca algumas divergências de linguagem e de finalidade entre o jornalista e o cientista:[14]

- o cientista produz trabalhos dirigidos para um grupo específico, restrito e especializado, enquanto o jornalista almeja atingir o grande público;

- a redação do texto científico é árida e segue normas rígidas de padronização, enquanto a escrita jornalística é coloquial e atraente;

- a produção de um trabalho científico é resultado de anos de investigação, enquanto a produção jornalística é rápida e efêmera.

Quero discordar de cada um dos pressupostos citados, a partir dos seguintes argumentos:

- o cientista não produz trabalhos para um grupo específico. Suas descobertas são de interesse da sociedade, portanto também almejam o grande público, assim como o jornalismo;

- muitas vezes, o texto científico é árido porque não há interesse em simplificá-lo. A linguagem hermética, na verdade, esconde uma estratégia de poder. Usar termos conhecidos apenas pelo grupo significa excluir os demais e manter o corporativismo. Significa manter o poder. Ou há algum outro motivo para os advogados manterem os "datavenias" dos tribunais?;

- o tempo da produção científica pode ser lento, mas tem etapas e conclusões que devem ser acompanhadas pela imprensa. O jornal sai todo dia, pode esperar pelo rigor da prova científica.

Talvez nem fosse preciso refutar cada uma das afirmações acima, pois a própria Fabíola se encarrega de concluir que as diferenças são apenas aparentes, e dá uma solução para resolver a dicotomia: traduzi-la. O jornalismo, então, seria usado para interpretar a informação científica e produzir conhecimento sobre a realidade. Concordo. Acredito que o uso de metáforas, por exemplo, é uma grande arma nesse processo. Mas por que esperar pela tradução se a mensagem já pode vir clara e compreensível? Daí minhas objeções às supostas diferenças.

Uma imprensa universitária eficiente pode ser o primeiro passo nesse sentido. Jornais, sites e rádios têm importância vital no processo de simplificação da linguagem acadêmica.[15] Mas talvez seja a televisão universitária o grande veículo para a concretização desse objetivo. Cientistas e professores seriam obrigados a uma autotradução, pois a estética do meio não permite a divagação hermética. De tanto traduzir a si próprios, quem sabe eles não simplificariam a própria linguagem e passariam a produzir textos mais acessíveis? É sabido que a linguagem oral influencia diretamente a escrita. Entretanto, a proposta não é colocar apenas professores em uma televisão universitária, mas também alunos e funcionários, produzindo programas culturais e, principalmente, interessantes para o grande público.

Na interpretação sobre a estética de uma TV universitária, o cuidado deve ser redobrado.[16] A tendência de estabelecer uma nova divisão entre alta e baixa cultura no que é veiculado em sua programação pode ser incentivada por uma suposta sacralização do termo "universitário", vinculando-o a uma ideia anacrônica de iluminação. Para evitar esse deslize, talvez seja viável propor uma vocação pluralista para o veículo, uma novasensibilidade, que, conforme descreve Susan Sontag no livro *Contra a interpretação*, seja "voltada ao mesmo tempo para uma torturante seriedade e para o divertimento, a ironia e a nostalgia".[17]

No Brasil, as TVs universitárias foram criadas a partir do inciso I do artigo 23 da Lei n. 8.977, de 6 de janeiro de 1995, que dispõe sobre o serviço de TV a cabo. Um de seus objetivos é constituir-se como lugar ideal para a experimentação. O que também significa ser o lugar ideal para uma rediscussão ética e estética do veículo, que, em última análise, possibilite uma participação democrática da sociedade e promova a cidadania.

Entretanto, a promoção da cidadania depende fundamentalmente dessa discussão estética, ou seja, da utilização de uma linguagem adequada que permita a participação plural e democrática no veículo. É preciso que os estatutos das diversas TVs universitárias do país contemplem mecanismos que garantam a pluralidade, já que a própria lei é falha nesse aspecto ao não considerar os centros universitários e as faculdades isoladas como constituintes dos canais universitários. Por esse motivo, o deputado Aldo Rebelo (PC do B) apresentou, em 2000, o Projeto de Lei n. 2.973, que visa incluir todas as instituições de ensino superior nas sociedades televisivas.

No Rio de Janeiro, a TV Universitária antecipou-se ao projeto e desde a sua fundação, em agosto de 1999, mantém entre seus sócios universidades, centros universitários e faculdades isoladas. Pelos seus estatutos, reformulados em dezembro de 2001, há três conselhos responsáveis pela gestão do canal: diretor, programação e fiscal. Nos dois primeiros estão todos os treze sócios que participam da TV, com direito a voz e voto. Esse mecanismo permite que todos participem das discussões ético-estéticas e definam que tipo de programação é mais apropriado para promover a educação e a cidadania.

A autonomia das instituições também é um pilar fundamental da estrutura. Apesar de reunidas nos conselhos, cada instituição tem total responsabilidade sobre suas produções. Mas isso não significa que o canal funcione apenas como um mero veiculador ou loteador de horários. A direção executiva, após conversas com o conselho de programação, criou faixas temáticas bem definidas na grade, o que, junto com as vinhetas e *spots* únicos, garante a identidade do veículo. No inciso I do artigo 3º do Estatuto da UTV está registrado que o canal deve veicular programas de natureza artística, informativa, cultural, esportiva e recreativa. As faixas temáticas na grade de programação também viabilizam essa pluralidade.

Outra grande vantagem da autonomia é a contemplação da diversidade. Cada instituição de ensino tem uma leitura própria sobre os meios mais adequados para a promoção da cidadania, o que possibilita a difusão de diversas visões sobre o tema. A diretora executiva do canal, professora Gabriela Dias, chama a atenção para o fato citando os exemplos das Universidades Estácio de Sá e Cândido Mendes, que espalharam spots de um minuto pela programação abordando temas como o abuso sexual infantil, a violência contra a mulher e a interpretação da Constituição brasileira. Essas duas universidades ainda veiculam programas semanais que levam para a sociedade discussões sobre profissões e difusão da tecnologia. Em suma, conhecimento, crítica e reflexão são os aspectos que Gabriela considera fundamentais para a formação do cidadão:

> A relação transformadora entre a universidade e a sociedade depende da natureza do conhecimento que se produz e como é disponibilizado e democratizado. Nesse sentido, podemos situar o canal universitário como meio difusor desse conhecimento. Podemos afirmar, portanto,

que, reconhecendo a necessidade da universidade em se mostrar, em se desvelar e provocar o crescimento cognitivo e cultural, a reflexão, o pensar crítico, o canal universitário, no sentido amplo da sua atividade, é instrumento amplo de sua cidadania.

Gabriela Dias cita ainda mais cinco programas para exemplificar a abordagem plural do tema: *Revista do Campus* (PUC-Rio), *Zoação* (UVA), *Argumento* (UERJ), Unidiversidade (Fiocruz) e Diálogos na UniverCidade. Cada um dos programas tem seu próprio estilo e linguagem. *Zoação*, por exemplo, segue a linha de aproximação entre seriedade e jocosidade que defendo, apresentando dois jovens estudantes entrevistando personagens na rua. Já o programa *Argumento* opta pelo formato de debate em estúdio. Entretanto, todos discutem com competência temas ligados à cidadania, como discriminação racial e social, trabalho voluntário, violência urbana e saúde pública, só para citar alguns exemplos recentes.

A defesa da pluralidade é fundamental para a disseminação das discussões sobre a cidadania na TV universitária. E uma linguagem que se aproxime das expectativas do público do canal materializa essa pluralidade. Acredito que essa proposta pode melhorar a eficácia da mensagem, ou seja, ajudar a incrementar as próprias discussões sobre a formação do cidadão. É nesse contexto que deve estar incluída a divulgação científica.

Há uma crença anacrônica de que as TVs universitárias devem dar preferência a programas que reúnam "donos" de discursos totalizantes, considerados verdades absolutas. Cientistas apresentando fatos como árbitros da verdade, ignorando os conceitos de indeterminação, complementaridade e tolerância às ambiguidades. Ou, então, historiadores mostrando documentos como expressão do real, sem submetê-los à análise das condições em que foram produzidos. O que se quer são autores com suprema e incontestável autoridade. Metanarrativas de legitimação. Desejos de representar o mundo. Anacronismos epistemológicos reproduzidos em debates repetitivos, nos quais o que muda é apenas o cenário do estúdio e o posicionamento das câmeras.

É grande o risco de as produções das TVs universitárias refletirem o próprio conservadorismo de grande parte da academia. Isso precisa ser evitado. A exigência de que os programas de um veículo universitário tenham a "brancura e a limpeza" do rigor acadêmico é, no mínimo, uma atitude de quem ignora o próprio público. O que lembra a reação de Tom Wolfe contra o patrulhamento dos arquitetos modernistas em relação ao impulso dos clientes, descrita no livro *From Bauhaus to Our House*, na citação de Linda Hutcheon:

> Não se permite que o cliente faça alterações, recomendações especiais, ou que levante a voz. Nós é que sabemos. [...] Os clientes ainda eram considerados como "burgueses" que deveriam ser desprezados e, se possível, desconcertados pelas teorias esotéricas elitistas da *intelligentsia* arquitetônica.

Quando os "programadores" das TVs universitárias pensarem nos "programas puros", difundidos por homens iluminados, devem estar preparados para a inevitável contestação. Não há mais lugar para linguagens herméticas que privilegiam grupos e dão poder a corporações. Seja no campo estético ou político, uma voz marginalizada se levanta e "envolve a plateia numa atividade hermenêutica de participação", como conclui Linda Hutcheon no livro *A poética do pós-modernismo*. Os discursos já não são autônomos e a ação comunicativa já não se faz por transferência, e sim por ressonância. A cidadania está no plural, na diversidade, na simplicidade, na acessibilidade.

Quando pensarem em programas de elite diferenciados de programas de massa, em um movimento de manutenção das lacunas entre a alta e a baixa cultura, não é só o bonde da revolução epistemológica que estão perdendo. Na verdade, estão reinventando a fábrica de salsichas das previsões da Escola de Frankfurt, para que, dessa vez, elas sejam consumidas entre seus pares.

Só que o prazo de validade do produto já está vencido.

### Para ler mais

OLIVEIRA, Fabíola. *Jornalismo científico*. São Paulo: Contexto, 2002.
PENA, Felipe. As salsichas da TV Universitária: uma discussão sobre estética, pluralidade e cidadania. In: PENA, Felipe. *Televisão e sociedade*. Rio de Janeiro: Sette Letras, 2002.

## NOTAS

[1] Bill Kovach e Tom Rosenstiel, Os elementos do jornalismo, São Paulo, Geração, 2003, p. 22.
[2] Nelson Traquina, O estudo do jornalismo no século xx, São Leopoldo, Unisinos, 2001, p. 172.
[3] Idem, p. 177.
[4] Disponível em <www.indymedia.org.br>.
[5] Em <www.felipepena.com> há vários links para Reportagem Assistida por Computador.
[6] Margaret Wertheim, Um história do espaço: de Dante à internet, Rio de Janeiro, Jorge Zahar, 2001, p. 19.
[7] Pierre Lévy, Cibercultura, São Paulo, Editora 34, 1999, p. 188.
[8] Disponível em <www.bocc.ubi.pt>.
[9] Steven Johnson, Cultura da interface, Rio de Janeiro, Zahar, 2001, p. 31.
[10] Veja as recomendações em <www.cpj.org>.
[11] Mais informações em <www.abraji.org.br>.
[12] Mais informações em <www.ire.org>.
[13] Entendo que a ciência não se produz apenas na universidade, mas esse é certamente seu lugar privilegiado.
[14] Fabíola Oliveira, Jornalismo científico, São Paulo, Contexto, 2002, p. 43.
[15] Simplificar a linguagem não significa simplificar as pesquisas. Continuo adepto da aguda consciência da complexidade como método científico, mas não como estratégia discursiva.
[16] O tema é abordado por mim no livro Televisão e sociedade, Rio de Janeiro, Sette Letras, 2002.
[17] Susan Sontag, Contra a interpretação, Porto Alegre, L&PM, 1987.

# A CONSTRUÇÃO DO JORNALISMO COMO UMA ÁREA DO CONHECIMENTO HUMANO

*Nunca sei ao certo se sou um menino de dúvidas ou um homem de fé*

*Certezas o vento leva só dúvidas continuam de pé*

Paulo Leminski

As várias tentativas de sistematizar a Teoria do Jornalismo já permitem a plena configuração da área como um campo específico do conhecimento humano. A disciplina deve ser incorporada aos currículos das escolas de jornalismo como um conjunto de metodologias e conceitos estudados a partir da investigação científica. Os diversos modelos de interpretação podem ser estruturados no âmbito de uma teoria unificadora, mesmo que sua fundamentação seja complexa e heterogênea. A unidade está na diversidade. E isso também significa abrir a teoria para todas as possibilidades de revisão e, até mesmo, de refutação.

O teórico tem que assumir a vocação para vidraça e atravessar a avenida, com a cara no vidro, esperando pelas pedras e pelas flores. Mais pedras do que flores. As pétalas da crítica só aparecem para o cânone estabelecido. A academia é um inverno perene. A pesquisa científica tem mil faces, é construída e reconstruída em teias de complexidade e suor. Assim como o jornalismo e, é claro, sua teoria.

O professor Nelson Traquina,[1] um dos mais renomados estudiosos da disciplina, utiliza a noção de campo jornalístico, um espaço mobilizado pelos agentes sociais, como recurso para suas estratégias de comunicação, que contém uma prática específica muito cobiçada (a produção das notícias) e um grupo que reivindica o monopólio de seu conhecimento (os jornalistas). Ele cita o sociólogo francês Pierre Bourdieu, para quem o campo é um "espaço social estruturado em forças polarizadas". Dessa forma, usando a metáfora do magnetismo, o campo jornalístico estaria dividido entre dois polos: o positivo e o negativo. O primeiro seria o ideológico, aquele que define o jornalismo como um serviço público. Já o segundo seria o polo econômico, que considera a notícia um produto comercial.

Traquina, no entanto, ainda não considera possível a edificação de uma teoria unificada do jornalismo, conforme conclui o professor Jorge Pedro Souza, que pensa exatamente o contrário. Para Souza, já existe conhecimento suficiente para tal unificação. No artigo "Construindo uma teoria do jornalismo", publicado pela revista virtual *Recensio*,[2] da Universidade da Beira Interior, em Portugal, ele propõe um modelo baseado em duas equações matemáticas interligadas: a primeira sobre a produção das notícias e a segunda sobre seus efeitos. Elas se referem basicamente aos conceitos do autor expressos na obra *As notícias e seus efeitos* e citados aqui no item sobre a teoria do *newsmaking*. Aliás, o paradigma de Souza também é o da notícia como construção social da realidade. As fórmulas que ele sugere têm como objetivo a elaboração de um enunciado com clareza, brevidade e universalidade, princípios básicos de todas as teorias científicas. São elas:

$$N = f\,(Fp.Fso.Fseo.Fi.Fc.Fh.Fmf.Fdt.)$$
$$Em = f\,(Nf.Nc.P.Cm.Cf.Cs.Ci.Cc.Ch.)$$

Na primeira equação, o N é a notícia, que é função (f) de várias forças:

*Fp (força pessoal)*: as notícias resultam parcialmente das pessoas e de suas intenções.

*Fseo (força social extraorganizacional)*: as notícias são fruto das dinâmicas e dos constrangimentos do sistema social.

*Fso (força sociorganizacional)*: refere-se ao meio organizacional em que foram construídas e fabricadas.

*Fi (força ideológica)*: as notícias têm origem nas forças de interesse que dão coesão aos grupos.

*Fc (força cultural)*: as notícias são produto do sistema cultural em que são produzidas.

*Fmf (força do meio físico)*: as notícias dependem do meio físico em que são fabricadas.

*Fdt (força dos dispositivos tecnológicos)*: as notícias dependem dos dispositivos tecnológicos que são usados na sua fabricação.

*Fh (força histórica)*: as notícias são um produto da história, durante a qual interagem as outras forças.

Já na segunda equação o termo En traduz-se por efeitos da notícia, sendo (f) a função das seguintes variáveis:

- *Nf (formato da notícia)*: os efeitos estão condicionados pela forma como ela é produzida, o que influencia sua percepção e apreensão.
- *Nc (conteúdo da notícia)*: os efeitos estão condicionados pela própria informação que ela apresenta.
- *P (pessoa)*: os efeitos estão condicionados pela perspectiva de cada indivíduo, seus sentidos, seus preconceitos, sua personalidade etc.
- *Cm (circunstância do meio)*: os efeitos estão condicionados pelo meio em que a notícia é difundida. Uma notícia no rádio é completamente diferente na TV.
- *Cf (circunstância física)*: os efeitos estão condicionados pelas condições físicas da recepção.
- *Cs (circunstância da sociedade)*: os efeitos estão condicionados pelo ambiente social da recepção.
- *Ci (circunstância ideológica)*: os efeitos estão condicionados pela ideologia do receptor.
- *Cc (circunstância cultural)*: os efeitos estão condicionados pela cultura do receptor.
- *Ch (circunstância histórica)*: os efeitos estão condicionados pela própria história.

A tentativa de Jorge Pedro Souza é louvável. Pode ser questionada, mas não ignorada. Representa um avanço no sentido de construir uma teoria unificada do jornalismo. No mesmo caminho estão os estudos de Shomaker e Reese, favoráveis à formulação da referida teoria, e até mesmo as reflexões dos autores que ainda não acreditam que exista conhecimento suficiente para a efetivação da área como um campo específico do conhecimento humano. É o caso de Nelson Traquina, Alfredo Vizeu e Gaye Tuchman, entre outros, que já têm suas contribuições incorporadas aos estudos da disciplina e, portanto, figuram como seus primeiros cânones.

Com o mesmo *status* também aparecem os estudos de Nilson Lage, José Marques de Melo, Perseu Abramo, Cláudio Abramo, Luiz Beltrão, Manuel Chaparro, Mario Erbolato, Walter Lippmann, Ciro Marcondes, Juarez Bahia, Adelmo Genro Filho, Bernardo Kucinski, Márcia Machado, Eduardo Meditsch, Philip Meyer, Warren Breed, Jean Chabaly, Mark Fishman, McCombs, Shaw, Molotch, Lester, Adriano Duarte Rodrigues, Dénis Ruellan, Zélia Leal Adghirni, Schlesinger, Michael Schdson, John Soloski, Mauro Wolf, Antonio Fidalgo, Michael Kunczick, Bil Kovach, Muniz Sodré, Luiz Amaral, Marcos Palácios, David Mindich, Leão Serva, Carlos Eduardo Lins da Silva, Luiz Gonzaga Motta, Lia Seixas, José Luiz Braga, Antônio Fausto Neto, Marialva Barbosa, Mário Mesquita, Felisbela Lopes, Jean-Jacques Jespers, Sylvia Moretzsohn, Luiz Martins da Silva, João de Deus Corrêa[3] e tantos outros. Tantos e tantos outros, a quem peço desculpas pela ausência nessa lista. Mas que só confirmam a gigantesca e profunda bibliografia existente na área, viabilizando assim sua efetivação como uma disciplina específica.

Vale, então, repetir os objetivos básicos da Teoria do Jornalismo. De forma sintética, a disciplina ocupa-se de duas questões básicas: 1. Por que as notícias são como são? 2. Quais são os efeitos que essas notícias geram? A primeira parte preocupa-se fundamentalmente com a produção jornalística, mas também envereda pelo estudo da circulação do produto, a notícia. Esta, por sua vez, é resultado da interação histórica e da combinação de uma série de vetores: pessoal, cultural, ideológico, social, tecnológico e midiático. Já os efeitos podem ser divididos em afetivos, cognitivos e comportamentais, incidindo sobre pessoas, sociedades, culturas e civilizações. Mas também influenciam a própria produção da notícia, em um movimento retroativo de repercussão. Em suma, os diversos modelos de análise ocupam-se da produção e/ou da recepção da informação jornalística.

Entretanto, acredito que há outros assuntos que podem ser incluídos na Teoria do Jornalismo, como, por exemplo, as próprias técnicas de narração da notícia, os aspectos semiológicos do discurso jornalístico, o estudo das diferentes funções do profissional de imprensa e a análise das editorias específicas. Além disso, também é possível incluir de forma tangencial uma abordagem histórica, ética e epistemológica do jornalismo, bem como discussões estilísticas, instrumentais e de gênero. Constituir uma teoria unificada não significa partir para um isolamento científico. O movimento deve ser exatamente contrário, com a incorporação de outros saberes pertinentes e o diálogo com teorias análogas. Foi esse o espírito que norteou as páginas deste livro.

O jornalismo é umas das profissões mais criticadas da atualidade. A imprensa vem perdendo credibilidade junto ao público e sofrendo ataques de diversos setores da sociedade. No imaginário popular, a figura heroica de personagens de Hollywood como o de Robert Redford em *Todos os homens do presidente*, ou o de Warren Beatty em *Reds* vem perdendo espaço para caracterizações bem menos românticas, como as de Dustin Hoffman em *O quarto poder* ou Al Pacino em *O informante*, que se aproximam do clássico *A montanha dos sete abutres*, cujo papel principal coube a Kirk Douglas.

Nesses filmes, a instituição jornalística é apresentada como um covil de profissionais antiéticos que brigam pelo poder. É uma visão desiludida, desencantada, devastadora. Mas nem é tão recente assim. Na literatura, ela remete ao século XIX, principalmente em personagens como o Lucie Chardon do livro *As ilusões perdidas*, de Honoré de Balzac, ou George Duroy do romance *Bel-Ami*, de Guy de Maupassant. Neles, o jornalismo é leviano, sem caráter, usado como instrumento econômico e acima da ética. É de Balzac, por exemplo, a famosa frase: "Se a imprensa não existisse, seria preciso não inventá-la".

A crítica intelectual, aliás, sempre produziu frases ácidas sobre o jornalismo. Para George Bernard Shaw, "um jornal é um instrumento incapaz de discernir entre uma queda de bicicleta e o colapso da civilização". Para Adlai Stevenson, "um editor de jornal é alguém que separa o joio do trigo, e imprime o joio". Para Mark Twain, a função do jornalista é "apurar os fatos e, depois, poder distorcê-los à vontade". E para Janet Malcon, "qualquer jornalista que não seja demasiado obtuso ou cheio de si para perceber o que está acontecendo sabe que o que faz é moralmente indefensável".

Para uma instituição que deveria mediar o espaço público contemporâneo, a opinião que o próprio público tem sobre ela não é das melhores. Kovach e Rosenstiel citam pesquisa do Comitê dos Jornalistas Preocupados realizada em 1999, cujos dados revelam que apenas 21% dos americanos acreditam que a imprensa está realmente preocupada com as pessoas. Em 1985, esse índice era de 41%. Os números também são preocupantes no que concerne ao papel de vigilância da imprensa: em 1985, 67% dos americanos acreditavam nele; em 1999, apenas 58%. E só 45% acham que a imprensa protege a democracia, um índice que diminuiu dez pontos em relação a 1985.

Nesse contexto, a reflexão crítica sobre o jornalismo não é só pertinente, é imprescindível. Precisamos entender nossos problemas, buscar caminhos, encontrar soluções. Precisamos saber os motivos da crescente desconfiança do público. Precisamos enxergar nossos preconceitos e estereótipos. Precisamos reconhecer nossas próprias limitações como profissionais de imprensa, não só incentivando a pesquisa científica, mas participando dela. Ao defender uma teoria unificada como um campo de conhecimento específico, o objetivo é também refutar a ideia de que os procedimentos jornalísticos constituem um saber autônomo e autossuficiente. A efetivação de uma disciplina busca a interdisciplinaridade balizada. Ou seja, reconhece a multiplicidade de interpretações, mas aponta referências para as diversas análises.

A Teoria do Jornalismo deve assumir sua cientificidade, o que significa investigar evidências, produzir dados e construir enunciados passíveis de revisão e refutação. Para isso, no entanto, deve contar com a perene interconexão dos profissionais da redação e da academia. Não pode haver uma lacuna entre os jornalistas que se ocupam da produção e os que se encarregam da reflexão. A dicotomia é incoerente, não tem motivos para existir. Teoria e prática caminham juntas. O trabalho interligado é a única forma viável de discutir nossas questões profissionais.

E o mais importante: quem ganha com isso é o público.

## NOTAS

[1] Nelson Traquina, Teorias do jornalismo, Florianópolis, Insular, 2004, p. 27.
[2] Mais informações em <www.recensio.ubi.pt>.
[3] Alguns dos pesquisadores dessa lista discordam da efetivação da teoria do jornalismo como área do conhecimento. O que não inviabiliza a utilização de suas obras.

# ANEXOS

## Jornais dos EUA são punidos por inflar números

'Chicago Sun-Times', 'Newsday' e 'Hoy' sofrerão auditorias semestrais e serão excluídos de relatório a anunciantes

• NOVA YORK. Os jornais americanos "Chicago Sun-Times", "Newsday" e "Hoy" foram punidos por terem inflado os dados sobre sua circulação. O Escritório de Auditoria de Circulação (ABC, na sigla em inglês) — semelhante ao Instituto de Verificação de Circulação brasileiro — informou ontem que os jornais sofrerão, nos próximos dois anos, auditorias semestrais, em lugar das anuais, e terão de submeter ao Conselho da entidade uma proposta para a correção de suas práticas.

Além disso, os jornais ficarão fora, no ano que vem, do "FAS-FAX", relatório semestral do ABC sobre a imprensa. A ausência dos jornais no relatório será justificada em nota explicando que as publicações estão sob censura.

Mês passado, os três jornais admitiram que inflaram os dados sobre circulação (número de exemplares vendidos) em 2002 e 2003. Depois da revelação, vários anunciantes processaram os jornais.

"Cada membro do Conselho do ABC concorda em que não podemos tolerar que as regras sejam contornadas, para não falar de fraude, e faremos o que for necessário para preservar a confiança de editores e anunciantes" disse o presidente do Conselho do órgão, Robert Troutbeck, em comunicado.

Segundo o site EditorandPublishing.com, voltado para o setor de jornais e revistas americano, "Newsday" e "Hoy" (este em espanhol), ambos controlados pela Tribune Co., divulgaram notas elogiando as medidas do ABC. O "Chicago Sun-Times" também publicou nota aos leitores sobre a punição.

### Associação de Jornais aprovou a decisão do órgão

O Conselho da entidade também discutiu, em reunião segunda-feira, a possibilidade de pedir ressarcimento por danos morais causados ao ABC, mas nenhum valor foi divulgado. Troutbeck decidido que qualquer discrepância acima de 5% entre as declarações de um jornal e os números auditados pelo ABC será motivo de punição.

Segundo o EditorandPublisher, a Associação de Jornais da América (NAA, na sigla em inglês) aprovou a decisão do ABC. O diretor-executivo da NAA, John Sturm, disse que as auditorias do ABC dão credibilidade aos números apresentados aos anunciantes. Sturm também disse que os membros da NAA estão comprometidos com a integridade dos relatórios sobre circulação dos jornais. ■

### BBC, a caça-audiência

• LONDRES. Para negociar em melhores condições sua licença, que expira em 2006, a estatal britânica BBC fará um inquérito administrativo para reavaliar a programação do tradicional canal de TV BBC 1. O canal atingiu em abril o índice mais baixo de aprovação dos telespectadores e perdeu três pontos percentuais na audiência.

O conselho deliberativo da emissora disse estar preocupado com a qualidade do que vai ao ar. Embora pesquisas de opinião mostrem que o público considera o canal uma referência em 12 de 22 gêneros de programação, a BBC 1 teve nota geral de 6,4, e a participação na audiência caiu de 26% no primeiro semestre de 2003 para 24,7% no mesmo período deste ano. *(Fernando Duarte, correspondente)*

Crise de credibilidade nas empresas jornalísticas.
Os americanos têm dúvidas sobre a idoneidade das informações referentes à circulação de alguns de seus principais jornais.

# Ex-presidente do sindicato diz que jornalistas estão a ser corporativos

**DEBATE ENTRE PROFISSIONAIS**

A forma como alguns meios têm coberto o processo Casa Pia impôs-se na discussão. Diana Andringa chamou-lhe "jornalismo de sarjeta"

CLARA TEIXEIRA

Os jornalistas estão a ser muito ou pouco defensivos em relação a uma eventual alteração da lei sobre a violação do segredo de justiça? Para Diana Andringa, ex-presidente do Sindicato dos Jornalistas (SJ), a classe está a ser "defensiva de mais", mesmo "corporativa". "Se há perigos" que pairam sobre a cabeça destes profissionais é porque "os jornalistas os chamaram".

No debate de terça-feira à noite sobre os "media" e a violação do segredo de justiça, organizado pelo SJ em Lisboa, Diana Andringa definiu mesmo como "jornalismo de sarjeta" a cobertura que alguns orgãos de comunicação social (OCS) têm dedicado ao processo da Casa Pia, mesmo sabendo-se que as "questões de produção", como a concentração nos "media" ou a falta de "tempo para pensar", levam alguns jornalistas a interiorizarem a lógica das audiências e das tiragens.

"O processo Casa Pia, foi julgado pelos jornalistas", alguns dos quais orientados por "critérios alucinados." "Uma vergonha", disse ainda, considerando que "andamos a fazer caça às bruxas, a fazer a Inquisição e encontramos pedófilos em todas as esquinas". "Isto é que devia estar a ser discutido", concluiu.

Um dos exemplos dados pela jornalista foi a descida do Presidente da República em dez pontos percentuais numa sondagem recente, semanas depois de ter sido noticiada pelo "Jornal de Notícias" a existência de uma carta anónima envolvendo Jorge Sampaio no escândalo da pedofilia. "Isto

*O presidente do Conselho Deontológico, Oscar Mascarenhas, sugeriu a realização de outros debates, eventualmente com a presença dos conselhos de redacção, para discutir as regras de utilização das fontes confidenciais*

anda tudo ligado", prosseguiu Diana Andringa, adiantando que se tivesse sido a autora da notícia, "ficaria preocupada em saber em que jogada" alinhou. "Não acho que a notícia tenha sido feita com uma dada intenção, eu faria o mesmo, mas depois teria de pensar nas coisas", explicou posteriormente.

As palavras de Diana Andringa acabaram por influenciar o resto do debate do SJ, marcado para discutir os efeitos da proposta da deputada Assunção Esteves, do PSD, para alterar a Lei da Imprensa no que diz respeito à violação do segredo de justiça. A ex-presidente incitou os jornalistas a recusarem-se a dar determina-

RUI GAUDÊNCIO

Denuncismo na imprensa portuguesa. Uma carta anónima envolveu até o Presidente da República no escândalo da Casa Pia. A discussão ética deve ser um dos assuntos preferenciais da teoria do jornalismo.

# O 'NY Times' e o mea-culpa tardio

**MILTON TEMER**
JORNALISTA

Alberto Dines, aqui, Moniz Sodré, ali: os grandes promotores da reflexão sobre a relação dos meios de comunicação com a questão democrática já tocaram no tema. Mas a peteca não pode cair, não se pode empurrar o assunto para baixo do tapete. A autocrítica do *The New York Times*, com respeito às deficiências na cobertura dos preparativos e da invasão do Iraque, não é assunto concernente apenas a seus editores, redatores e repórteres. É de um interesse bem mais amplo, determinante na simbologia da Nova Ordem estabelecida a partir da decomposição da União Soviética. Diz respeito à legitimidade, ou não, de os Estados Unidos se pretenderem definidores de paradigmas das sociedades livres. Deve, portanto, se constituir em tema de debate permanente.

Recuperando o contexto histórico, os desvios de conduta do *NYT* foram apenas um dado a mais no festival de distorções promovidas pelo clima de patriotismo doentio no qual os Estados Unidos se atolaram, na sequência do 11 de setembro. Clima doentio que fez renascer o macarthismo, com a legalização da restrição de direitos civis consagrados; tudo sob submetendo às novas regras de segurança nacional. Evidentemente, os alvos não poderiam ser outros – os cidadãos do Terceiro Mundo, com preferência acentuada para os descendentes de árabes, "suspeitos naturais" de uma previsível conspiração do "terror internacional".

Escusado recordar quantos terminaram encarcerados – entre eles, brasileiros –, sem culpa, sem direito a assistência jurídica, e passando por vexames e violências não muito diferentes dos impostos aos prisioneiros de Guantánamo.

A autocrítica do *NYT* é, portanto, assunto concernente à aceitação, ou não, da ideologia belico-fundamentalista do *entourage* de Bush, segundo a qual os Estados Unidos se determinam, por cima inclusive de resoluções da ONU, árbitros de quem pode e de quem não pode ser nação livre. No contexto atual, e com a adesão incondicional do governo Blair, na Inglaterra, os Estados Unidos se dão o direito divino de desmoralizar regimes democráticos que lhes contestam a hegemonia, e de prestigiar e dar cobertura a ditaduras, desde que submissas a seus objetivos estratégicos.

Não há como não reconhecer. Os meios de comunicação norte-americanos, em sua quase totalidade, têm papel importante na composição de tal cenário. As manchetes de seus jornais, rádios e redes de televisão mudam ambientes econômicos, desestabilizam moedas a despeito de escoradas em fundamentos sólidos, desqualificam personalidades íntegras, quando não subalternas, com a mesma "objetividade" com que promovem cafajestes, desde que acumpliciados ao Pentágono ou a Wall Street.

O que o *NYTimes* levanta em autocrítica veio tarde. Na época em que os seus repórteres, com os da CNN e com os da Fox, instalavam-se como membros da tropa de ocupação, nos caminhões e carros de combates dos primeiros movimentos vitoriosos no Iraque, seus colegas da BBC inglesa, das televisões francesas e alemãs, tinham versão distinta sobre "objetividade" da informação. Enquanto os americanos transformavam em "perigosas armas ocultas" pedaços de ferro velho soterrados, os europeus viam, ali, o contrário. A evidência da inexistência de tais armas.

A verdade é que o retrospecto dos Estados Unidos não é brilhante no item das liberdades individuais, embora este seja mote de seus arautos incondicionais. Até bem recentemente, negros eram submetidos a guetos discriminatórios, sem liberdade de ir e vir. Não era diferente com os judeus. Eles também foram tratados como cidadãos de segunda classe até o início da Guerra Fria. Viraram aliados incondicionais quando Israel aceitou ser o contraponto da ascensão de regimes árabes, laicos, com tendência esquerdista, e gestando alianças com a União Soviética.

O que a autocrítica do *New York Times* antecipa é a necessidade de olhar com maiores cuidados o que se chama de democracia nos Estados Unidos. E ver até onde, para negros, hispânicos, descendentes de árabes, ela realmente existe. O cineasta Michael Moore que o diga.

**PS:** Manchete no vetusto *Financial Times*, londrino, de segunda-feira: "Americanos perderam moral para impor autoridade ao mundo". Como o seguinte subtítulo: "Depois de tudo no Iraque, qualquer decisão dos EUA deverá ser vista com desconfiança". Sem comentários.

---

A imprensa debatida na própria imprensa. No *Jornal do Brasil*, o jornalista Milton Temer, vice-presidente da ABI, comenta a admissão de culpa do *The New York Times* na veiculação de informações erradas sobre a existência de armas químicas no Iraque.

# 'NYT' faz novo 'mea culpa' sobre o Iraque

Jornal americano diz não ter ouvido com cuidado fontes que asseguravam que Saddam não tinha armas proibidas

● NOVA YORK. Um dos mais influentes jornais americanos, o "New York Times" reconheceu ontem, em editorial, que errou ao concordar com o presidente George W. Bush — antes da guerra no Iraque — que Saddam Hussein escondia armas de destruição em massa. "Repetidamente, apelamos ao Conselho de Segurança da ONU para que se unisse a Bush para forçar o Iraque a se desarmar", disse o jornal. "Como observamos em vários editoriais desde a queda de Bagdá, estávamos errados em relação às armas. E deveríamos ter sido mais agressivos ao ajudar nossos leitores a entender que sempre houve uma possibilidade de grandes estoques (de armas) não existirem."

O editorial começa lembrando que nos últimos meses o "Times" têm repetidamente exigido que Bush reconheça os erros de seu governo relacionados à guerra, "particularmente seu papel em enganar o povo americano" em relação às armas de Saddam e suas ligações com a al-Qaeda. E emenda: "Se queremos que Bush seja honesto em relação a seus erros, devemos ser igualmente abertos em relação aos nossos próprios erros."

O "Times" diz ainda que errou por não analisar a questão das armas com a mesma eficiência com que tratou a questão da ligação entre Iraque e al-Qaeda: "Não ouvimos cuidadosamente pessoas que discordavam de nós. Nossa certeza veio do fato de que uma esmagadora maioria de funcionários dos governos passado e presente, altos funcionários da inteligência e outros especialistas estavam certos de que as armas estavam lá."

Em maio deste ano, o jornal já admitira ter publicado informações questionáveis em sua cobertura da guerra, baseadas em fontes duvidosas. "Não fomos tão rigorosos como deveríamos", disse. E ainda: "As histórias contadas por dissidentes iraquianos nem sempre eram pesadas devido ao forte desejo deles de ver a queda de Saddam Hussein."

No ano passado, o "Times" viveu uma crise de credibilidade. Demitiu o repórter Jayson Blair e publicou uma reportagem para mostrar como ele falsificara, inventara ou plagiara histórias. A confissão levou ao afastamento do diretor de redação, Howel Raines, e do editor-executivo Gerald Boyd. Meses depois, outro jornalista, Rick Bragg, deixou o jornal por assinar um texto escrito por um freelancer. Mais tarde, o jornal criou o cargo de editor de público, para defender o interesse do leitor.

### Americana prega o exercício do jornalismo cívico

Vencedora do Pulitzer diz que interesse do leitor tem prioridade

● SÃO PAULO. A diretora-executiva do Instituto de Jornalismo Interativo da Universidade de Maryland (EUA), Jan Schaffer, defendeu ontem em São Paulo, na palestra de abertura do 5º Congresso Brasileiro de Jornais, promovido pela Associação Nacional de Jornais (ANJ), os princípios do "jornalismo cívico". De acordo com ela, as coberturas devem ser pautadas pela multiplicidade de fontes, levando em consideração os interesses dos leitores. Como exemplo do que não interessa ao leitor, ela citou casos presentes todos os dias nos jornais caracterizados pelo "sobe-e-desce" ou pelo "perde-e-ganha".

Durante a palestra "A importância do jornal e da liberdade de imprensa como instrumento na construção da cidadania e da comunidade", Jan Schaffer, que criou 120 projetos jornalísticos voltados para a cidadania, disse que o jornalismo cívico foge do tradicional dois lados da questão para ouvir o maior número possível de fontes.

— Não são apenas dois lados que devem ser ouvidos. São três, quatro, dez lados. Aí temos uma história completa, não polarizada — disse ela, que é ganhadora do prêmio Pulitzer. ■

O mea-culpa do *The New York Times* foi notícia em vários jornais do mundo e reacendeu a discussão sobre o jornalismo cívico, uma alternativa concreta para a imprensa mundial.

O GLOBO                    Sábado, 21 de agosto de 2004

# Associação de Jornais critica propostas de conselho de jornalistas e Ancinav

Ministro do Trabalho diz que governo não retirará projeto enviado ao Congresso

• BRASÍLIA.Em meio às comemorações pelos 25 anos da Associação Nacional de Jornais (ANJ), o presidente da entidade, Francisco Mesquita Neto, criticou o projeto de lei enviado pelo governo ao Congresso que cria o Conselho de Jornalismo e a proposta que institui a Agência Nacional de Cinema e Audiovisual (Ancinav). Segundo Mesquita Neto, as duas iniciativas traduzem uma "perigosa tendência" do Executivo de adotar idéias "centralizadoras e dirigistas" na produção intelectual.

Mesquita Neto denunciou pressões, ameaças e violências contra jornais e jornalistas.

— Conselhos de jornalismo, na prática, são tribunais espúrios e corporativistas, com poderes para impedir jornalistas de exercer sua profissão e para suspender veículos de comunicação — disse Mesquita Neto, na reunião da ANJ, anteontem em São Paulo.

Segundo Mesquita Neto, a proposta da Ancinav inclui dispositivos que pretendem regular e fiscalizar a linha editorial e a programação das emissoras de rádio e televisão.

### Berzoini reage a críticas ao conselho de jornalismo

Em Brasília, o ministro do Trabalho, Ricardo Berzoini, disse ontem que o governo não pretende retirar o projeto de lei que cria os conselhos federal e regionais de jornalismo, enviado ao Congresso há 15 dias. Berzoini afirmou que o projeto foi apresentado por sugestão da Fenaj (Federação Nacional dos Jornalistas) e que caberá ao Congresso aprová-lo, modificá-lo ou rejeitá-lo.

Segundo Berzoini, a função do Ministério do Trabalho se esgotou no momento em que a proposta foi enviada à Casa Civil. O comando político do processo, disse, é do presidente Luiz Inácio Lula da Silva, que em reunião da coordenação política, anteontem no Palácio do Planalto, afirmou que o governo não vai retirar a proposta.

— Temos total sintonia com a opinião do presidente. Não vejo qualquer movimento no sentido da retirada até porque é um projeto de lei. O Congresso tem a prerrogativa de debatê-lo, modificá-lo, de aprová-lo ou não — disse o ministro.

Berzoini respondeu às críticas de setores da imprensa, do meio jurídico e do Congresso de que o projeto é antidemocrático e atenta contra a liberdade de informação.

— Defendo a mais ampla liberdade de expressão. Inclusive a liberdade para que categorias profissionais possam discutir quais são os procedimentos éticos no exercício da sua profissão — disse o ministro. ■

BERZOINI: "Não vejo qualquer movimento no sentido da retirada"

### OPINIÃO

## CONFUSÃO SINDICAL

• O PRESIDENTE da Central Única dos Trabalhadores (CUT), Luiz Marinho, defende a criação do Conselho Federal de Jornalismo por temer a pressão do "patrão" sobre os jornalistas. "Muitas vezes o patrão fala: quero uma matéria assim e a matéria vem." Para Marinho, o conselho será um antídoto contra isso.

O SINDICALISTA demonstra ter familiaridade com a profissão ao usar um termo do jargão das redações, "matéria", para designar reportagem. Mas o conhecimento dele do jornalismo pára aí.

AO CONTRÁRIO do que acha Marinho, nas redações modernas "patrões" e "trabalhadores" compartilham responsabilidades.

O JORNALISMO nada tem a ver com linhas de montagem industriais — com todo o respeito às linhas de montagem industriais e aos metalúrgicos. Mas como tem sido dito ultimamente no PT, uma coisa é uma coisa, outra coisa é outra coisa.

Regulamentação ou censura?
A classe patronal ficou unida contra o Conselho Federal de Jornalismo.
Nas redações, os jornalistas de maior prestígio também criticaram a ideia.
Os sindicatos ficaram isolados.

## Seqüestro de jornalistas no Iraque une a França

**Milhares protestam contra grupo radical iraquiano que exige o fim da lei contra véu islâmico nas escolas francesas**

terça-feira, 31 de agosto de 2004 — O GLOBO — O MUNDO • 3

### Organização protesta contra multa dada a jornalistas por juiz americano

Repórteres se recusaram a revelar fontes e foram acusados de desacato

● PARIS. A organização Repórteres sem Fronteiras (RSF) protestou ontem contra a multa imposta por um juiz federal americano a cinco jornalistas que se recusaram a revelar suas fontes, sob a alegação de desacato à autoridade. "Trata-se da segunda sanção imposta a jornalistas em menos de 15 dias por se negarem a revelar suas fontes", apontou a RSF em comunicado.

JEFF GERTH, do "New York Times"
PIERRE THOMAS, da rede ABC

---

Profissão de risco. Segundo dados do Comitê de Proteção aos Jornalistas, entre 1993 e 2002, 366 jornalistas foram assassinados enquanto trabalhavam, sendo que 277 deles foram mortos em represália às suas reportagens. Também houve sequestros e prisões de jornalistas até em países supostamente democráticos.

# Bush vai propor monitoramento da internet

### EUA querem sistema para evitar ataques terroristas à rede, mas provedores temem que usuários sejam vigiados

**John Markoff e John Schwartz**
*Do New York Times*

● WASHINGTON. O governo de George W. Bush está planejando propor que os provedores de internet nos EUA ajudem a montar um sistema centralizado para monitorar a rede mundial de computadores e, potencialmente, vigiar seus usuários. A proposta é parte da versão final do relatório "A estratégia nacional para a segurança do ciberespaço", que deve ser divulgado no início de 2003. Segundo várias pessoas que tiveram acesso ao documento, ele é um componente do esforço para melhorar a segurança nacional após os atentados de 11 de setembro.

A Junta de Proteção à Infra-estrutura Essencial está preparando o relatório e sua intenção é criar cooperação pública e privada para regulamentar e defender as redes nacionais de computadores, não somente dos riscos diários como vírus mas também de ataques terroristas. O documento estabelecería as bases da estratégia do Departamento de Segurança Internet na para internet.

### Internet tem milhares de provedores independentes

Tal proposta, que estaria sujeita a aprovação do Congresso, seria um desafio técnico porque a internet tem milhares de provedores independentes, de operadores de garagem a corporações gigantes como a American Online e a Microsoft.

Embora o objetivo da proposta seja avaliar o estado geral da rede mundial, alguns funcionários de companhias de internet dizem estar preocupados que o sistema possa ser usado para cruzar a tênue fronteira entre o monitoramento amplo e a escuta clandestina.

Stewart Baker, um advogado que representa alguns dos maiores provedores de internet, disse que eles estão preocupados com as implicações do sistema na área da privacidade assim como com a responsabilidade sobre sua operação. Isso porque fornecer acesso à atividade na internet poderia ser interpretado como escuta ou como os sistemas de grampo telefônico feito sem ordem judicial.

Tiffany Olson, vice-chefe de gabinete da Junta de Proteção à Infra-estrutura Essencial, disse ontem que a proposta ainda está sendo elaborada e inclui um centro nacional de operações em rede. Segundo ela, os métodos propostos não necessariamente requerem a coleta de dados que permitiriam o monitoramento de usuários individuais. Mas a necessidade de um centro de operações em grande escala é real, diz Tiffany, porque os provedores de internet e as companhias de segurança têm apenas a visão de parte da internet, não só seu controle.

— Não há ninguém que seja capaz de olhar o quadro inteiro. Quando algo está acontecendo, não sabemos que está acontecendo até ser tarde demais — argumentou ela.

A primeira versão do documento sugeria que o centro de monitoramento seria controlado pela indústria, mas a proposta atual abre caminho para que o governo tenha um papel de controle. A finalidade é que seja estabelecido um centro de aviso antecipado para que ataques à internet sejam detectados logo no início.

### Atividades de usuários poderão ser rastreadas

Entretanto, os provedores argumentam que as funções de monitoramento de dados poderiam ser usadas para rastrear as atividades dos indivíduos que utilizam a rede. Um funcionário de uma importante companhia de serviços de dados que foi informado de vários aspectos do plano disse ser difícil ver como essas funções podem ser fornecidas ao governo sem o potencial para monitoramento em tempo real de indivíduos. ■

---

O Big Brother na Casa Branca.
Governo americano usa o medo da população para restringir
a liberdade e vigiar a população.
Controle de informação não combina com democracia.

Quarta-feira, 14 de julho de 2004 — O GLOBO

# Filme acusa TV Fox de favorecer Bush

Documentário mostra memorandos da direção e imagens que indicam direcionamento de noticiário

2ª edição • Domingo, 22 de agosto de 2004

## 'Veja' acusa 'IstoÉ' de vender capa

### Guerra entre as revistas tem novas acusações sobre caso Ibsen Pinheiro

• A edição deste fim de semana da revista "Veja" acusa a "IstoÉ" de vender reportagem de capa em troca de patrocínio. Segundo a "Veja", a edição de 24 de julho de "IstoÉ", com o título de "Rio Trabalhador", "trouxe evidências de que a publicação entrega a seus leitores material publicitário disfarçado de reportagem". Acusa a concorrente de ter ouvido a Federação das Indústrias do Estado do Rio (Firjan) para a reportagem e ao mesmo tempo oferecido material publicitário para apoiar a publicação. A edição da "IstoÉ" tinha uma reportagem de 21 páginas sobre o desenvolvimento do Estado do Rio. A "Veja" ironiza a concorrente dizendo que por essas práticas ela é conhecida como "Quantoé".

Na guerra provocada pela publicação, na "IstoÉ" da semana passada, de carta do ex-repórter de "Veja" Luís Costa Pinto acusando a revista em que trabalhou de ter publicado informações erradas sobre a movimentação bancária do ex-presidente da Câmara Ibsen Pinheiro, "Veja" desmente diversas afirmações da concorrente. Afirma que o que chama de fraude da "IstoÉ" "seria apenas cômica se não tivesse se transubstanciado num ato irresponsável e criminoso perpetrado pela direção" da concorrente.

A "Veja" afirma que a própria "IstoÉ" e outros grandes órgãos de imprensa também publicaram o suposto depósito de US$ 1 milhão na conta bancária de Ibsen e que o erro na quantia foi da CPI dos Anões do Orçamento, corrigido na edição de "Veja" da semana seguinte. A revista também ouviu a repórter Silvania Dal Bosco, que desmente a versão de Costa Pinto de que ela teria ido até sua casa, a pedido de Paulo Moreira Leite, na época editor-executivo de "Veja", para tratar do erro. A revista afirma ainda que o erro na soma de cheques depositados na conta de Ibsen foi encontrado pela checadora Maria Margarida Negro, fato confirmado tanto por ela quanto por seu ex-chefe Adam Sun.

"O que a checadora corrigiu foi a soma dolarizada de dois cheques embolsados por Ibsen. No relatório de Lula, enviado à redação em São Paulo, constava que os dois cheques totalizavam o equivalente a US$ 600 mil, quando na verdade a cifra era de US$ 600", afirma a revista.

Paulo Moreira Leite, ouvido pela "Veja", chamou de fraude o texto publicado pela "IstoÉ" semana passada e se referiu a Luís Costa Pinto como Jayson Blair Costa Pinto (Jayson Blair é o nome do repórter que escreveu reportagens inventadas no "New York Times" até ser descoberto e demitido).

A "IstoÉ" também voltou ao assunto na edição que chegou ontem às bancas, acusando a "Veja" de ter feito uma montagem em sua versão online, misturando o título de uma reportagem interna da "IstoÉ" com a legenda de uma foto para dar a impressão de que a revista da Editora Três também dera capa sobre o assunto 11 anos atrás. "Não é verdade. A capa de 'IstoÉ' naquela edição era sobre outro assunto", diz a reportagem. ■

A guerra comercial entre as empresas de comunicação.
Dois terços de toda a informação veiculada no mundo é controlada
por dez megaconglomerados de mídia.
E as táticas para conquistar o mercado nem sempre são "ortodoxas".

# Ministro da Justiça ataca o 'denuncismo'

Márcio Thomaz Bastos apóia criação de conselho para fiscalizar o trabalho da imprensa no país

Jailton de Carvalho

● BRASÍLIA. O ministro da Justiça, Márcio Thomaz Bastos, criticou ontem a divulgação de acusações infundadas e classificou o movimento de uma "onda de denuncismo" que estaria infestando parte da imprensa brasileira. Para o ministro, é preciso evitar a difusão precipitada de determinadas notícias para que não se destrua a reputação de pessoas inocentes. Bastos também defendeu a criação do Conselho Federal de Jornalismo, proposta elaborada pela Federação Nacional dos Jornalistas (Fenaj) e enviada ao Congresso pelo governo.

— Acho que realmente estamos surfando numa onda de denuncismo no Brasil. Denúncias que não têm aquela cautela da averiguação, que destroem reputações, que colocam dificuldades para as pessoas e colocam pessoas numa situação defensiva. É preciso pensar nisso com seriedade — afirmou Bastos depois de participar da abertura dos treinamentos da Força Nacional, na Academia Nacional de Polícia, em Brasília.

Segundo o ministro, é necessário pensar com seriedade sobre o denuncismo e reavaliar o papel da imprensa, da polícia e do Ministério Público numa sociedade em que a informação tem importância crucial. Bastos admite que o assunto é complexo e delicado, mas acha que não pode ser deixado de lado.

O ministro não citou qualquer caso específico. Mas, em conversas reservadas, tem se mostrado especialmente aborrecido com os ataques ao presidente do Banco Central, Henrique Meirelles.

Para ele, Meirelles já se explicou, além do necessário e, ainda assim, continua sendo alvo de acusações infundadas.

— É claro que não se pensa em coibir nenhuma dessas atividades

> *"É preciso um mínimo de sensatez, que não se jogue a reputação de pessoas no lixo"*
> MÁRCIO THOMAZ BASTOS
> *Ministro da Justiça*

(imprensa, polícia e Ministério Público). O que é preciso hoje é um mínimo de sensatez, que não se jogue a reputação dessas pessoas no lixo em troca de interesses que não se sabe quais são — argumentou o ministro.

Bastos teve papel central no esvaziamento do falso escândalo do Dossiê Cayman na campanha eleitoral de 1998. Na condição de advogado e amigo do então candidato a presidente Luiz Inácio Lula da Silva, coube a Bastos dissuadir o PT de divulgar o documento que trazia falsas acusações contra o então presidente Fernando Henrique Cardoso. Momentos antes de falar sobre a "onda denuncista", o ministro defendeu a criação do Conselho Federal de Jornalismo.

Segundo o ministro, o jornalismo, como qualquer outra profissão, precisa de regulamentação.

— Sou a favor da discussão de um trabalho de aperfeiçoamento disso e da criação do Conselho, que, acredito, não seja qualquer instrumento de censura nem de sujeição da imprensa, mas sim um disciplinamento da profissão, como todas as profissões têm — afirmou Bastos.

Para o ministro, se a Ordem dos Advogados do Brasil (OAB) e tantas outras profissões têm conselhos de regulamentação, não há motivos para que o jornalismo receba tratamento diferente. Segundo ele, eventuais exageros da proposta preparada pela Fenaj, a entidade mais representativa dos jornalistas brasileiros, podem ser corrigidos pelo Congresso. Bastos é o primeiro integrante do alto escalão federal a defender publicamente a criação do Conselho.

O projeto da Fenaj prevê a criação do Conselho Federal de Jornalismo (CFJ) e os conselhos regionais, com a função de orientar, disciplinar e fiscalizar o exercício da profissão e da atividade de jornalismo.

O "Small Brother" no Palácio do Planalto. Primeiro, o governo brasileiro apoiou a criação do Conselho Federal de Jornalismo. Depois, cedeu às pressões dos donos de jornal e dos próprios jornalistas.

O GLOBO

Domingo, 15 de agosto de 2004 • 2ª edição

O PAÍS • 17

# Jornalista diz que sabia de erro que cassou Ibsen

Benito Gama afirma que versão é mentirosa e delirante e processará o ex-repórter da revista 'Veja' que atribuí informação a ele

● BRASÍLIA. O jornalista Luis Costa Pinto, autor da reportagem da revista "Veja" em 1993 que contribuiu para a cassação do ex-presidente da Câmara Ibsen Pinheiro admitiu que sabia que a informação sobre a movimentação financeira do ex-deputado era falsa. Em depoimento ao que será usado em livro a ser lançado por Ibsen, Costa Pinto diz que, mesmo sabendo do erro, sustentou que o ex-deputado movimentara US$ 1 milhão por que estava preocupado em manter o emprego.

A movimentação financeira de Ibsen foi levantada pela CPI do Orçamento e vazada para o jornalista pelo então assessor de José Dirceu e Aloizio Mercadante, Waldomiro Diniz (o mesmo que se demitiu do cargo de subchefe da Casa Civil em fevereiro deste ano, após se ver envolvido em escândalo). Em vez de US$ 1 milhão, a movimentação financeira do ex-deputado era de US$ 1 mil, segundo constatou Adam Sun, checador da revista.

### Moreira Leite contesta versão de Costa Pinto

Os bastidores da reportagem de capa da revista "Veja — Até tu, Ibsen?" — foram revelados, na edição desta semana, pela revista "IstoÉ", que teve acesso ao depoimento de Costa Pinto, hoje consultor do presidente da Câmara, João Paulo Cunha (PT-SP). Costa Pinto conta que, em novembro de 1993 foi procurado na redação de "Veja" por Waldomiro Diniz, que lhe levou dados da movimentação de Ibsen Pinheiro. Depois de redigir a reportagem, ele enviou cópias dos extratos bancários de Ibsen para São Paulo. Na madrugada, quando a revista já estava sendo impressa, o checador — pessoa que verifica dados das reportagens — constatou o erro na soma dos dados bancários. Costa Pinto disse que foi procurado pelo então diretor-executivo da "Veja", Paulo Moreira Leite, que o alertou sobre o erro.

Na versão de Costa Pinto, Moreira Leite teria sugerido que ele encontrasse um membro da CPI do Orçamento que confirmasse a movimentação de US$ 1 milhão, pois qualquer alteração na capa da revista, que já estava sendo impressa, teria alto custo. Costa Pinto teria acionado o ex-deputado Benito Gama (PTB-BA), na época coordenador da subcomissão de bancos da CPI, que teria confirmado o valor da movimentação.

Moreira Leite, que hoje é diretor de Redação do "Diário de S. Paulo", e Benito Gama negam a versão de Costa Pinto. Em nota enviada à revista "IstoÉ", Moreira Leite diz que Costa Pinto "conta uma história convenientemente para quem quer entielar a biografia profissional, rica em detalhes secundários mas absurda no essencial". Moreira Leite confirma que Adam Sun descobriu o erro na movimentação financeira de Ibsen. Acrescenta que falou com o jornalista por telefone para checar o dado. "O próprio Lula (Costa Pinto) seguiu sustentando a versão do Benito, que era sua fonte, que jamais havia mentido para ele. Por isso aquele número foi publicado; prevaleceu a versão errada de um repórter em vez da estimativa correta de um checador", destacou Moreira Leite na nota.

### Benito Gama responde: "É tudo mentira"

Benito Gama disse que o depoimento de Costa Pinto é mentiroso e que vai processá-lo por calúnia e difamação.

— É tudo mentira. Ele recebeu informações clandestinas e mandou para São Paulo como se fossem minhas. Nunca confirmei esses dados para ele. Esse depoimento é delirante — disse Benito Gama ■

No jornalismo não há fibrose. O tecido atingido pela calúnia
não se regenera. As feridas abertas pela difamação não cicatrizam.
A retratação nunca tem o mesmo espaço das acusações. Denúncias
baseadas em informações imprecisas foram veiculadas na imprensa
e derrubaram o deputado Ibsen Pinheiro.

# Para especialistas, Larry Rohter e Lula erraram

Série 'Encontros no GLOBO' debateu o episódio que quase levou à expulsão do correspondente do 'New York Times'

William Waack (da esquerda para a direita), Jens Glusing, Aluizio Maranhão, Luiz Garcia e Muniz Sodré durante o debate no GLOBO

Falta de ética ou sensacionalismo? O correspondente do *The New York Times* escreveu sobre o suposto excesso de Lula com bebidas alcoólicas, mas só ouviu fontes notoriamente contrárias ao presidente. A reação do governo foi exagerada e inadequada.

34 • O MUNDO/CIÊNCIA E VIDA    O GLOBO    Domingo, 20 de abril de 2003

## aguerradebush
# Quando a arma contra a guerra é a palavra

Escritores e correspondentes que estiveram no front imortalizaram as tragédias causadas pelos grandes confrontos

**Renato Galeno**

• Para muitos, a guerra é a continuação da política por outros meios, ou, como escreveu o general prussiano Carl von Clausewitz em seu livro "Da guerra", de 1832, ela é "a continuação das relações políticas com a mistura de outros meios". Exaltada em relatos como este e relevada à condição de arte no Tratado de um conjunto de regras militares reunido pelo general japonês Sun Tzu, há 2.500 anos, a guerra, ou as causas dela, também possibilitou algumas das narrativas mais marcantes sobre o espírito humano.

— Os seres humanos revelam o melhor e o pior de nós quando enfrentamos a morte — afirma ao GLOBO o escritor chileno Ariel Dorfman, que acabou de escrever um livro sobre o ditador Augusto Pinochet. — Quando a violência começa, nós, os correspondentes narrando a história, controlamos a destruição através da palavra.

**Euclides da Cunha descreveu Guerra de Canudos**

Seja na prática do relato jornalístico ou nas recordações de ex-combatentes, as narrações de guerra geraram alguns dos textos mais sublimes já escritos. Euclides da Cunha, que cobriu a Guerra de Canudos, escreveu: "Os sertões", encontrou formas de entender o brasileiro daquela região. "O sertanejo é, antes de tudo, um forte", resumiu. Mas também descreveu a violência como poucos.

"Canudos não se rendeu.

Exemplo único em toda a história, resistiu até o esgotamento completo. Expugnado palmo a palmo (...) caíram seus últimos defensores, que todos morreram. Eram quatro apenas: um velho, dois homens feitos e uma criança, na frente dos quais rugiam raivosamente cinco mil soldados (...) Fuzilaremos à tarefa de descrever seus últimos momentos. Nem poderíamos fazê-lo. Esta página, imaginamo-la sempre profundamente emocionante e trágica, mas cerraram-na a vivacidade e sem brilho."

O escritor americano Ernest Hemingway participou como voluntário na Guerra Civil Espanhola e foi correspondente na Segunda Guerra. Recordando os tempos da luta na Espanha, em "Por quem os sinos dobram", alguma coisa estar no

meio do combate é "como ter a imortalidade enquanto você ainda está vivo".

De longe, o drama dos bombas atômicas despejadas sobre as cidades japonesas de Hiroshima e Nagasaki foi descrito pelo jornalista William Laurence, que estava no avião que lançou a bomba. "O pilar estilizado entre muitas cores projetou-se entre as nuvens brancas, assumindo a aparência de uma criatura pré-histórica monstruosa com um colarinho em torno de seu pescoço, um cogumelo de lã que se estendia até onde os olhos podiam observar".

**Pacifismo no relato de um veterano de guerra**

A realidade da guerra também foi relatada pelo lado dos atingidos. O americano Dalton

**O FLAGELO DA GUERRA** em três momentos. À esquerda, Hemingway em ação como soldado na Guerra Civil Espanhola; centenas de mulheres e crianças são aprisionados na Guerra de Canudos; e a bomba de Nagasaki

Trumbo, veterano da Primeira Guerra Mundial, retrata a vida de um soldado ferido, em seu livro "Johnny vai à guerra", um grito antibélico. "Você que nos impulsiona para o campo de batalha você é que nos incita contra nós próprios você que faz um homem que trabalha matar outro homem que trabalha tem você que faz um ser humano que quer apenas viver matar outro ser humano que quer apenas viver. Lembremos bem disto vocês pessoas que planejam as guerras. Lembremos disto vocês seus patriotas enfurecidos seus germes de ódio seus inventores de lemas. Lembremos disto como jamais se lembraram de qualquer outra coisa na vida".

Porém, o jornalista John Hersey, ao escrever o livro-reporta-

gem "Hiroshima", sobre como a bomba atômica afetou a vida de seis pessoas em particular, parece ter respondido ao Trumbo. Referindo-se aos problemas mentais de um dos atingidos pela radiação em Nagasaki, ele escreveu: "Sua memória, como a do mundo, começava a falhar".

Porém, há quem prefira não ver a guerra narrada, como o escritor brasileiro Joel Silveira, Correspondente na Segunda Guerra Mundial, ele já escreveu livros sobre o assunto.

— Não acredito que na guerra exista nada de belo. Ela permitiu que alguns escritores fizessem páginas significativas sob o ponto de vista literário e documental. Mas a guerra em si não é um grande assunto — disse Silveira. — Seria melhor se o mundo não tivesse estes relatos. ■

---

**FRASES DO FRONT**

"Guerras produzem suas frades teníveis e frases anti-sépticas, como 'dano colateral'. Mas assassinato terá de ser chamado pelo que é: assassinato."
ROBERT FISK • Correspondente inglês em Bagdá (abril de 2003)

"Se você nunca viu uma batalha, sua educação foi negligenciada. Afinal, a guerra sempre foi uma das principais atrações da Humanidade. Se não o vir, terá perdido algo fundamental."
HERBERT MATTHEWS • Correspondente do Sunday Times, Madri

"Foi um belo dia naquele dia."
ERNEST HEMINGWAY • Escritor americano, ao escrever sobre a Guerra Civil Espanhola

---

Pelas linhas e lentes dos repórteres e fotógrafos de guerra,
os Estados Unidos enxergaram a barbárie de suas tropas no Vietnã.
O Brasil foi redescoberto pelas páginas escritas pelo correspondente
de guerra Euclides da Cunha em *Os sertões*.

ANEXOS **231**

## ELIO GASPARI

# A essência da LulaPress é a empulhação

Na montagem, Lula e o companheiro Lênin lendo publicações "precisas e corretas". Abaixo, uma entrevista de Lula, feita com "apuração ética" para o jornal "Granma", do Partido Comunista cubano e do amigo Fidel Castro

Aqui vão dois pares de textos. Relacionam-se com noções de ética e disciplina dos jornalistas. Estão separados pelo tempo, pelo propósito e pela origem.

O primeiro diz o seguinte:

"As notícias devem ser precisas, versando apenas sobre fatos consumados. Não permitir informações falsas, supostas, dúbias ou vagas."

"A divulgação da informação, precisa e correta, é dever dos meios de comunicação pública, independentemente da natureza de sua propriedade."

A segunda frase está no Código de Ética que servirá de base para a definição da alma do projeto que Lula mandou ao Congresso para "normatizar, fiscalizar e punir as condutas inadequadas dos jornalistas". Esse Código, aprovado num congresso da classe em 1987, é muito mais um manual de conduta. Acoplado ao projeto de Lula resultará num regulamento disciplinar dos jornalistas.

A primeira afirmação é do general Sílvio Correa de Andrade, chefe da Polícia Federal em São Paulo, no Manual de Censura que distribuiu aos jornais em dezembro de 1968, horas antes da edição do Ato Institucional nº 5.

### O problema está na coincidência

O Código de Ética do aparelho sindical diz que "é dever do jornalista prestigiar as entidades representativas e democráticas da categoria."

Outro manual de censura, de junho de 1969, avisava que não se podia "publicar notícias ou comentários tendentes a provocar conflitos entre as Forças Armadas, ou entre essas e o poder público, ou entre esse e o povo."

No mundo dos generais considerava-se desprestígio dizer que em alguns de seus quartéis praticavam-se a tortura e o extermínio como política de Estado.

No mundo dos companheiros, os jornalistas têm o dever de "prestigiar" os sindicatos e a Federação Nacional dos Jornalistas, a Fenaj. Seria desprestígio lembrar a matracatala das apresentadoras de falsos perseguidos políticos, promovida em 1995 pelo Sindicato dos Jornalistas do Rio de Janeiro?

Qualquer semelhança entre os manuais de censura, a visão autoritária e aparelhada que acompanha o projeto de criação do conselho federal do ofício e mera coincidência. Quando uma iniciativa de Lula, associado à Fenaj, guarda semelhanças retóricas

O projeto enviado por Lula ao Congresso ficará alguns anos na gaveta, rosnando. É um documento pedestre, mal intencionado. Na exposição de motivos o ministro Ricardo Berzoini diz o seguinte: "A sociedade tem o direito à informação prestada com qualidade, correção e precisão, baseada em apuração ética dos fatos." Sabendo-se que em 1968, durante a reunião em que se decidiu baixar o Ato Institucional nº 5, louvou-se 19 vezes a democracia e condenou-se 13 vezes a ditadura, pode-se perceber como palavras bonitas ("qualidade, correção e precisão"), escondem o bornal do controle ("disciplina", "advertência", "censura", "suspensão", "cassação").

O projeto confunde deliberadamente um elemento essencial à profissão (a correção e o zelo pela precisão da notícia) com uma obrigação legal submetida à fiscalização, ao julgamento e à disciplina de um braço sindical sustentado pelo confisco de uma parte da renda dos profissionais.

### A imprensa tem horror à fiscalização

Depois de se dizer tudo isso contra o projeto, pode-se argumentar que os jornalistas querem publicar grampos telefônicos obtidos ilegalmente, violar o sigilo bancário dos outros, defender o controle externo dos poderes alheios e escrever mentiras. Quando se fala em fiscalizá-los, esperneiam, cantam a "Marselhesa" simples, pública e bem sucedida de fiscalização é a figura do ombudsman, adotada em 1989 pela "Folha de S. Paulo". Depois de passar por inomoráveis vexames, o "New York Times" criou o seu ombudsman no ano passado. Pode-se achar que é pouco.

Devem existir instâncias de fiscalização além do Poder Judiciário? Para médicos, advogados e arquitetos, elas existem. Essas instâncias devem se misturar com o Estado ou devem se confinar ao universo do prestígio profissional? De um lado ficam os conselhos criou o que Lula quer criar. Seu organismos de alistamento e arrecadação compulsória. De outro, entidades como as associações de jornais, revistas ou emissoras. Como as instâncias fiscalizadoras dos agrupamentos patronais freqüentemente não fiscalizam coisa alguma, a bola poderia rolar para a Associação Brasileira de Imprensa.

Essas são questões a respeito das quais cada um deve formar a sua opinião, pronto para mudá-la a cada duas semanas. Debate bonito é assim.

### Notícia e verdade não são a mesma coisa

Vale voltar às duas primeiras afirmativas lá de cima. Pode-se sustentar que o Código de Ética dos jornalistas e o Manual de Censura do general dizem coisas parecidas porque dizem coisas verdadeiras. É aí que mora o perigo. deiras, seguras e claras, o que se quer é embaralhar o debate. Coisa do tipo enquanto-houver-fome-não-haverá-democracia.

A confusão entre notícia e verdade é uma falácia. Ela foi desmontada há quase um século por Walter Lippmann, um dos maiores jornalistas do seu tempo:

"Quem acredita que notícia e verdade são duas palavras que designam a mesma coisa, não vai a lugar algum. A função da notícia é sinalizar um acontecimento. A função da verdade é trazer à luz fatos ocultos, formando um quadro da realidade dentro do qual as pessoas possam agir. (...) Nós não entendemos a natureza limitada das notícias e a complexidade ilimitada da sociedade; nós superestimamos nossa capacidade de resistir, nosso espírito público e nossa competência." Ele se divertiu lembrando que os cidadãos pagam bom dinheiro pelos seus lugares no teatro e pelas passagens de trem, mas preferem comprar a verdade, todos os dias, pagando com a menor moeda em circulação (Em 1921 os jornais custavam um centavo de dólar).

### "Precisas e corretas" mistificações

Em 1964 num memorável julgamento da Suprema Corte dos Estados Unidos, o juiz William Brennan Jr. redigiu a sentença que assegura à imprensa americana o direito de cometer erros factuais no noticiário relacionado com personalidades públicas. Brennan considerou que se os jornalistas forem colocados debaixo do medo de punições legais caso não contem histórias "precisas e corretas", quem perde é a sociedade, por ficar menos informada. Nada a ver com licença para mentir. O jornalista obriga-se a demonstrar que não sabia da falsidade da notícia e que não agiu como se pouco lhe importasse o fato de ela ser verdadeira ou falsa. Se alguém acha que a Corte Suprema é leniente com a imprensa, vale informar que, pelos seus critérios, algumas dezenas de jornalistas brasileiros teriam passado pela cadeia por conta da publicação de grampos. As casas impressoras ou transmissoras onde trabalhavam teriam corrido o risco de falir.

O comissariado que produziu o projeto de LulaPress promete ao público um regime de informações "precisas e corretas", sabendo que esse tipo de coisa não existe. As vezes essa empulhação faz parte daqueles que pretendem controlar os jornalistas. Em todos

---

**Fatos ou pontos de vista? Os jornais privilegiam as notícias ou as opiniões? A descoberta da objetividade não diminuiu a subjetividade na imprensa.**

# BIBLIOGRAFIA COMENTADA

A bibliografia completa encontra-se ao longo do texto, no final de cada item. Aqui, optei por comentar alguns livros que estão mais próximos do contexto específico da Teoria do Jornalismo e refletem mais diretamente minhas influências.

BELTRÃO, Luiz. *Iniciação à filosofia do jornalismo*. São Paulo: Edusp, 1992. O autor é referência para toda uma geração de pesquisadores em jornalismo. A primeira edição deste livro é de 1960. O texto de Beltrão é didático e muito focado na imprensa pernambucana. Mas os princípios abordados são gerais.

CORRÊA, João de Deus. *Pesquisa em jornalismo*. Rio de Janeiro: Mimeo, 2003. O livro do professor João ainda não foi publicado, mas deveria. Suas reflexões de 35 anos de profissão e 20 de magistério estão reunidas numa apostila de 180 páginas e abordam desde a questão do lide até a função da entrevista e da pesquisa no jornalismo.

FILHO, Adelmo. *O segredo da pirâmide*: para uma teoria marxista do jornalismo. Porto Alegre: Tché, 1987. O jornalista foi o primeiro brasileiro a fazer uma defesa sistemática da teoria do jornalismo no país, no começo da década de 1980. O livro é sua dissertação de mestrado. Apesar de utilizar o marxismo como referencial de análise, Adelmo tem uma visão muito crítica sobre a redução do jornalismo à questão ideológica.

KOVACH, Bill; ROSENSTIEL, Tom. *Os elementos do jornalismo*. São Paulo: Geração, 2003. Kovach e Rosenstiel integram o Comitê dos Jornalistas Preocupados, um grupo de 25 profissionais americanos que se reúne desde 1997 para discutir os rumos da imprensa. O livro é resultado das pesquisas do próprio comitê e baseou-se em entrevistas com centenas de jornalistas e editores ao longo de cinco anos. Os autores debatem nove elementos essenciais para o bom jornalismo.

KUNCZIK, Michael. *Conceitos de jornalismo*: norte e sul. São Paulo: Edusp, 1997. Obra densa e resultado de uma profunda pesquisa bibliográfica. O autor é professor do Instituto de Comunicações da Universidade Johannes Gutemberg de Mainz, na Alemanha. O livro aborda questões teóricas sob uma ótica diferente da escola portuguesa de análise e também envereda pelo estudo do jornalismo como profissão.

LAGE, Nilson. *Ideologia e técnica da notícia*. Petrópolis: Vozes, 1979. O autor é, ao lado de José Marques de Melo, o principal teórico brasileiro. Ele lançou uma nova edição dessa obra em 2001 pela editora da UFSC, onde é professor titular. Seu foco está mais voltado para a produção da notícia e a análise de suas características.

―――. *A reportagem:* teoria e técnica de entrevista e pesquisa jornalística. Rio de Janeiro: Record, 2001. Nesse livro, Nilson Lage envereda pela análise do conceito de reportagem e ressalta a importância do jornalismo de precisão e da pesquisa.

MARCONDES FILHO, Ciro. *O capital da notícia*. São Paulo: Ática, 1988. O autor é professor da USP e um dos mais respeitados teóricos brasileiros. Utiliza a perspectiva da teoria crítica, muito próxima à sistematização proposta por Max Hokheimer na Escola de Frankfurt.

MARQUES DE MELO, José. *Jornalismo opinativo*: gêneros opinativos no jornalismo brasileiro. São Paulo: Mantiqueira, 2003. Decano dos professores de jornalismo no Brasil e professor emérito da Escola de Comunicações e Artes da USP, o autor aborda a teoria do jornalismo no primeiro capítulo do livro, dividido em cinco tópicos: natureza, trajetória histórica, categorias, perspectivas brasileiras e tópicos para reflexão. Nos capítulos seguintes, ele analisa a questão dos gêneros jornalísticos, principalmente os opinativos.

MEDITSCH, Eduardo. *O conhecimento do jornalismo*. Florianópolis: UFSC, 1992. A especialidade do autor é o rádio, mas seu enfoque é amplo. Meditsch é diretor científico da Sociedade Brasileira de Pesquisadores em Jornalismo e professor da UFSC. Sua perspectiva teórica é construída a partir da prática, o que enriquece muito a análise.

MINDICH, David. *Just the facts:* how objectivity came to define americam journalism. New York: New York University Press, 1998. O autor foi editor da CNN e repórter do *Wall Street Journal* e da *New York Magazine*. No livro, ele desmitifica o conceito de objetividade e oferece reflexões críticas com base na própria experiência profissional e em uma pesquisa bibliográfica fundamentada.

SCHUDSON, Michael. *The power of news*. Cambridge: Harvard University Press, 1996. O autor é um dos mais importantes teóricos do mundo. Nesse livro, ele acrescenta a dimensão histórica a outras três funções que, interligadas, podem explicar por que as notícias são como são: a ação social, a ação pessoal e a ação cultural.

TRAQUINA, Nelson. *Jornalismo:* questões, teoria e estórias. Lisboa: Vega, 1993. É um clássico da teoria do jornalismo. Traquina é o mais importante teórico português e defende o uso do conceito de campo jornalístico para dar mais rigor científico aos estudos na área. O livro é uma coletânea de artigos de vários autores importantes, como Gaye Tuchman e Warren Breed, e percorre as diversas tendências teóricas através de seus textos originais.

———. *Teorias do jornalismo*. Florianópolis: Insular, 2004. Nesse livro, Traquina resume e sistematiza as principais teorias do jornalismo e também discute questões importantes como a trajetória histórica e a profissionalização do jornalismo.

TUCHMAN, Gaye. *Making news:* a study in the construction of reality. New York: Free Press, 1978. A socióloga trata a notícia como uma construção social da realidade, desmitificando conceitos como objetividade e imparcialidade, que são a base da teoria do espelho, aquela que considera o jornalismo reflexo do mundo "real".

WOLF, Mauro. *Teorias da comunicação*. Lisboa: Presença, 2002. Apesar de o título referir-se à comunicação, o livro aborda diversas tendências da teoria do jornalismo, como o *newsmaking* e o *gatekeeper*. Linguagem acessível e uma boa historização das teorias.

## AGRADECIMENTOS

- A Antonio e Josefa Areal, alquimistas profícuos, a quem devo tudo.
- A Antonio Pena e Carmem Piñero, pela moldura do espírito.
- A Natália Novak, pelo incentivo, paciência e amor.
- A Viviane Pena, por sua personalidade e liderança.
- A Fernando Ferreira e Miguel Pereira, professores de jornalismo com visão ampla e generosidade irrestrita.
- A Daniel Pinsky e Carolina Carvalho, pela confiança.
- A João Marcelo Assafim, André Pacheco e Carlos Garcete, intelectuais de estirpe e mestres da retórica de botequim.
- A Carlos Gamboa, o mais vietnamita dos cariocas. Mente brilhante e alma privilegiada, como seus pais.
- A Sandokan Sterque e Ricardo Mares Guia, barões da boemia carioca.
- A Marcelo, Luciano, Magro e Método Pereira, guerreiros aposentados.
- A Marcelo Montenegro, André Colpas, Cláudio Batata, João Nobody, Márcio Bocão, Rodrigo Sapão, Rodrigo Trajano, Renato Albuquerque e Alexei Gabetto profundos pesquisadores da lavoura de limão.
- A Luiz Augusto, Glória, Adelino e Dulce, pelos corações e mentes.
- Aos colegas da Universidade Federal Fluminense, pelo prazer do convívio.
- Aos meus alunos, razão de tudo isso.

# Cadastre-se no site da Contexto
e fique por dentro dos nossos lançamentos e eventos.
www.editoracontexto.com.br

Formação de Professores | Educação
História | Ciências Humanas
Língua Portuguesa | Linguística
Geografia
Comunicação
Turismo
Economia
Geral

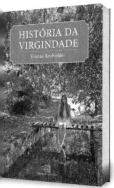

Faça parte de nossa rede.
www.editoracontexto.com.br/redes

Promovendo a Circulação do Saber